新时代大学生
道德能力培育探索

唐艳婷 著

中国社会科学出版社

图书在版编目（CIP）数据

新时代大学生道德能力培育探索 / 唐艳婷著 . —北京：中国社会科学出版社，2023.4
ISBN 978-7-5227-1758-6

Ⅰ.①新… Ⅱ.①唐… Ⅲ.①大学生—品德教育—研究—中国 Ⅳ.①G641.6

中国国家版本馆 CIP 数据核字（2023）第 059262 号

出 版 人	赵剑英
责任编辑	郭　鹏　胡安然
责任校对	郝阳洋
责任印制	李寡寡

出　　版	中国社会科学出版社
社　　址	北京鼓楼西大街甲 158 号
邮　　编	100720
网　　址	http://www.csspw.cn
发 行 部	010-84083685
门 市 部	010-84029450
经　　销	新华书店及其他书店
印　　刷	北京明恒达印务有限公司
装　　订	廊坊市广阳区广增装订厂
版　　次	2023 年 4 月第 1 版
印　　次	2023 年 4 月第 1 次印刷
开　　本	710×1000　1/16
印　　张	16.25
字　　数	242 千字
定　　价	98.00 元

凡购买中国社会科学出版社图书，如有质量问题请与本社营销中心联系调换
电话：010-84083683
版权所有　侵权必究

序　言

十余年来，我先后指导过百余名硕博研究生，他们大多风采迥异，各具才情，不辱使命，分别效力于祖国教育的四面八方，而且更有所成。唐艳婷是其中的佼佼者之一。她天生是当老师的料，精于表达，而且能够言之成理，善于说服。说来也巧，当年她自陕西师范大学硕士毕业，前来应考云南大学专职辅导员岗位之时，我正好是主考官之一，当时就对其滔滔不绝的表述和自信的态度留下了深刻的印象。未料几年之后，她依旧执意继续深造并顺利考入师门，通过刻苦地在职攻读，最后以优异的成绩如愿获得了博士学位。四年有余，师徒共同研磨学问，乐在学海之中，相携共长。

本书在其博士论文《大学生道德能力培育路径研究》基础上修订而成，作为指导教师，我见证了书稿从选题雏形走向成书的曲折过程，并为作品今日能够付梓出版倍感欣慰。小唐老师作为一名高校"青椒"，能够切身感受到大学生在社会高速发展背景下躁动不安的内心，看到大学生们对错综复杂的社会现象处理和做人做事的境况，亦能体会到学校在大学生道德培育方面所存在的纠结与困顿。作为一个思想政治教育专业的博士和专职从事思政教育的老师，其内心存有一份责任感，试图通过探讨新时代大学生道德能力的发生发展，呼应新时代大学生思想道德建设和高校思政课教学的改革。

道德是人性中一个同时具有生物性与文化性的维度，对道德的研究单从某一个学科视角来进行是不充分的。作者的跨学科教育背景为其完成这个研究奠定了一定的研究基础和学术视野。该书以大学生道德能力为研究对象，汲取了跨领域、跨国界等多方面理论研究成果，在总体性视阈下形成系统性研究。聚焦个体道德"知、情、意、行"之间的联系与差异，以及这些方面与现实环境的关系。将人与其现实物质生活作为一个整体，在现代与传统、个人与社会、应然与实然之间，以实践为中介联通个体道德发展、个体道德与社会道德、道德自由与道德必然等多个视阈，考察整体的人的品德变化规律。在理论上联通了道德能力宏观与微观研究，在实践上为高校立德树人根本任务的落实提供了思路。

在道德教育领域，道德能力并非是一个陌生的概念，但却是个甚少为人关注的边缘化概念，这种理论与实践的差距一方面根源于理论研究的滞后；另一方面囿于"西为中用"的解题思路固化，僵化了发现契合我国实际"真问题"的思维。该书以实证大学生道德能力现状的一手资料为基础，采用"道德能力测验"工具对2885名在读大学生进行调查，采用访谈、座谈等方式，结合大学生日常生活，评估我国大学生道德能力现状，辨识道德能力培育存在问题。发现大学生道德能力培育具有良好基础，体现在认同大学生道德能力培育的重要性，"主渠道"和"主阵地"在道德教育方面发挥的作用比较明显。道德能力培育显现出培育内容与实际生活疏离；培育情境过于单调；培育方法过于单一；培育组织链条断裂；培育对象自我中心倾向比较明显；容易高估自身道德水平；道德行为与道德规范有一定程度的疏离等方面的问题。辨识其内在缘由，主要受外在环境冲击制约；培育实践活动效能式微以及大学生在自我培养动力不足等方面的影响。

道德培育很难，有一大瓶颈亦即道德原则与实际行为之间有一道鸿沟，特别是要解决两大矛盾，对伦理道德等规范的知与不知的矛盾，但最重要的是解决做与不做的矛盾，教育者们亟待掌握可实际运用的教学模式与方法。该书在实证研究的基础上，力图找到一条联结道德能力"形而上"与"形而下"的通道。从中华优秀传统文化中获取思想资源。从内在养成视角，探析大学生道德能力自我教育策略。从课程教学视角，探析大学生道德能力在思政课程以及课程思政教学中的培育模式。从实践载体视角，探析大学生道德能力培育与高校活动、文化、组织等方面的融合。研究紧密围绕现实问题，从实践出发来探索、分析、解决道德能力培育问题，又从实践中认识道德能力培育本质，注重历史与逻辑、理论与现实、借鉴与吸收等方面的统一。

毋庸置疑，大学生道德能力发展受到多方面因素制约，除了自我教育、学校教育之外，还关涉家庭教育、社会环境等方面。从今往后，作为研究者的小唐老师在本学科领域还有更多的理论需要延伸钻研，还有更深层次的问题需要延展探究。希望在学术的道路上永不停歇，勇往直前。

董云川

2022 年 11 月 30 日于蛤蟆山

前　言

　　新时代十年的伟大变革，迎来了迈上全面建设社会主义现代化国家新征程、向第二个百年奋斗目标进军的关键时刻。党的二十大报告指出："教育、科技、人才是全面建设社会主义现代化国家的基础性、战略性支撑"，同时强调要"深入实施科教兴国战略、人才强国战略、创新驱动发展战略"。[①] 中国式现代化强国蓝图要求培养和塑造具有新的素质、新的精神面貌的一代新人。正因此，我们的高等教育面临严峻的挑战，在这一挑战中，大学生道德教育更是位于矛盾最尖锐处。作为一名从事思政教育的青年教师，在与大学生朝夕相处的日子里，我切身感受到同学们对错综复杂的社会现象处理和做人做事的境况感到乏力，看到了一些因人的无知产生的权利迷信和拜金主义，以致权利、金钱成了异化力量反过来支配人的现象。同学们困惑于道德情境中的判断和选择，或者是判断正确却又不能自制，缺乏对道德观念践履的笃定。这些问题使我无论在感性上或理性上都生出对大学生道德培育研究的呼唤与渴求。我也十分清楚自己所面临的是一个何等复杂的难题，道德培育所触及的是人的灵魂、精神中最深沉的部分，尤其是要走近身处社会深刻变革中的当代大学生，走进他们的世界里，走进他们的内心里。本研究试图将道德心理学上的"是"与道德哲学上的"应该"结合起来，从大学生道德培育现状"是什么"和"应该是什么"的角度表达我的

---

　　① 习近平：《高举中国特色社会主义伟大旗帜　为全面建设社会主义现代化国家而团结奋斗——在中国共产党第二十次全国代表大会上的报告》，人民出版社2022年版，第33页。

看法。

为了摸清大学生道德现状"是什么"和回答大学生道德发展"应该是什么"的问题，本研究以道德能力为切入点。道德为什么是一种能力？对于道德事件产生不一致态度的原因完全取决于个体道德取向和价值观的差别吗？我们不能肯定。当知道人们的道德取向和价值观时就能预测其行为，道德上的善良意图并不足以说明某个人确实是"善的"。当然，仅仅通过外部行为的考察也不能完全证明个体在道德上是高尚的，用外在的行为来衡量是否道德本身就是一种模棱两可的标志。我们不能忽略个体道德水平不仅基于内在认同的道德理念和原则，还要有能力将这些理念和原则转化为行为。正如柯尔伯格所言："个体对哪些是道德的进行决策和判断能力，以及能够根据这些判断付诸行为的能力，这种能力越来越被证实是道德核心。"[①] 对个体道德的描述必须包含道德能力，其是连接主体道德认知、道德情感与道德行为的纽带，是评判大学生道德发展状况的重要手段。本研究采用"道德能力测验"工具对2885名在读大学生进行调查，结果显示大学生道德能力水平整体偏低。本研究基于实证调研的静态分析与观摩大学生道德活动的动态调查相结合，辨识道德能力培育存在问题，分析其内在根源。

为了探析大学生道德能力培育"是什么"以及回答"应该是什么"的问题，本研究把培育路径作为价值客体探寻其在教育实践中所具有的实际效果。创新性地构建了道德能力培育目标，从根本目标和具体目标的分层设计中形成培育目标内容，重点探索了实现大学生道德能力培育目标的策略、方法、载体。大学生道德能力发展具有主动性又兼有受动性。一方面受个体内在的道德发生发展的影响；另一方面受外在作用的影响。因此，从内在养成视角，探析大学生道德能力自我教育策略。从课程教学视角，探析大学生道德能力在思政课程以及课程思政教学中的培育模式。以"思想道德与法治"课程为例实施了培育模式实验，创

---

① Lawrence Kohlberg, "Development of Moeal Character and Moral Ideology", *Review of Child Development Reserch*, Vol. 1, 1964, p. 381.

新性提出"道德困境讨论"模式教学法。从实践载体视角，探析大学生道德能力培育与高校活动、文化、组织等方面的融合，创造性建构了道德能力"三维三阶段一体"育人模型。最终回应新时代大学生道德能力"是什么"以及"应该是什么"的问题，呼应新时代大学生思想道德建设和高校思政课教学改革。

大学生思想道德建设是一项长久的工程，只能说是出于一种对大学生道德发生机理与实践的挚爱，以及出于一种职业责任感，怀着敬畏的心情开始了这项研究，受限于自己的学识和阅历，研究有很多的不足也留有很多遗憾。值得庆幸的是，至少在大学生思想道德建设的土地上，贡献了一点点智慧与热情。

目　　录

绪　论 ……………………………………………………………（1）
　第一节　研究的缘起 ……………………………………………（1）
　　一　从时代背景来看 …………………………………………（2）
　　二　从人对德性的需要来看 …………………………………（4）
　　三　从世界环境来看 …………………………………………（4）
　第二节　研究意义 ………………………………………………（6）
　　一　研究的理论价值 …………………………………………（6）
　　二　研究的实践意义 …………………………………………（8）
　第三节　研究综述 ………………………………………………（11）
　　一　当代学界对道德能力的研究 ……………………………（11）
　　二　关于道德能力内涵本质的研究 …………………………（15）
　　三　关于道德能力培育的研究 ………………………………（23）
　　四　关于青少年道德能力的研究 ……………………………（30）
　　五　道德能力培育研究空间 …………………………………（31）
　第四节　研究思路与方法 ………………………………………（34）
　　一　研究思路 …………………………………………………（34）
　　二　研究方法 …………………………………………………（36）
第一章　大学生道德能力培育内涵探析 …………………………（38）
　第一节　大学生道德能力培育的概念 …………………………（38）

  一　生成逻辑 ……………………………………………… (38)
  二　道德能力 ……………………………………………… (44)
  三　大学生道德能力 ……………………………………… (47)
  四　大学生道德能力培育 ………………………………… (48)
 第二节　大学生道德能力培育功能 ………………………… (51)
  一　培育的个体性功能 …………………………………… (51)
  二　培育的社会性功能 …………………………………… (55)
 第三节　大学生道德能力培育目标 ………………………… (59)
  一　目标内容分析 ………………………………………… (59)
  二　目标序列建构 ………………………………………… (67)

第二章　大学生道德能力培育状况调查 ……………………… (74)
 第一节　大学生道德能力现状调查 ………………………… (74)
  一　测量工具及选择依据 ………………………………… (74)
  二　测量工具理论基础 …………………………………… (78)
  三　实施过程 ……………………………………………… (80)
  四　数据分析 ……………………………………………… (84)
  五　结果分析 ……………………………………………… (95)
 第二节　大学生道德能力培育困境及原因 ………………… (98)
  一　大学生道德能力培育困境 …………………………… (98)
  二　大学生道德能力培育困境的逻辑缘由 ……………… (102)
  三　摆脱培育困境的选择 ………………………………… (113)

第三章　道德能力培育的思想资源 …………………………… (117)
 第一节　中国古代思想史中的道德能力培育 ……………… (117)
  一　先秦时期思想史中的道德能力培育 ………………… (118)
  二　秦汉隋唐时期思想史中的道德能力培育 …………… (121)
  三　两宋至明清时期思想史中的道德能力培育 ………… (125)
 第二节　西方思想史中的道德能力培育 …………………… (128)

一　理性主义伦理学中的道德能力培育 ………………（128）
　　二　情感主义伦理学中的道德能力培育 ………………（131）
　　三　进化伦理学中的道德能力培育 ……………………（133）

第四章　大学生道德能力内在养成策略探析 …………（136）
第一节　自我教育对个体道德能力养成的作用 ………（136）
　　一　自我修养是我国优秀传统文化提升个体
　　　　道德品质的主要方法 ………………………………（137）
　　二　大学生道德能力发展依靠自我教育实现其主体性 …（138）
　　三　大学生道德能力发展依靠自我教育内化道德知识 …（140）
　　四　自我教育促进大学生形成客观的道德自我评价 ……（141）
　　五　自我教育让道德能力主体实现超越 ………………（142）

第二节　大学生道德能力内塑策略 ………………………（144）
　　一　自我评测，检视道德能力发展状况 ………………（144）
　　二　自我反省，提升个体道德修养 ……………………（149）
　　三　自我激励，榜样示范 ………………………………（154）

第五章　大学生道德能力课程教学模式探索 …………（159）
第一节　课程教学对大学生道德能力培育的作用 ………（159）
　　一　课程教学本身具有道德性 …………………………（159）
　　二　思政课程肩负立德树人的重责 ……………………（160）
　　三　思政课程激活课程知识的道德价值 ………………（161）
　　四　教师通过课程教学主导大学生道德能力发展 ……（163）

第二节　思政课程：基于"思想道德与法治"
　　　　　课程的道德能力培育模式探索 …………………（163）
　　一　"道德困境讨论"模式教学设计 ……………………（165）
　　二　"道德困境讨论"模式理论背景 ……………………（168）
　　三　"道德困境讨论"模式实施效果 ……………………（169）
　　四　"道德困境讨论"模式教学反思 ……………………（176）

第三节 课程思政：道德能力课程教学通用要则探索 ………… (179)
  一 整合不同角色的教学者 …………………………………… (179)
  二 联通不同学科的课程知识 ………………………………… (183)
  三 组合不同场域的培育方法 ………………………………… (185)

第六章 大学生道德能力实践载体探究 ………………………… (189)

第一节 活动载体：社会实践活动培育道德能力 ……………… (189)
  一 社会实践活动蕴含道德能力培育价值 …………………… (190)
  二 活动实施设计 ……………………………………………… (191)
  三 活动实施考量 ……………………………………………… (194)
第二节 文化载体：校园文化培育道德能力 …………………… (197)
  一 育道德能力于校园网络文化中 …………………………… (197)
  二 育道德能力于校园文化品牌建设中 ……………………… (201)
第三节 组织载体："三全育人"体系培育道德能力 …………… (206)
  一 道德能力培育与"三全育人"体系的内在关联 ………… (206)
  二 协同论视阈下"三全育人"体系培育道德能力的
    实现机制 …………………………………………………… (209)

附 录 ……………………………………………………………… (214)

参考文献 ………………………………………………………… (218)

后 记 ……………………………………………………………… (241)

绪　　论

第一节　研究的缘起

随着国际国内形势的改变，中国社会也同步发生着深刻的变革，利益格局不断调整，相应引发道德领域一系列的新问题。学界诸如"道德滑坡""精致的利己主义者"等表述屡见不鲜。为了回答和解决当代中国发展的重大实践问题，党的二十大报告强调实施科教兴国战略，其中明确指出："全面贯彻党的教育方针，落实立德树人根本任务，培养德智体美劳全面发展的社会主义建设者和接班人。"[①] 培养什么人、怎样培养人是教育的根本问题，习近平总书记指出："人才培养一定是育人和育才相统一的过程，而育人是本。人无德不立，育人的根本在于立德。这是人才培养的辩证法。"[②] 一方面，大学生道德培育只有把人本身当作目的，才能真正地培养出德智体美劳全面发展的人。"青少年阶段是人生的'拔节孕穗期'，这一时期心智逐渐健全，思维进入最活跃状态，最需要精心引导和栽培。"[③] 对于身处于成长关键时期的大学生，应该从遵循大学生道德发生发展内在规律中探究大学生道德培育路径。

[①] 习近平：《高举中国特色社会主义伟大旗帜　为全面建设社会主义现代化国家而团结奋斗——在中国共产党第二十次全国代表大会上的报告》，人民出版社2022年版，第34页。

[②] 本书编写组：《习近平总书记教育重要论述讲义》，高等教育出版社2020年版，第46页。

[③]《习近平谈治国理政》第3卷，外文出版社2020年版，第329页。

另一方面，道德总是与一定历史时期的物质生产水平及社会主要矛盾相适应，是生活在现实过程的社会存在，大学生道德状况不仅仅是意识形态的问题，也是政治、经济、文化和社会建设的合力作用，每一个时代的大学生，都有其成长的特定环境，大学生道德培育必然要与我国进入中国特色社会主义新时代这个现实背景相适应，符合我国新时代道德建设的总体要求，达到时代新人的培养目标。大学生道德能力研究从人的道德发展进程中探究大学生阶段道德发展的脉络，结合当前中国社会实际情况，以人的全面发展为目标，为提升大学生道德品质提供一个新思路。

一 从时代背景来看

站在新时代的起点上，党的德育面临更为复杂的新情况、新矛盾和新问题，这就需要我们全面认识和把握党的德育工作大势，从而研究新情况、化解新矛盾、解决新问题。[1] 一方面，国家高度重视大学生道德培育工作，习近平总书记指出："要坚持把立德树人作为中心环节，把思想政治工作贯穿教育教学全过程，实现全程育人、全方位育人，努力开创我国高等教育事业发展新局面。"[2] 明确了提升个体道德品质在高校教育活动中的地位，强调了促进人的德性成长是教育的首要任务，也是人的全面发展的根本保障。新时代也对思政工作者提出新的要求，要遵循受教育者成长成才规律，重视大学生个性心理品质，围绕学生的思想成长需求，服务学生的现实精神发展需要。马克思指出"培养社会的人的一切属性，并且把他作为具有尽可能丰富的属性和联系的人，因而具有尽可能广泛需要的人生产出来。"[3] 集中反映了坚持以人为本，是要尊重人的主体性，正确把握主体与客体、目的与规律、自由与必然等辩证关系。

---

[1] 李杨、李康平：《习近平德育思想探究》，《思想理论教育导刊》2018年第4期。
[2] 《习近平谈治国理政》第2卷，外文出版社2017年版，第376页。
[3] 《马克思恩格斯文集》第8卷，人民出版社2009年版，第90页。

另一方面,道德培育,有一大瓶颈,即道德原则与实际行为之间有一道鸿沟。特别是要解决两大矛盾,解决对伦理道德等规范的知与不知的矛盾,但最重要的是要解决做与不做的矛盾。[①] 因而,陶行知提出的"教学做合一"理念,含有强烈的德育性。[②] 在教育实际中这样的情况尤为复杂,笔者对1280名在读大学生进行了相关问卷调查,结果显示77.27%的大学生曾经出现过违背道德原则的行为(知道该行为不道德仍然做了),其中35.45%的大学生曾多次出现过此类行为。对担任过学生干部的大学生群体(曾经担任也算)与没有担任过学生干部的大学生群体进行比较,前者比后者选择"曾经做过违背道德原则的行为"选项的占比高5.1%。笔者在大学生日常思想政治教育工作中也遇到过类似的教育困境。例如,部分大学生故意"矮化"自身家庭情况用以申报助学金,成绩优异的"好学生"为了获取奖学金编造虚假证明。案例中的大学生在明确知道违反道德原则的前提下仍然选择付诸行为,这个结果与我们要求的道德教育目标有明显差距,从表象来看知晓道德原则与践履道德行为之间似乎没有必然联系,把注意力全部放在灌输道德原则的教育方法似乎效果有限。道德教育在内容、方法、手段等方面的理论研究既不能很好地应对社会发展提出的新问题,也不能很好地适应教育对象的变化,影响了思想政治教育的实效。正如潘懋元教授所指出的:"高校德育工作中的一个困境是在德育实践中不能理直气壮地解释或解决实际问题。"[③] 面对这类道德实然问题,教育者们困惑于联系大学生道德认知与道德行为的内在机制,并亟待掌握可实际运用的教学模式与方法以提高大学生道德品质。道德能力是联系主体道德认知、道德情感和道德行为的桥梁,关涉主体心理、情感、意志和行为,对大学生道德能力的培育能有效提升其道德品质。

---

① 陈云恺:《应当重新认识和评价"教学做合一"》,《江西教育科研》1998年第5期。
② 陶行知:《陶行知全集》第2卷,湖南教育出版社1985年版,第42页。
③ 潘懋元:《改进高校德育工作的两个问题——〈社会主义市场经济与高等学校德育建设〉序》,《高等教育研究》1996年第2期。

二 从人对德性的需要来看

人之存在的一个根本规定就是道德存在，即人之所以为人，关键在于人能以道德的方式来认识、规约和超越自身，这也正是人之存在的价值诠释。从人类实践来看，实践是一种关系型活动，也就是处理人与人以及人与物之间的关系，这些以人为主的关系都涉及一个"度"的问题，即把握合理性与恰当性的问题，道德在人类实践过程中成了根本价值尺度。人对善的倾向可能是与生俱来的，就像当询问人们是否想要成为一个善人的时候，几乎全部的人都会选择是，但是现实情况下，并不是所有人都能保持与善的原则和规定完全一致，产生的不一致也就是与选择善的倾向存在的差异，这个差异是在复杂环境下，形成的人与人和人与社会等多种多样的关系中，人后天形成的实现道德行为的能力的差异。也就是说，在人的实践过程中，道德规范是一种应当影响人的选择的观念，但活动能否顺利完成受主体能力的限制，道德之应当同样意味着人要有能力实现，否则道德就不称其为道德。

从人的本质来看，一个人在道德上有理由做的事情应当是他在自己理性能力的限度内能够做的，道德行动的理由也是相对于具体的行动情境以及行动者的执行能力和心理条件而论的。道德能力作为精神能力，源于它是具有自我意识的主体性能力，在精神中道德能力是自己规定自己，并且也只有自己才能规定自己，这种道德自由是建立在道德必然之上的，人在生活中的道德自主权是与他对道德必然的认知和付诸的行动为基础和前提的，自由并不是"为所欲为"的道德，而是遵循道德必然的自由。人对道德的需要蕴含着个体的道德能力的作用，不具备一定的道德能力，个体无法践履德性，因此，道德能力是个体拥有道德的必要条件。

三 从世界环境来看

现代性的发展使道德主体发生嬗变，解构了传统道德发展的主体基础和发生机制，引发了严重的道德危机。生存方式的物质化消解了道德崇高的价值追求，模糊了道德价值体系的判断准则，降低了人们道德判断的能力。正如列奥·施特劳斯所指出的："现代性危机使现代西方人再也不相信自己能够知道什么是好的，什么是坏的，什么是对的，什么是错的。"[①] 传统社会强调价值理性，注重个人德性的养成，强调人的精神生活追求超越的意义。现代社会转向工具理想，追求世俗生活的质量，以物质财富衡量成功与否，个人的精神追求世俗化，消费主义、纵欲主义诱发的感性泛滥，单凭主观和情感进行道德判断的结果使道德失去了指引人生发展的功能。此外，道德相对主义和道德主观主义盛行使道德主体在面对道德问题时，道德选择能力降低，做不出或者做出错误的道德评价。

各种与时空对应的特定的道德现象和道德规范蕴含了道德一般的、绝对的一面，任何道德既有相对性也有绝对性。然而，随着道德原则取向多元化发展，个体逐渐模糊了对社会一般的、绝对的道德规范的认识，出现了"蔑视道德、拒斥传统、不要规则"的道德信念危机，[②] 借用英国哲学家麦金太尔的说法，人类的道德实践正处于深刻的危机之中。这一危机体现在两个方面，一是人的道德选择是一种没有客观依据的主观选择，人类对社会生活中的道德判断，主要依据纯主观和情感。二是德性从以往在社会中占据的中心位置逐渐退居到边缘位置，人类道德危机渐渐显现为一种症候群，道德发生了质的改变。当前我国已经成为世界第二大经济体，面对百年未有之大变局，世情国情发生深刻变化。国内外社会变迁带来的震荡对我们的道德生活产生了一定程度的负面影响，诸如道德冷漠等状态，这些异化和扭曲了的道德观和价值观，影响了社会主义精神文明建设，制约着社会主义制度优越性的发挥。应对道德危机，还得回到深层根源——道德主体道德发展的嬗变，道德主体的道德能力不足是其中一个诱因，也就是道德判断能力、道德选择能

---

① ［德］列奥·施特劳斯：《现代性的三次浪潮》，丁耘译，载贺照田主编《西方现代性的曲折与展开》，吉林人民出版社2002年版，第86页。
② 黄学胜：《现代社会的道德危机及其出路：从康德、黑格尔到马克思》，《学术论坛》2016年第8期。

力、道德情感能力、道德践履能力等方面的深度缺乏，提升道德能力是应对时代背景下的道德危机的有效视角。

道德能力联通人的道德心理、道德情感和道德行为，"要为道德教育提供一个合理的基础，就必须把心理学上的'是'和哲学上的'应该'这两种探讨结合起来"。① 大学生道德能力研究应借助道德能力的哲学思考为大学生道德发展的精神状态、变化的规律提供客观、准确的描述，借助道德能力的心理学论证去观照既存的事实和经验，从而在理性层次上确定应当如何的实践原则。② 最终服务于思想政治教育内容，服务于立德树人的根本教育任务，为高校培养时代新人提供理论和实践参考。

第二节　研究意义

大学生道德能力研究立足思想政治教育范畴，以解决大学生道德实际问题为出发点，在理论上联通了道德能力宏观与微观研究，拓展了思想政治教育研究范式，在实践上为高校立德树人根本任务的落实提供解题思路。

一　研究的理论价值

（一）整体视阈下关注道德能力理论研究

"整体对各个部分具有全面的、决定性的统治地位"，③ 研究要关注道德能力总的概貌，并从横向和纵向两个维度建立总的联系。从横向来看，以往道德能力的研究更多是聚焦在人的"知""情""意""行"四个方面，向着每个方面更加精细的方向发展。本次研究关注的是"知""情""意""行"之间的联系，以及这些方面与现实环境的关

---

① 戚万学：《试论道德哲学对道德教育的贡献》，《教育研究》1994 年第 9 期。
② 曾钊新：《道德心理学擘画》，《湖南师大社会科学学报》1987 年第 3 期。
③ ［匈］卢卡奇：《历史与阶级意识》，杜章智译，商务印书馆 1992 年版，第 76 页。

系，考察的是整体的人的道德品德变化的规律，现实的人"不是处在某种虚幻的离群索居和固定不变状态中的人，而是处在现实的、可以通过经验观察到的、在一定条件下进行的发展过程中的人"。① 对道德能力的整体性思考，是将人与其现实物质生活基础当作一个整体，考虑人的内部以及外部生存境遇，关注与不同生活场所相关联的整体式教育。从纵向来看，不同领域对道德能力的研究更多是聚焦在"个体""社会""实然""应然"等不同方面，向着各自学科领域更加深奥的方向发展。立足思想政治教育学科内的道德能力研究，运用马克思主义普遍联系的观点，以实践为中介联通个体道德发展、个体道德与社会道德、道德自由与道德必然等多个维度，形成道德能力的系统研究，在实践中创新发展理论，反过来又在实践中验证理论，最终解决实际问题能动地改造世界。

（二）拓展研究范式，拓宽理论视野

道德不仅仅是一种生物现象，还是人性中一个同时具有生物性与文化性的维度，对道德的研究不能单从某一个学科视角来进行。② 新时代大学生道德能力培育研究汲取了跨领域、跨国界等多方面理论研究成果，在总体性视阈下形成系统性研究，包括唯物辩证法、马克思主义道德观、柯尔伯格道德发展理论、林德道德认知与道德行为发展双面理论、生物进化论和协同论等理论。打开视野之后，除了这些理论成果带来的启发，经典理论背后的过程也会为研究带来新的突破，这本身也是扩大研究视野的学习渠道。道德发展理论是道德能力研究的重要理论依据，作者柯尔伯格"十分熟悉实验心理学家和实验社会学家所使用的实验与调查方法以及设计与统计程序，他曾专门在家中一段时间学习格特曼（Louis Guttman）和拉扎斯菲尔德（Paul Lazarsfeld）的量表方法，在研究生期间所学习的各种理论和方法，为他以后的进一步研究奠定了

---

① 《马克思恩格斯文集》第1卷，人民出版社2009年版，第525页。
② Jonathan Haidt,"Moral Psychology for the Twenty-first Century", *Journal of Moral Education*, Vol. 42, No. 3, 2013, pp. 281–297.

坚实的基础"。研究方法的开放性是打开学术视野的一个方面。为了更准确地定位研究对象的道德发展状况，本次大学生道德能力培育研究采用道德能力测验（MCT）问卷、道德"困境讨论"（KMDD）模式，以及量化研究与质性研究结合的方法来考察当代大学生道德能力状况，在"一切从实际出发"的马克思主义方法论的指导下，以观察和实验的事实为基础，形成客观的结果，为思想政治教育研究方法打开视野提供判断依据。

（三）基于中国立场，创新思想政治教育研究

思想政治教育是关于人的研究，坚持唯物主义本体论立场，主张从一定历史条件出发去解释事物发展规律并用以指导社会实践。研究道德主体发生发展规律离不开政治、文化、社会等因素，脱离我国客观环境的研究都是不切实际的，如果一味追求"高、大、上"的国际化实证研究，放弃了本土化意识之根，必然本末倒置，既不能解决国内生活发展中的实际问题，成果也无法真正实现国际化。道德能力研究以我国新时代大学生道德建设的实际问题，着眼于马克思主义中国化的理论运用，着眼于我国新的实践和新的发展的取向，[①] 整合教育学、道德哲学、道德心理学等学科系统，以大学生为调查对象，形成当代大学生道德能力状况报告，以思想政治教育主渠道、主阵地为调查对象，形成课程模式和组织体系建构，创新思想政治教育研究。对中国道德能力研究的理论突破有重要意义。

二 研究的实践意义

新时代立德树人的根本任务，就是培养德才兼备、德智体美全面发展的社会主义建设者和接班人。道德能力研究起始于大学生道德实际问题，其理论研究成果具有普遍性和一般性，对大学生个体、群体以及高校机构、体系建设有实践运用价值。

---

① 参见郭潜深《马克思恩格斯共产主义思想及其当代价值研究》，博士学位论文，中国地质大学，2019年，第7—9页。

(一) 道德能力培育路径研究在高校育人实践活动中的价值

立德树人,育人为本,强调了人的主体地位,回应了新时代人才培养目标的新要求,遵循受教育者成长成才规律,重视大学生个性心理品质,围绕学生的思想成长需求,服务学生的现实精神发展需要。道德能力培育有效发展大学生道德主体性,满足个体道德需求,任何实践活动的有效性,首要是包含着这种实践活动的结果的有效性问题。大学生道德培育研究为道德教育提供有效的教育方法。皮亚杰曾指出:"好的教法可以增强学生的效能,甚至加速他们的精神成长而无损害。"① 有效的教育方法是以其对教育对象的心理特征、思想意识发展规律等适应为前提的,大学生道德能力培育路径研究以思想政治教育主渠道、主阵地为调查研究对象,形成"思想道德与法治"课程道德能力教学模式,结合大学生道德情感、道德认知和道德行为形成整体性教学方法,创设贴近大学生生活实际的教学情境,编制真实道德故事,引发大学生平等交流,形成具有针对性、亲和力和透彻性的道德教育内容,充分调动受教育者的积极性,发挥其能动性。

(二) 道德能力培育路径研究对高校立德地位确立的意义

立德树人,德育为先,习近平总书记强调要不断提高学生的"思想水平、政治觉悟、道德品质、文化素养,让学生成为德才兼备、全面发展的人才"。② 要坚持德育为先的价值观养成,让良好的道德品质成为引领大学生人生方向的"定盘星"。强调了提升个体道德品质在高校教育活动中的地位。"如果我们能预测这样做或那样做的结果,我们就能比较两种行动走向的价值;我们就能判断哪一个办法较为可取。"道德能力培育以大学生道德品质提升为目标,明确了实践活动的目的,与高校立德树人目的一致,是推动整个思想政治教育实践活动顺利开展的积极属性,使思想政治教育贯穿教育教学全过程的各要素形成有效的教

---

① 华东师范大学教育系、杭州大学教育系编译:《现代西方资产阶级教育思想流派论著选》,人民教育出版社1980年版,第367页。
② 《习近平谈治国理政》第2卷,外文出版社2017年版,第377页。

育目的。大学生道德能力培育路径研究为道德教育实践的实际展开提供明确的依据与指导。一方面,"一个教育目的必须能转化为受教育者的活动进行合作的方法……除非这个目的有助于制订具体的进行程序,除非这些程序又能检验、校正和发挥这个目的,否则这个目的便是没有价值的"。① 大学生道德能力培育模式的建构具有明确的道德教育目的,并且对实践活动的展开提供具有可检验的实际指导。另一方面,大学生道德能力培育研究为道德教育提供可扩延性的实践方案。道德教育活动是处于变动定向发展的,可扩延的教学模式是在整个道德教育目的链条中起着承前启后功能的一环,② "要检验任何大的目的叙述有何价值,就要看这个目的能否迅速地前后一致地转化为另一个目的所提出的进行程序"。③

(三) 道德能力培育路径研究对高校育人管理体系建构的作用

育人体系的搭建是高校全面提高人才培养能力的核心要义。道德能力路径研究形成了一套以思想政治教育主阵地、主渠道、"三全育人"等载体融合的有效方法。包括基于"思想道德与法治"课程的道德能力教学模式,基于"三全育人"体系形成的"三维三环一体"道德能力培育模式等,通过这些方法,把教育者、受教育者和教育中介调动起来,使受教育者更加自觉、自愿地参与到实践活动中,个体能动性得到发挥,从而推动思政课程建设,推动高校社团、校园文化、社会实践等方面建设,推动以文化育人与实践育人的融合发展路径,使思想政治教育工作更具亲和力、感染力、吸引力。个体获得道德主体性的满足是在道德能力培育环境中构成的,与受教育者相接触的情境都成为道德能力培育的场所,如第一课堂、第二课堂、社会实践等空间维度,个体年龄发展等时间维度也都被设计进入道德能力培育模式中,讨论交互形成的道德氛围也为活动开展提供精神或物质的纽带,道德能力培育为高校提

---

① [美] 杜威:《民主主义与教育》,王承绪译,人民教育出版社1990年版,第115页。
② 沈壮海:《思想政治教育有效性研究》,武汉大学出版社2016年版,第80页。
③ [美] 杜威:《民主主义与教育》,王承绪译,人民教育出版社1990年版,第131页。

供有效的道德教育架构体系，这些模式和体系的构建具有普遍实践意义。

第三节 研究综述

道德能力既从属于道德这个概念，也从属于能力这个概念。[①] 不同的学科背景对道德能力语义理解的重心不一样。关于道德能力的研究比较复杂，涵盖思想政治教育学、伦理学、道德心理学、教育学等多个学科。

一 当代学界对道德能力的研究

学界对道德能力进行了不同视角的研究，截至本文写作时通过知网（CNKI）检索共有209篇CSSCI（含扩展版）文献与"道德能力"高度相关，与该主题相关的硕博论文共有43篇，涉及著作30余本。蔡志良是我国第一位系统研究道德能力的学者，其与蔡应妹合著的《道德能力论》全面系统地阐述了道德能力的概念、结构、特点及本质，为我国道德能力的研究奠定了理论基础。此外以中国人民大学曹刚教授及其学生任重远，南京师范大学高兆明教授及其学生李金鑫，南京师范大学杨韶刚教授及其学生吴慧红，华东师范大学万时乐，浙江师范大学蔡志良教授及其学生徐燕等为代表的学者分别从思想政治教育学、伦理学、道德心理学等方向对道德能力的研究做出了重要贡献。

（一）思想政治教育领域关于道德能力的研究

从思想政治教育学视角看，以"道德能力"为关键词在知网上进行检索，共有硕博论文43篇，截至本文写作时，其中思想政治教育学科视阈下论文占55.8%，并在两个方面有明显突破。一是系统论述了个体在道德能力中的本质性。万时乐在博士学位论文《个体道德能力的消解与反消解——以当代中国道德教育为旨归的研究》中系统论述

[①] 蔡志良、蔡应妹：《道德能力论》，中国社会科学出版社2008年版，第75页。

了个体在理解道德能力概念中的重要地位。他认为"个体道德能力是个体在道德生活实践中对自我道德状况及各种道德现象的意识,以及当个体处在特定道德境遇下对道德价值观评判、选择并在实践中践行的能力。"① 二是重视主体道德能力的培育对策研究。奚社新从更新道德理念和创新道德教育方法两方面论述培育对策,提出了六个具体建议。宫林峰从实践性德育视角构建实践性德育模式并附有操作流程。② 徐燕从创造性德育课堂教学方式及创造性德育环境等角度提出道德能力培养的途径。③ 王静认为优化社区环境能够促进学校德育,也是政府层面积极推进德育发展的重要方向。④ 杜依林认为自媒体对道德能力培育途径有重要影响。⑤ 王英男在道德能力培养的评价方式上提出了新的理解,以促进多样化发展为评价方式依据。⑥

总体来看,思想政治教育学科历来非常重视对道德能力的研究,把道德能力研究视为德育建设的重要环节,是道德教育实效性提升的关键点,重视不同研究对象道德能力特征探索,凝练道德能力培育策略。该领域的研究以思想政治教育学科为依托,正在形成自身科学系统的研究规范体系,总体呈现偏理论思辨的研究态势。该类研究重视道德能力发展的"应然"状态,关注建构概念、理论和观点,其中思辨研究又多以个体经验材料作为论据对观点进行论证,说服力有待商榷。对道德能力"实然"状态的收集、分析和推论比较少,实证研究匮乏。

---

① 万时乐:《个体道德能力的消解与反消解——以当代中国道德教育为旨归的研究》,博士学位论文,华东师范大学,2010年,第11页。
② 宫林峰:《实践性德育研究及其基本模式构想》,硕士学位论文,辽宁师范大学,2005年,第22页。
③ 徐燕:《道德创造能力及其培养》,硕士学位论文,浙江师范大学,2006年,第33—37页。
④ 王静:《社区环境的优化与学校德育》,硕士学位论文,合肥工业大学,2006年,第17—47页。
⑤ 杜依林:《自媒体环境下大学生道德能力培养研究》,硕士学位论文,武汉工程大学,2017年,第7页。
⑥ 王英男:《青少年道德能力培养探析》,《齐齐哈尔师范高等专科学校学报》2013年第1期。

(二) 伦理学领域关于道德能力的研究

从伦理学视角来看，道德能力的研究为理解道德提供了新视角及新论据，理解道德始终是伦理学中居于核心地位的一个问题。一方面，道德能力作为以人的内在活动目的性为出发点的一个视角，研究的是人对自身道德生活的理解方式，从而讨论合乎道德意义、合乎实践意义的道德，对道德能力的讨论其最终目的是在回答"道德本身是什么"这个问题。另一方面，对道德能力的讨论是研究道德范式的转变，从道德具体存在的样式去分析道德理论，是由外在规范的研究转为对生活指导的研究，伯纳德·威廉斯曾指出，伦理学关注的核心问题应是古希腊人提出的"我应该如何生活"，而不是借用规范为道德主体的理论生活寻找一个外在的"阿基米德支点"。李金鑫的论文从实践哲学意义上提出和证成道德能力这一概念，揭示了道德的现实性，其最大贡献是通过道德能力的词源流变系统梳理了道德能力概念的知识谱系。[①] 曹刚自 2006 年起在《哲学动态》等杂志发表了《论道德能力》等四篇与道德能力高度相关的文章，以罗尔斯把道德能力作为考察和建构现代社会的逻辑起点和价值支点为理论支撑，把道德能力研究扩展到我国政治经济学领域，提出道德能力的现实内涵是仁爱心和正义感，其立足点是自主意识和责任感实；其实质是合理的价值观等观点。[②] 进入 21 世纪以来，罗尔斯"公民的两种道德能力"观点对我国政治哲学、法学等学科研究影响逐渐扩大；道德能力与不同领域的结合也凸显出来，例如刘霞和邱斌的《论国家治理能力现代化的伦理意蕴》、[③] 王锋的《合作治理中的道德能力》[④] 等文章，有关道德能力不是一个独立领域的观点备受认可。此外，黄显中在《道德能力论》一文中，从基于自然的精神能力、基于情景的行为能力、基于知识的实践能力、基于做事的做人能力四个

[①] 李金鑫：《"道德能力"概念的知识谱系考察——从亚里士多德、黑格尔到罗尔斯》，《伦理学研究》2011 年第 1 期。

[②] 曹刚：《从权利能力到道德能力》，《中国人民大学学报》2007 年第 2 期。

[③] 刘霞、邱斌：《论国家治理能力现代化的伦理意蕴》，《伦理学研究》2017 年第 6 期。

[④] 王锋：《合作治理中的道德能力》，《学海》2017 年第 1 期。

维度对道德能力的内涵进行了深度剖析,让道德能力内在理论层面与外在实践层面有了联系。①

总体来说,以道德能力为依据的存在样式的"道德"与"道德本身是什么"的"道德"是紧密相关但又不同的两个问题,伦理学视阈下的道德能力论述并不承担对某种特定的道德心理的统计和测量的任务,也不单独为道德教育实践提供具体的教学原则。

（三）道德心理学领域关于道德能力的研究

从道德心理学视角看,道德能力的研究为理解人的能力提供了新视角与新论据。对组成道德能力的各要素进行了精细的分解,对影响各要素的因素进行了实证分析,特别是对道德判断能力这一组成道德能力的核心要素有深入的研究。从以往研究可以发现,道德判断能力被学界认为是联系道德认知、道德情感的桥梁,是促成道德行为的动力,是道德能力最核心的要素,在一些学者看来道德判断能力等同于道德能力,以往研究的贡献主要表现在三个方面。一是西方道德能力测评方法的研究。杨韶刚通过《西方道德心理学的新发展》一书对西方道德心理学研究进展进行了系统整理,翻译并引进了德国康士坦茨大学道德心理学家林德教授的著作《怎样教授道德才有效——道德心理学家给教师的建议》,系统介绍了在世界范围内广泛应用的道德能力测验量表（MCT）。杨韶刚的学生吴慧红在其硕士毕业论文《道德研究新视角：道德判断测验的理论和实证研究》中,获得林德教授授权对林德道德能力测验量表在中国进行效度验证,并于2003年在我国江苏省进行了实证研究,为我国道德能力测验的实证分析奠定了实践基础。② 二是对影响道德判断能力的因素有了较多的实践成果,提供了丰富的可参照的道德能力心理学研究成果。三是在中国道德能力测评方法的研究上取得了突破性进展,在接下来的道德能力测评方法的综述中会具体

---

① 黄显中：《道德能力论》,《哲学动态》2014年第2期。
② 吴慧红：《道德研究新视角：道德判断测验的理论和实证研究》,硕士学位论文,南京师范大学,2005年,第96页。

介绍。

总体来看,道德心理学对道德能力研究的贡献主要集中在"探析了道德教育、道德行为以及道德环境引发个体心理应答的客观规律,探究了人如何从对道德的初步认识到道德判断、道德选择和道德形成的稳定的心理过程,以及与其相对应的道德情绪、道德情感的发展状态"。[1]但是对研究对象在有意识、有目的、有计划的培养过程中道德能力变化的规律揭示不足。

二 关于道德能力内涵本质的研究

(一) 道德能力概念

不同的学科背景对道德能力语义理解的重心不一样。伦理学词义的重心在道德,研究的是道德能力所指的道德本身是什么的问题。心理学偏重于能力,研究的是形成主体道德能力的因素以及各因素之间的关系。教育学侧重于培育,研究的是如何让受教育者掌握并提升道德能力的问题。

心理学视角认为"做出道德行为必须要求人有做出这类行为的能力,同时要求其有做出这类行为的动机和倾向,能力、动机、倾向都是生物过程之上的心理过程。"[2] 哲学家认为道德能力是超出心理学意义上的能力,是一种道德哲学意义上的能力。罗国杰提出"道德能力是完成道德活动的主观条件,是人自觉实现其道德潜能,追求其道德人格的自我修养能力,是人之仁化的能力,属于伦理向度"。[3] 罗尔斯从正义论的维度阐述"良序社会的公民应该具有道德能力,它是人们在判断事物是否正义并说明其理由的过程中获得了的一种能力"[4]。道德心

---

[1] 曾钊新:《道德心理学擘画》,《湖南师大社会科学学报》1987年第3期。
[2] 喻丰、许丽颖:《如何做出道德的人工智能体?——心理学的视角》,《全球传媒学刊》2018年第4期。
[3] 罗国杰:《中国伦理学百科全书:伦理学原理卷》,吉林人民出版社1993年版,第308页。
[4] [美]罗尔斯:《正义论》,何怀宏译,中国社会科学出版社2003年版,第45页。

理学家柯尔伯格则从认知发展规律提出道德能力是"个体基于内在认同的道德原则,区分哪些是道德的判断和决策的能力,并且能够依据个体判断付诸行为的能力。"[1] 道德教育学家班华从德育视角指出完整的品德结构包含道德能力,要培养学生的道德思维、道德评价能力,发展学生对道德现象的分析、综合、抽象、概括的能力,使他们身处纷繁复杂的社会现象中能够观察、比较和辩证地思考,看清事物的本质。[2] 进入21世纪以来我国学者蔡志良诠释的道德能力概念被广泛使用,他认为"道德能力是人在面临道德问题时,能够识别各种道德现象,鉴别是非善恶做出正确的道德判断和选择,并且付诸行动的能力。"[3] 近年来,美国学者海蒂·瑞文以实验伦理学的方式结合新脑科学相关证据,提出神经可塑性是取代自由意志从而更好地理解道德能力的重要方式,她认为道德本性根植于环境、自然,所有人在本质上是社会性的。[4] 思想政治教育学科视阈下针对道德能力概念的界定几乎没有。道德能力概念的内涵与外延受学科范式影响很大,通过对道德能力理论起点的梳理能清晰地掌握上述概念的来源。

  梳理道德能力在不同学科领域的概念界定有以下特点。一是以组成道德能力的各要素为主要研究内容,对道德能力的概念界定多以组成要素为基础,强调了不同要素在道德能力中发挥作用的核心位置。例如,偏重认知能力或者偏重实践能力在道德能力中的中心位置。二是以学科范式为依据,强调了在伦理学、教育学、心理学等不同学科视野下道德能力概念的语义重点。例如,伦理学强调道德能力的"道德"解读,心理学强调道德能力的"能力"实现,教育学强调道德能力的提升方法。研究沿着分解、细化、局部的思路,对道德能力的

---

[1] Kohlberg L., *Development of Moral Character and Moral Ideology*, New York: Russel Sage Foundation, 1964, pp. 381-431.
[2] 班华:《德育的重要任务之一是培养道德能力》,《中小学德育》2017年第6期。
[3] 蔡志良、蔡应妹:《道德能力论》,中国社会科学出版社2008年版,第57页。
[4] [美]海蒂·瑞文、韩秋红:《道德能力的新理论:超越自身的自我》,《东北师大学报》(哲学社会科学版)2017年第2期。

内在机理、组成要素、形成规律进行了纵深研究，取得了显著成果并达成一些共识。

（二）道德能力内容

梳理已有研究主要呈现两种分类方式，一是依据个体道德能力的发生发展规律，把道德能力分为道德认识能力、道德情感能力、道德创造能力、道德判断能力、道德选择能力等。二是根据道德主体活动领域，把道德能力分为政治道德能力、职业道德能力、社会公德能力及网络信息道德能力等。

根据个体道德能力的发生发展规律，已有研究认为道德能力主要包括以下内容：

1. 道德认识能力。道德认识能力是对已有道德知识转化为主体道德观念的能力。道德知识包含客体物质性的道德现象，如道德行为；精神性的道德现象，如道德规则等。道德认识包含了对社会需要道德的目的的认识，个人对于何为伦理行为的认识，个人对于个体品德的客观认识以及个人对于伦理行为事实的客观规律的认识。[①] 主体通过与客体的交互作用获得了道德上的"知"成了道德认识能力的一个方面，转化为主体内在道德观念的程度是道德认识能力的另一个方面。道德认识能力内含感性认识能力和理性道德认识能力，感性道德认识能力浅显但其是形成道德认识能力的必要条件，由感性向理性发展的过程即为形成道德认识，发展道德能力的过程。

2. 道德情感能力。道德情感能力即为情感层面的道德能力，是指"激发和调控自身道德情感的能力"。[②] 主要表现为道德体验能力、道德移情能力和道德审美能力。道德主体只有具备了正向积极的内心感受和丰富的情感体验，才能自觉自愿地呈现道德行为。[③] 道德情感能力是"个体道德发生发展的内在条件，也是推动个体产生社会认同、参与社

[①] 王海明：《新伦理学》，商务印书馆2001年版，第33页。
[②] 郑晓江：《生命教育演讲录》，江西人民出版社2008年版，第96页。
[③] 毕然：《大学生道德能力及其培养研究》，硕士学位论文，哈尔滨工程大学，2016年，第81页。

会活动、形成倾社会行为的内在动力。"①

  3. 道德判断能力。学界非常认可道德判断能力在道德能力中的作用和地位，甚至在一段时期内，一些学者把道德判断能力与道德能力作为同义词替换使用。道德判断能力是道德能力的核心要素，是指个体在具体道德情境中进行道德分析、推理和决策的能力，是个体道德思维的集中体现。第一，道德判断能力是基于道德认识进行价值判断的过程，是反映对象"是什么"的判断陈述。个体对一个具体对象依据道德原则判断对象具有某种属性并陈述出来。第二，道德判断能力是在具体情境中进行价值判断的过程。依照道德原则展开的关于对象道德属性的判断在实际情境中会遭遇冲突。一方面，道德上的"善""恶"实际上是人类自我创造和给定的一种情境，受文化、社会等多种因素的影响。在具体的情境中，各种因素交织在一起，虽然每种因素都有各自的根源，但这些因素综合在一起会让主体判断对象属性出现不确定性，善恶的对立有时会出现了转化。另一方面，个体在不同的情境中，主体情绪、态度、愿望、立场等体验会影响对判断对象的整体意义建构，在具体情境中，个体目的、动机、旨趣，在展开自主、自觉的自我道德实现的过程中也许会举步维艰。第三，道德判断能力与个体逻辑推理发展有关。在具体情境下，道德理想可能会和现实需求发生冲突，对于复杂因素的决策过程需要个体内在智力支持，特别是道德思维的推理过程。

  4. 道德选择能力。道德选择能力是指个体在多种可能性之间或在道德冲突情况下使自我和外界达到平衡所作出的自主、自觉与自愿抉择善恶好坏的能力，具有明确的指向性和实践性，需要具备客观选择的可能性，同时个体具备意志自由，② 道德选择能力在本质上是主客体相互作用的关系中个体高度自主活动的结果。道德选择能力通过个体的主体

---

  ① 奚社新：《论当代大学生道德能力及其培养》，硕士学位论文，南京师范大学，2004年，第13页。
  ② 杨芝：《大学生个体道德能力生成的内在逻辑及转化提升研究》，硕士学位论文，长安大学，2017年，第22页。

性表现出来。① 同时，道德选择能力又是主体通过选择适应环境达到平衡的过程，道德选择是在具体情境中，经由主体做出道德判断后做出的选择。人们的选择受限于道德规范体系、风俗习惯等，其目的是处理个体与他人、个体与社会以及个体内部结构之间的关系并使之取得平衡。

5. 道德创造能力。道德创造能力是道德主体以求善为最终目的，整合原有的道德观念或道德规范，独特地解决道德问题的能力。② 道德创造能力体现了社会生活发展的动态变化，一方面是创造新的伦理道德精神的能力；另一方面是创造既有道德规范的能力，其主要价值是对已有的道德规范的超越。③

除上述内容，还有学者认为道德能力包括道德意志能力，是指人在生活中对于道德积极能动性的体现，是确保人将道德认知能力转化为道德实践的中间过程。④ 道德直觉能力，是指在当主体面临复杂的道德判断和选择时，受限于时间紧迫或缺乏先前经验，有时个体会依据经验和感受，通过潜意识直接把握对象，对道德观念、道德行为作出判断和选择的能力。⑤

根据道德主体活动领域已有研究认为道德能力主要包括以下内容：

1. 政治道德能力。李淑梅认为罗尔斯从人的能力结构入手考察社会结构，提出社会结构要根据人们的道德能力确定和调整基本自由，并对人们的自然天赋能力的社会分配进行调节。⑥ 刘霞等认为国家治理能力现代化主要表现为人的能力的现代化，其伦理意蕴主要体现为治理主体的道德能力、治理过程的道德落实、治理客体的道德塑造以及治理的

---

① 顾海根、李后黍：《上海地区青少年道德判断能力测验的编制及常模制定》，《心理科学》1997年第3期。
② 徐燕：《道德创造能力及其培养》，硕士学位论文，浙江师范大学，2006年，第17页。
③ 蔡志良、蔡应妹：《道德能力论》，中国社会科学出版社2008年版，第128页。
④ 毕然：《大学生道德能力及其培养研究》，硕士学位论文，哈尔滨工程大学，2016年，第71页。
⑤ 蔡志良、蔡应妹：《道德能力论》，中国社会科学出版社2008年版，第125页。
⑥ 李淑梅：《罗尔斯的自由观：自由与平等结合》，《求是学刊》2005年第3期。

国际伦理意义等几个方面，国家治理能力现代化中所包含的能力性质、能力范围、能力体现，合称为国家治理的道德能力。① 杨冬艳提出现代社会寻求正义的社会制度所需要的道德能力内容可以概括为合理的价值观、正义感和仁爱心、自主意识和责任感。② 王锋认为公共管理者在处理日益复杂的公共事务时，要有相应的道德认知能力、道德判断能力、道德选择能力及道德行动能力，公共管理者的道德能力必须通过制度重构来实现。③ 左高山认为公共行政人员始终需要一种能够识别行政之恶伪装并拒绝与之同谋的公共伦理。对于公共治理而言，行政理性起着引导、规范和约束的作用，对于提高行政主体的治理能力也有着重要的影响。④

2. 职业道德能力。王端旭等对 285 名企业员工进行问卷调查，从个体的道德能力角度剖析伦理型领导对员工非伦理行为的影响及其中介作用机制，结果表明：伦理型领导对员工非伦理行为有显著负向影响，员工道德认同和道德勇气在两者之间发挥中介作用。⑤ 谭继舜等的研究表明在企业声誉评价过程中，评价者对企业能力和道德线索呈现、关注和解释时存在一些一般性认知心理规律。⑥ 薛姣以在某一处理中若涉及两种及以上职业道德规则相互冲突时，该如何选择才更符合职业伦理标准为研究切入点，提出在符合国情、正义等要求下，综合评价和衡量当事人、群体、制度以及社会公共利益，从道德能力视角为执法工作中的"道德规则冲突"选择难题提供相应的能力评价和行为选择的框架。⑦

---

① 刘霞、邱斌：《论国家治理能力现代化的伦理意蕴》，《伦理学研究》2017 年第 6 期。
② 杨冬艳：《论公共行政中的道德能力》，《伦理学研究》2014 年第 4 期。
③ 王锋：《合作治理中的道德能力》，《学海》2017 年第 1 期。
④ 左高山：《论公共领域中的行政理性及其限度》，《马克思主义与现实》2011 年第 6 期。
⑤ 王端旭、赵君：《伦理型领导影响员工非伦理行为的中介机制研究》，《现代管理科学》2013 年第 6 期。
⑥ 谭继舜、于斌、曹倩：《企业道德和能力对企业声誉评价的影响研究》，《科学学与科学技术管理》2017 年第 12 期。
⑦ 薛姣：《执法道德规则冲突及其能力评价与行为选择》，《理论与改革》2014 年第 4 期。

曹刚认为伦理委员会的成员，不但需要具有不同的专业技能和经验知识，也能够代表不同的利益诉求和价值立场，更需要具备一般的道德能力。①

3. 社会公德能力。万时乐提出城市文明是市民个体道德能力外化的结果，文明城市确证了文明人，城市的文明与市民个体道德能力内在勾连，城市的发展伴随市民个体道德能力的跃迁。从文明城市的构建来看，城市文明与个体道德能力处在双向互构之中。文明城市的构建与市民道德能力的提升是互为因果、相互促进的关系，二者是同一过程的两个方面。②

4. 网络信息道德能力。信息活动作为人类社会活动基本模式具有人为性和为人性，它的向善性在促进人类文化繁荣与传承、经济资源优化流动、政治民主实质性发展和拓宽人类交往等方面得到确证。同时，信息活动也必定要受到一定的道德规范的制导和规约，且道德规范的实现必须依赖信息活动主体的道德能力。前者是关乎对信息活动本身的目的和价值的理解与把握，后者是关乎信息活动的道德秩序、道德规范的理解与把握以及道德规范实现的主体条件，这两方面是相辅相成的，前者是基础和前提，后者是前者的具体展开和实现。③ 在信息自由传播的网络空间，负面道德信息往往会弱化个体的道德观念、道德信仰等，阻碍个体的道德行为和道德实践，消解个体的道德能力。所以，应当创新道德教育理念，优化公民道德实践，提高主流道德文化的影响力和凝聚力，降低网络负面道德信息带给个体道德能力的不良影响。见死不救、损人利己、损公肥私、知行不一等负面信息会使得社会成员的整体道德实践能力下降。④

（三）道德能力结构

对于道德能力的结构，以往学界的探索为我们的研究带来了很多启

---

① 曹刚：《关于企业伦理委员会的伦理学思考》，《湖南社会科学》2008 年第 6 期。
② 万时乐：《城市文明与市民个体道德能力的提升》，《学术论坛》2011 年第 11 期。
③ 梁修德：《信息活动的道德性》，《图书馆》2011 年第 5 期。
④ 李金花：《莫让网络负面道德信息消解个体道德能力》，《人民论坛》2019 年第 5 期。

发，总结他们的成果主要有以下特点。一是对道德能力结构的研究集中于研究组成道德能力的要素。蔡志良在《道德能力论》一书中提出"道德能力由道德判断能力、道德选择能力、道德认识能力、道德践履能力、道德直觉能力以及道德创造能力组成。通过对要素的界定探究内在的有机联系，从而阐明道德能力的结构。"二是通过对组成道德能力要素的归类来说明道德能力的层级结构。鲁洁教授认为个体品德结构存在三个维度，分别是形式对应的形式系统、内容对应的内容系统和功能对应的功能系统，道德能力属于功能系统，处理的是存在于人脑之中的道德意识与道德活动及外部环境之间的关系。① 在分析道德能力的结构时提出道德意应能力这一要素，是指"一种道德动机与情感的产生与激发、选择与控制、迁移与概括化、提高与升华的能力。""道德意应能力包含道德直觉能力、道德选择能力、道德调节能力、道德迁移能力、道德控制能力、道德概括能力等不同层次的道德能力。"② 鲁洁教授对道德能力要素的归类与蔡志良教授存在差异，鲁洁教授更加倾向于把道德能力归类为道德意识层面，提出道德意识功能就是道德能力，道德意应能力作为组成道德能力的要素，属于道德能力的下位概念，把道德直觉能力等归类为组成道德意应能力的要素，以此论证道德能力的结构。

  品德结构一般被认为是知、情、意（三分法）的统一体或者是知、情、意、行的统一体（四分法）。提顿斯在沃尔夫官能心理学基础上提出人的心理结构分为认识、情感和意志"三分法"。"先天倾向的加工结构是由一套颇具特点的认知、情感和行为策略组成的，而这套策略的激活则受到彼此关键性的指导和限制。"③ 品德结构无论被看成是"三分法"还是"四分法"，认知、情感和行为都被看成是组成品德结构的

---

  ① 鲁洁、王逢贤：《德育新论》，江苏教育出版社 2002 年版，第 261 页。
  ② 鲁洁、王逢贤：《德育新论》，江苏教育出版社 2002 年版，第 261 页。
  ③ Mischel W. and Shoda Y., "A Cognitive-affective System Theory of Personality: Reconceptualizing Situations, Dispositions, Dynamics, and Invariance in Personality Structure", *Psychological Review*, Vol. 102, No. 2, April 1995, p. 32.

成分，即品德结构成分说。针对每一种成分，学者们进行了大量的研究，布鲁姆在关于"认知领域"和"情感领域"的两本独立的书中发表了他们对品德结构的看法。他们认为这两个领域都可以分别教授和测验，这种独立成分的思维似乎在品德结构中站稳了脚跟。对品德结构的成分划分以及对成分的独立研究和测量为个体品德结构的内容和形式的发展提供了有力的证据，但这类划分线条比较粗犷，容易被属性的一种"具体化"所误导。道德认知、道德情感、道德行为并不是品德结构的成分，而是道德的不同方面，他们共同构成了品德结构，他们之间不能分离。因此，除了对品德结构不同方面的深入研究非常必要以外，我们还应该关注品德结构中实现联系道德情感、道德认知和道德行为的连接点。

个体道德结构又称为品德结构，品德结构包括三个维度和三个子系统，分别是品德内容维度与内容系统、形式维度与形式系统、功能维度与功能系统。道德能力是品德结构的功能维度，由组成道德能力的各要素构成了功能系统。一方面，道德能力依赖于但不等同于品德内容和形式；另一方面，道德能力是品德内容和形式的统一，道德能力正是连接道德情感与行为的重要环节。[①] 在实际生活情境中，人们道德行为的缺失，并不是因为他们缺乏由道德观念、意向和动机组成的道德情感，其主要原因是人们缺乏通过对道德原则的思考和对话来处理道德冲突的能力，而道德能力正是道德情感和道德行为之间"缺失的纽带"。[②] 道德情感和道德认知是道德行为的两个方面，两者在时间上是平行发展的，但是不能相互分离。

三 关于道德能力培育的研究

关于道德能力培育的研究是伴随一次又一次的道德教育变革而形成

[①] Lind, G., *How to Teach Morality: Promoting Deliberation and Discussion, Reducing Violence and Deceit*, Berlin: Logos Verlag, 2016, p.128.

[②] 张静:《道德教育"困境讨论"模式在"思想道德修养与法律基础"课教学中的运用》,《思想教育研究》2018年第1期。

的新理论，同历史上反复发生的情形一样，学校道德教育变革有深刻的政治、思想和文化方面的原因，面对社会转型、经济发展以及国际力量对比等压力，不同国家在不同历史时期都兴起过学校道德教育改革浪潮。道德培育越来越重视"学生从道德认知到情感能力的培养，从个体德性到社会关系修复的发展"。[①] 形成了诸多道德能力培育模式，创制出一系列道德能力评价工具。

（一）道德能力培育模式

受各国思想家关于道德能力研究成果的影响，不同国家在教育系统内实施了以关注学生道德认知、道德情感以及道德行为相联系的道德能力培育，强调了个体道德能力的提升方法，与此相对应形成了多种道德能力培育模式。

1. 价值观澄清理论及其培育模式。价值澄清学派是20世纪60年代产生于美国的一个道德教育流派，价值观澄清理论认为价值观对人的行为具有很大影响，强调价值和价值教育的理论与方法，关注青少年价值观特别是性格的养成，提倡提升青少年价值观选择和实践的能力。受人本心理学家马斯洛（A. Maslow）和罗杰斯（C. Rogers）心理学思想的影响，以及杜威（J. Dewey）的经验主义和存在主义道德哲学的影响，价值观澄清流派强调培养学生将自己慎重选择的价值观付诸行动的能力，并不断强化从而巩固自己的价值观能力。[②] 1966年拉斯（Louis Raths）、哈明（Merrill Harmin）和西蒙（Sidney Simon）合著出版的《价值观与教学》标志着价值观澄清理论的形成。[③] 柯申鲍姆（H. Kirschenbaum）于1995年出版的《在学校和青年背景中提高价值观和道德的100种方法》标志着价值观澄清学派的研究历史地位。拉斯设计价值观澄清评价过程，包括选择、珍视和行为三个过程。通过利用价值澄清清单，将价值观形成内在因素包括认知、情感和意志的形成

[①] 韩丽颖：《美国学校道德教育的发展进路》，《教育研究》2020年第2期。
[②] 姚俊红：《价值澄清教育流派述评》，《外国教育研究》2004年第1期。
[③] 杨韶刚：《西方道德心理学的新发展》，上海教育出版社2007年版，第6页。

过程联系起来，模式具有很强的操作性，针对个体的主体性来评价青少年价值倾向。价值观澄清模式是时代的产物，模式本身的现实性、实用性以及针对性使得该模式在20世纪70年代的美国学校广为流传，特别是其普适于课堂教学的特点，能够引发学生的兴趣和参与，受到师生的欢迎。查赞·巴里认为"价值澄清比20世纪其他的道德教育方法更有意义、更为重要。"[①] 此外，价值观澄清理论认为，学校应是中立的，不应提倡任何一种价值观，通过帮助学生澄清个体价值观从而帮助学生确定自己的价值观，对青少年的引导是否要保持中立，重过程、轻内容的教育方式使学校道德教育成为旁观，这种道德价值观念也成为价值观澄清理论逐渐走向衰落的原因。

2. 品格教育理论及其培育模式。品格教育于20世纪80年代形成，以托马斯·里考纳（Thomas Lickona）为代表，当人们发现青少年道德缺陷、行为失范、发展潜能流失等成为社会的写照时，美国道德教育领域开始意识到有意识地以某种方式开展核心价值观教育非常重要，[②] 强调行为在道德教育中的重要作用。"成熟的思维方式和良好的道德判断似乎并没有促成更多的道德行为，那些具有更高智慧的人们和发展更好的社会似乎也没有必然形成更好的道德。"[③] 托马斯认为情感是理智向行为转换的中介，理智、情感、行为相统一才构成完成的品格。[④] 品格教育应是社会规范影响和个人自主选择的统一，是社会的共同意志和个人自由意志、社会道德和个体内在道德的统一。

3. 道德认知发展理论及其培育模式。该理论由皮亚杰开创，被柯尔伯格（L. Kohlberg）等继承并发扬光大。1932年出版的皮亚杰所著《儿童的道德判断》一书，被喻为研究儿童道德发展的里程碑。皮亚杰

---

① Barry Chazan, *Contemporary Approaches to Moral Education: Analysis Alternative Theories*, NewYork: Teacher College, Columbia University, 1985, p. 52.

② 刘晨：《美国新品格教育的核心理念、实践模式与发展趋向》，《教育科学研究》2020年第5期。

③ 戚万学：《冲突与整合：20世纪西方道德教育理论》，山东教育出版社1995年版，第365页。

④ 唐汉卫：《现代美国道德教育研究》，山东人民出版社2010年版，第115页。

首次提出将道德判断作为儿童道德认知发展的核心来进行系统研究。20世纪50年代末柯尔伯格在皮亚杰理论的基础上将道德认知发展学说精心扩建成一个心理学、哲学、教育学、社会学的研究综合体。道德认知发展理论对世界影响深远,以致在今天美国教育范畴中,"道德教育"概念仍然特指皮亚杰提出的旨在"促进儿童和青少年的认知结构(道德推理阶段)发展的学校教育形式"。[1] 皮亚杰和柯尔伯格都将道德看成是一种认知能力,皮亚杰认为道德知识"是存在于规则意识和规则实践之间的各种复杂的关系"。[2] 柯尔伯格既反对行为主义所推崇的规则服从概念,又反对将道德看成是意图的纯粹的情感定义。道德认知发展理论形成了诸如公正团体模式、两难故事讨论等教学策略。

4. 英国 PSHE 理论及其培育模式。PSHE 是 20 世纪 80 年代兴起于英国的一种道德教育思潮,PSHE 是"个体、社会和健康教育"的英文简称,以人本主义心理学和认知心理学为理论基础,强调个体教育、社会教育和健康教育。个体教育是把个体放在核心位置,强调个体对自身的调节和自信心的培养。社会教育是个体社会化的进程,帮助学生形成良好的社会适应性。健康教育是把健康和教育联系起来,不只是提供自上而下的有益于健康的行为习惯和生活方式的校园环境,更重要的是把青少年作为健康促进活动的重要组成人员。该理论旨在帮助学生形成良好的生活方式,与人建立良好的人际关系,培养学生的自信心、社会适应性。[3] 西德豪斯认为:"健康是取得其他成就的根基。"在 PSHE 教育过程中,个体、社会、健康的发展是相互作用的,PSHE 对应的道德教育模式设置了八个方面的主题,包括公民教育、环境教育、生涯教育、身体健康教育、情绪健康与社会适应性教育、安全教育、个人理财教

---

[1] Wolfgang Althof and Marvin W. Berkowitz, "Moral Education and Character Education: Their Relationship and Roles in Citizenship Education", *Journal of Moral Education*, Vol. 35, No. 4, December 2006, pp. 495 – 518.

[2] Jean Piaget, "The Affective Unconscious and the Cognitive Unconscious", *Journal of the American Psychoanalytic Association*, Vol. 21, No. 2, April 1973, p. 249.

[3] 范树成:《英国的 PSHE 课程探析》,《外国教育研究》2012 年第 7 期。

育、性与性关系教育。① 在 5—7 岁、7—11 岁、11—14 岁、14—16 岁四个阶段实施分目标的教育,② 通过教育大纲明确不同阶段的教育目标。以多种方式对学生的学习和成绩做出区分,包括自尊、关键技巧和气氛等方面,③ 突出对学生的情感教育和情绪引导,注重人际关系的正向发展。

5. 新品格教育及其培育模式。进入 21 世纪后,以美国为主的多个国家,把"实践驱动"作为道德教育发展的主导逻辑,核心理念的整体性审视是把握其实践探索及未来发展趋向的前提和基础。④ 新品格教育的兴起体现出道德教育发展更加重视实践,对建构理论体系的兴趣正在逐渐衰落。新品格教育家马文·伯科威茨将"品格"定义为影响个体道德功能发挥的能力与倾向,包括道德行为、道德价值观、道德人格、道德情感、道德推理、道德认同。⑤ 伯科威茨认为与道德认知发展理论相比,新品格教育更倾向于根植学生的生活经验,回应实际需求,破解学习生活困难。新品格教育模式在教学策略上凸显情景化,师生努力构建一种对话式、融入式的道德情境,提倡觉察社会环境、校园氛围、家校合作关系对于青少年品格发展的有益作用,正确认识不同情境下情感、价值冲突、人际关系和历史因素之间微妙而复杂的作用关系,帮助学生在回应性情境的互动中理解品格的多面性和复杂性。⑥

(二)道德能力培育评估方法

为了衡量道德能力培育的有效性,道德心理学根据道德能力理论形成了一系列道德能力测量方法,测量主要是对组成道德能力的各要素进

---

① 赵文杰:《英国 PSHE 的心理学解析》,硕士学位论文,南京师范大学,2006 年,第 25—71 页。
② 冯增俊:《当代国际教育发展》,华东师范大学出版社 2002 年版,第 39 页。
③ 杨韶刚:《英国的 PSHE 情感教育模式评析》,《教育科学》2002 年第 1 期。
④ 刘晨、康秀云:《美国新品格教育的复归背景、目标转向与理论超越》,《外国教育研究》2017 年第 12 期。
⑤ 刘晨:《美国新品格教育的核心理念、实践模式与发展趋向》,《教育科学研究》2020 年第 5 期。
⑥ 刘晨:《美国新品格教育的核心理念、实践模式与发展趋向》,《教育科学研究》2020 年第 5 期。

行了精细的分解，对影响各要素的因素进行了实证分析，特别是对道德判断能力这一组成道德能力的核心要素有深入的研究。道德能力测量方法主要有如下几种。

1. 对偶故事法。对偶故事法是由著名的儿童心理学家皮亚杰精心设计的一种测量儿童道德发展水平的工具。皮亚杰依据精神分析学派的投射原理，① 创新性地编制了一套可对照的故事，采用个别询问的方式要求儿童对假设性问题做出判断，如考察儿童对过失和说谎的道德判断等方面的问题。② 皮亚杰要求被试在给出的故事中做出选择，同时采用一种特殊的计分方式对被试的决策计分，最终从被试的决策推理、归纳和分析的过程中寻找其道德发展规律。

2. 两难故事法。20世纪50年代，美国道德教育学家柯尔伯格设计两难故事法用以测试被试的道德认知发展水平，在对被试提出一系列道德两难问题后要求被试在道德冲突情境中做出判断并陈述理由。柯尔伯格还创设了道德判断量表（MJS），量表主要包括三十个维度，每个维度又内含六个发展阶段，因而总共有一百八十个计分项目。被试需要对三十个维度的不同问题一一做出选择后，观察者依据被试的判断结果进行阶段评分和归档，最终计算出被试的总分。③ 在柯尔柏格设计的量表中，计分系统是根据被试对道德两难问题判断理由所属阶段的选择次数，逐项进行归档，再换算成道德分数（MMS）作为被试道德发展水平的指标。④

3. 问题测验（DIT）。20世纪70年代，柯尔伯格的学生美国道德教育学家莱斯特（J. Rest）提出确定问题测验（Defining Issues Test）方法，用以测验个体道德发展水平。莱斯特观察发现儿童对道德冲突进行

---

① 胡朝兵、张大均：《国内外品德测评方法述评与展望》，《中国教育学刊》2008年第3期。
② 吴萍娜：《刍议皮亚杰与儿童心理理论》，《福建论坛》（人文社会科学版）2007年（专刊）。
③ 庄康义：《道德判断评估的方法综述》，《上海教育科研》2003年第9期。
④ 顾海根、李后奏：《上海地区青少年道德判断能力测验的编制及常模制定》，《心理科学》1997年第3期。

判断和选择时，会将比自己所属阶段更高一阶段的陈述排在重要的位置，因而测验时被试更倾向于选择相对于自己所处阶段更高一级的判断。因此，通过让被试对不同阶段的道德描述进行重要性程度评定，就可找寻被试道德发展的水平规律。基于此莱斯特提出确定问题测验，问题测验由六个道德两难故事组成，每个故事附加十二个问题，被试依次勾选出每个论点的重要性程度，分别指向各个阶段的判断标准。确定问题测验可以获得被试的三种分数，分别是 D 分（每一阶段加权计算出的总分）、P 分（被试做出道德判断时赋予道德原则的重要程度）、M 分（验证被试问卷的效度）。① 莱斯特在柯尔伯格量表的基础上进行了继承和发展，确定问题测验的六个道德两难故事中包含了柯尔伯格设计的三个道德两难故事，进一步改进了柯尔伯格问卷计分繁琐的不足。

4. 中国道德能力测验。1994 年李伯黍教授在其课题"上海地区青少年道德判断能力测验及道德发展阶段模型"课题中首次提出编制我国道德判断能力测验量表，此后两年经过小样本测试后，于 1997 年在同年《心理科学》杂志上发表《上海地区青少年道德判断能力测验的编制及常模制定》，该量表参照柯尔伯格提供的六个道德阶段的主要特征，根据我国人民日常生活编写四个故事，每个故事表现一类道德情境冲突，包括公与私、义与利、平等与公正以及自由与自律。测验采用两种计分方法，一是总分，计算各项得分之和；二是 P 分，计算每一故事在原则水平上的得分。测验包括道德情境、道德态度和道德阶段三个变量，组成一套 $4 \times 2 \times 6$ 因子的设计。② 2003 年杨绍刚教授取得林德教授授权，在中国实用 MJT 开展研究，2005 年，南京师范大学研究生吴慧红在其导师杨绍刚教授的指导下完成硕士论文《道德研究新视角：道德判断测验的理论和实证研究》，文中对林德教授的道德判断测量问卷的中

---

① 胡朝兵、张大均：《国内外品德测评方法述评与展望》，《中国教育学刊》2008 年第 3 期。
② 顾海根、李后黍：《上海地区青少年道德判断能力测验的编制及常模制定》，《心理科学》1997 年第 3 期；李伯黍、顾海根：《道德判断能力测验编制中的几个问题》，《上海教育科研》1994 年第 5 期。

文版进行效度分析，做了中国本土化修订。近年来，杨韶刚教授通过《西方道德心理学的新发展》一书对西方道德心理学研究进展进行了系统整理，对德国康士坦茨大学道德心理学家林德教授的著作《怎样教授道德才有效——道德心理学家给教师的建议》进行翻译并引进中国，系统介绍了在世界范围内广泛应用的道德能力测验量表（MCT）。

四 关于青少年道德能力的研究

道德能力发展与主体年龄相关，围绕不同年龄、不同角色人群进行道德能力研究，呈现不同年龄、不同角色群体道德能力特征，研究对象呈现多样化特点。幼儿阶段（张欣，2015）、小学生（刘华，2007），中学生（刘倩，2013；戴霞宁，2013）等、大学生（杨芝，2017；毕然，2016）等、研究生（赵毅，2010）、党员领导干部（曾越，2012）、农村寄宿儿童（许勇，2013）、公务员（朱汉宇，2015）、新型城镇化农民（李海娜，2015）。梳理青少年道德能力研究主要有以下成果。张静在《影响我国青少年道德判断能力的因素分析》一文中通过调查研究总结出，青少年价值取向随着年龄的增长表现为从注重服从权威到注重自我需要。王芳、顾海根在《青少年自我价值感及道德判断能力与价值观的关系》中证明大学生道德判断能力的总分和14种价值观的等级分数之间均没有显著相关关系。国外学者Denton K证明道德判断能力会受到道德推理的社会背景影响。[1] Pizarro强调移情在人的道德判断过程中的重要作用，提出了情绪影响道德判断的理论模型。[2] Greene等人基于功能核磁共振成像（FMRI）研究，发现不同的道德情境下，人的皮层神经活动不同，引发了个体不同的情绪反应，影响了人的道德能力。[3] Fataneh

---

[1] Denton K., Krebs D., "From the Scene to the Crime: the Effect of Alcohol and Social Context on Moral Judgment", *Journal of Personality and Social Psychology*, Vol. 59, 1990, pp. 242 – 248.

[2] Pizarro D., "Nothing More than Feeling? The Role of Emotions in Moral Judgment", *Journal for the Theory of Social Behavior*, Vol. 30, No. 4, 2000, pp. 355 – 375.

[3] Greene J. D., Sommerville R. B., Nystrom L. E., "An fMRI Investigation of Emotional Engagement in Moral Judgment", *Science*, Vol. 293, 2001, pp. 2105 – 2108.

等人的研究结论显示，人在快乐心境下的道德推理显得简单和零散，在悲伤心境下的道德推理显得比较复杂和系统，以此证明情绪对人的道德能力有影响。①王云强等对中国大学生进行实证研究，论证情绪对大学生道德判断能力的影响，结果显示大学生在快乐状态下的道德判断能力显著高于悲伤状态下的道德判断能力，这与Fataneh等人的研究结论正好相反。②王挺等以中学生为研究对象，采用实证研究方法构建了个体差异变量人格特征、家庭环境因素影响中学生道德判断能力的关系模型，提出人格特质对道德判断能力发展的总影响效应为正，家庭环境对道德判断能力发展的总影响效应为负的结论。③倪伟对中学生宽恕风格与道德判断能力的关系进行了深入研究，结果显示宽恕风格与道德判断能力之间存在显著正相关关系。④1994年李伯黍教授在其课题"上海地区青少年道德判断能力测验及道德发展阶段模型"中以上海地区青少年为例进行了道德能力研究。2003年吴慧红在我国江苏省对青少年进行道德判断能力实证研究，成为我国青少年道德能力研究的实证比对范本。总体来看，青年道德能力研究的成果主要集中于道德心理学领域。

五 道德能力培育研究空间

关于道德能力的研究总的来说形成了两种基本类型。一种是从"形而上"的层面，⑤着眼于道德范畴、道德本质和道德应然，从整体、根本、全局的视角，揭示道德能力在何种意义、多大程度上可以与德性的意义相当。另一种则是从"形而下"的层面，对组成道德能力要素

---

① Fataneh Z., Martin C., Stephanie M., "The Effects of Happiness and Sadness on Moral Reasoning", *Journal of Moral Education*, Vol. 29, No. 4, 2000, pp. 397-412.

② 王云强、郭本禹、吴慧红：《情绪状态对大学生道德判断能力的影响》，《心理科学》2007年第6期。

③ 王挺、肖三蓉、徐光兴：《人格特质、家庭环境对中学生道德判断能力的影响》，《心理科学》2011年第3期。

④ 倪伟：《中学生宽恕风格的发展及其与道德判断能力的相关研究》，《南京师大学报》（社会科学版）2001年第2期。

⑤ 沈壮海：《思想政治教育有效性研究》，武汉大学出版社2016年版，第202页。

的"细枝末节"处加以科学求证，以局部、具体、细节的视角，揭示道德能力与人的现实性生理、心理、行为能力的关系。前者的研究意义是在自觉的层面上纳入关注的视野，关注道德能力的整体性存在、整体性发展，后者的研究意义是基于对实践活动的观察而揭示的道德能力客观规律，两种类型互相促进推动了道德能力相关研究的发展。但令人遗憾的是，部分"形而上"层面的研究成果面对我国社会结构变动、思想观念变化而产生的道德新问题显得解题低效，大量的研究以范畴、概念等抽象问题为研究对象，停留在抽象层面而不能够把它从精神上具体再现出来。① 或是在精细的论证中反复检视，或是在很大程度上并不是现实生活中真正需要研究的实际问题。而部分基于具体和局部形成的"形而下"层面的研究成果，则陷入某一方面的心理学式实验探究，限制了研究理论视野，忽视了对系统、全局适用性的把握，面对日益复杂的道德新问题同样显得解题低效。道德能力研究理论对实践解释力的钝化现象明显，也正因为此，关于道德能力培育的研究就整体而言存在一些不足，主要表现在：

第一，理论研究滞后于实际需要。道德能力培育从属于道德教育领域，在该领域道德能力并非是一个陌生的概念，"但却是个甚少为人关注的边缘化概念，这种理论与实践的差距根源于理论研究的滞后"。②道德哲学和道德心理学是探讨道德教育的两个基本领域，在道德教育领域探讨道德能力培育，就是要找到一条联结研究道德能力"形而上"与"形而下"整合的通道，这类研究非常困难研究成果比较少。现有道德能力培育研究与时代背景下对道德能力发展理论指导的实际需要不符，亟待加强道德能力培育理论研究。

第二，研究重点与培育内涵有偏差。现有关于道德能力培育的研究，其重点大多放在解决"道德能力是什么"的问题，对道德能力的内涵本质和结构要素方面的研究重复度较高，对道德能力培育"如何

---

① 沈壮海：《思想政治教育有效性研究》，武汉大学出版社2016年版，第213页。
② 黄显中：《道德能力论》，《哲学动态》2014年第2期。

做"的系统性深入研究比较少，容易陷入"就事论事""西为中用"的"解题思路"与目的、作用、途径等惯用格式化"解题步骤"，缺乏从"史"的视角系统梳理汲取培育理念和培育方法，一定程度上僵化了发现契合我国实际的道德能力培育"真问题"的思维。

第三，对培育对象的道德状况认识不足。处在不同年龄阶段的研究对象其道德能力培育方式、方法、途径各不相同，笼统研究不能有效解决针对大学生道德发展阶段的实际问题。大学生处于内在道德能力发展规律和外在培育资源可塑性很强的阶段，以大学生群体为对象的研究比较多，但囿于学科范式等原因的限制，研究或是聚焦在大学生群体的"情绪""态度"等要素的测量而缺乏整体性模式建构，或是聚焦在理论思辨搭建培育模式，而缺乏对培育对象的客观科学认识，滞后于大学生道德状况动态变化的调研结果难于满足大学生的现实需要，培育路径研究的针对性亟待提高。

第四，研究方法单一，理论视野窄化。关于道德能力培育的研究，实证研究多见于道德心理学、生物科学和人工智能研究领域，其余学科几乎都采用思辨的单一研究方法。学科范式走向精细是科学发展中的规律性趋向。库恩在《科学革命的结构》一书中指出"任何一门科学的发展过程中，最先接受的范式，通常会让人感觉到它对于科学研究者容易理解的大多数观察和实验，能给予相当成功的说明。因此，进一步的发展通常要求建构精巧的装置，发展出一套深奥的词汇和技巧，精炼概念，使之不断地减少与他们通常的常识原型之间的相似性。"库恩同时也指出，"这个专业化的进程，使科学家的视野受到极大的限制，并使范式变化受到相当严重的阻碍，科学已经日益变得僵硬"。[1]

第五，道德能力培育研究概念界定模糊。梳理相关研究可见，道德能力培育研究存在语义混淆、概念模糊等问题。道德教育作为道德能力

---

[1] [美]托马斯·库恩：《科学革命的机构》，金吾伦、胡新和译，北京大学出版社2003年版，第60页。

培育的载体，以往研究对思想政治教育、道德教育、德育"三词"出现混用现象，一是有的学者在以大学生为对象的研究中提出"三词"语义相同，可以替换使用，有的学者认为三者边界、学科、内涵外延等都不相同，不能混用，对"三词"进行辨析，明确研究范围有利于提升研究的科学性。二是部分研究把道德能力内容等同于道德能力培育的内容，直接移用道德能力范畴内已有的成熟的研究结果，对道德能力培育的内容、特点等本质内涵挖掘不够。

第六，理论研究成果在实践应用中范围较窄。对实践路径的研究大多采用思辨的研究方法，缺乏长时间、大范围的实践检验，研究成果很难应用于宏观层面的实践，对培育主体的政策制定、体系架构、理念推行、课程指导等宏观层面的实践指导性较弱。

第七，立足中国实际的成果较少。从上述综述可见，道德能力培育模式多为西方研究成果，在多国教育系统中应用于宏观实践体系并在研究中持续改革模式。在我国，道德能力培育研究"移植"现成观点、方法的做法比较多，模式与我国实际贴合度有待论证。

第四节　研究思路与方法

一　研究思路

只有确立了相对严整的理论框架之后，对大学生道德能力培育问题的研究才可能是整体的而非局部的、相对系统的而非零散的、具有相应的普遍性的而非个别经验化的，研究才可能真正具有促进道德教育实践活动的科学化发展。

对大学生道德能力培育路径的研究是要清晰地找到联系道德能力"应然"的"形而上"与"实然"的"形而下"的入口。如果孜孜于"应然"的"形而上"研究做哲学的总论式探讨，就不能从思想政治教育学科性质上得出有实际意义的成果。同理，也不能全篇陷入道德心理学的实证研究。基于思想政治教育学科的大学生道德能力培育研究，是要从关于道德能力培育的"形而上"的理论原点中获取关于道德能力的有力解释，利用道德心理学研究成果，既研究大学生道德能力的"实然"，又不局限于心理学实验的经验归纳的"形而下"路线，基于马克思主义理论作出关于人和人的道德的有机整合，实现基于新时代背景下的道德教育意义上的"超越"。

对大学生道德能力培育路径的研究应该包含对"为何培育""培育什么""如何培育"等基本问题的回答。沿着对道德能力培育认知的一般进程为基本的逻辑线索，探讨道德能力培育的内涵本质，再进而探讨大学生道德能力培育的过程和模式。在每个层次上对这些基本问题进行深入解答，可以达到对大学生道德能力培育路径的系统探讨之目的。

具体来说，首先运用逻辑推理等方法探究论文需要回答的核心问题之一，通过对"大学生道德能力是什么""大学生道德能力培育是什么"等问题的深入分析，给出大学生道德能力培育的内涵本质，解答研究的第一个关键点，回答"培育什么"的问题。在此基础上，从宏观和具体两个层次探究大学生道德能力培育目标，剖析目标序列为道德能力培育的实现做好理论准备，阐述大学生道德能力培育的功能。

接下来，通过实证研究客观掌握我国大学生道德能力状况，厘清测量工具和分析方法，从问题表征分析问题根源，全面观照当今中国道德建设面临的现实矛盾，呈现大学生道德能力状况产生的内在原因，找到解决当前大学生道德能力培育现存问题的逻辑进路。至此，研究已经为回答"如何培育"大学生道德能力做好了准备。

根据理论与实证研究结论，依据道德教育规律，接下来集中解答"如何培育"这个问题。要梳理道德能力培育思想资源，从中外思想史中汲取关于道德能力培育的最广义的理解，梳理中国古代思想家的思想中隐藏的关于道德能力培养与修身的思想精髓。并从西方伦理学关于道德能力研究的主要流派中梳理思想家们关于道德能力培育的观点，系统整理围绕道德能力培育而形成的伦理学、道德心理学、道德教育学链条。

综上可归纳出三条培育路径：第一条路径，从自我教育的视角，剖析大学生道德能力自我养成路径，澄清自我教育对大学生道德能力发展的价值,提出大学生道德能力内塑策略。第二条路径,从课程教学的视角,剖析大学生道德能力学校培育路径。分别从"课程思政"和"思政课程"视阈,以"思想道德与法治"课程为研究对象,提出道德能力培育模型,阐释"思政课程"道德能力培育的实践要则。第三条路径,从道德实践的视角,剖析大学生道德能力实践载体。分别从组织载体、文化载体和活动载体入手,分析提升大学生道德能力培育的方法和策略。

从实践出发来探索、分析、解决道德能力培育问题,又从实践中认识道德能力培育本质,真正回归到"实践—认识—再实践—再认识"的有效认识链条上,即为研究思路的主要逻辑依据。

二 研究方法

马克思主义方法论是本书进行研究活动的最高指导,"一切从实际出发""具体情况具体分析"以及"理论与实践相结合"的基本命题是指导研究实施的原则。[1] 针对本论题需要解决的实际内容,采用理论思辨与实证研究两类研究方法,重视对道德能力研究史料的逻辑推理,采用以观察和实验的经验事实为基础的实证研究,采用量化分析与质性研究相结合的混合研究法,对研究对象的外在数量关系以及内在属性进行全面深入的认识。在研究中将具体采用以下研究方法:

(一)文献研究法

全面检索、收集、占有研究资料,鉴别、整理、分析,形成关于道德能力不同学科的相关研究文献和书籍,归纳有关道德能力在不同学科的研究进展和前沿,梳理前人的权威观点,特别是对道德能力培育的中外思想史的资料的梳理,"通常情况下,这些立场是隐含而不是显露的"。[2] 通过梳理文献为增强研究的科学性和说服力提供依据。

---

[1] 侯惠勤:《马克思主义方法论的四大基本命题辨析》,《哲学研究》2010年第10期。

[2] [英]大卫·马什、格里·斯托克:《政治科学的理论与方法》第2版,景跃进、张小劲译,中国人民大学出版社2006年版,第15页。

（二）问卷调查法

为了客观掌握大学生道德能力状况，借由道德心理学已有研究成果进行比较研究，筛选出适合本论题调研对象的量表，把关于大学生道德能力的认知、情感和行为问题分解为可表征的信息与可测的指标，在保证问卷调查结果的准确性和科学性的基础上，分析大学生道德能力状况。

（三）行动研究法

为了客观评估大学生道德能力培育路径的有效性，采用针对大学生道德能力的教学模式计划、行动、观察、反思等相互联系的环节，根据道德能力培育模式的施测，探寻大学生自身在道德认知、道德情感和道德行为方面的变化，从而达到评估教学效果的目的。

第 一 章
大学生道德能力培育内涵探析

"真正的思想和科学的洞见,只有通过概念所作的劳动才能获得。"① 探析大学生道德能力培育内涵,从厘清概念入手,把握其内容和特点,探寻其功能,从而全面揭示其本质内涵。

第一节 大学生道德能力培育的概念

一 生成逻辑

学界普遍认为道德能力是一个综合概念,为了确定道德能力在逻辑上是成立的,我们首先需要回答一个问题,道德与能力有关系吗?为此,我们先从能力的一般分析入手。

(一) 能力的一般分析

能力的概念很复杂,其含义颇为笼统,有狭义和广义之分。能力的狭义之说主要是从心理学范畴界定,学界一般认为,能力是人们"成功地完成某种活动所必需的个性心理特征"。② 能力在活动中的作用以及构成心理特征的方面揭示了能力的概念,界定能力的性质与度量需要具体的科学方法支撑。

---

① [德]黑格尔:《精神现象学》(上卷),贺麟、王玖兴译,商务印书馆1962年版,第48页。
② 朱智贤主编:《心理学大词典》,北京师范大学出版社1989年版,第45页。

基于上述共识，不同国家的心理学者对能力概念的界定有所区别。西方心理学家特别是英美学者把能力分为"一般能力"和"特殊能力"。一般能力是指一切心智能力共享之因素，特殊能力是指各项心智能力独有之因素。① 斯皮尔曼认为人和人最大的不同是"特殊能力"的区别，它与学校教育、个人学习有关，随着社会发展不断变化生成，其成因复杂难以统一测量。为了发现各项心智能力之独有因素，斯皮尔曼透过测定两个能力之间的关系从而确定一般能力和特殊能力。西方心理学研究者认为能力可以分为实际能力（actual ability）和潜在能力（potential ability）。实际能力主要指现在"所能为者"，潜在能力则是指将来"可能为者"，"所能"与"可能"是指心理学上通过技术所能测量到的心理能力（mental ability）。②

我国心理学界对能力的界定主要包括黄希庭在《心理学导论》一书中提出的"人顺利地完成某种活动所必需的具备的那些心理特征"是能力。③ 李孝忠则认为"能力是人完成某种活动所必备的一种个性心理特征，它是在心理活动中表现出来的。"④ 朱智贤在其主编的《心理学大词典》中提出"人们成功地完成某种活动所必需的个性心理特征"是能力。⑤ 心理学层面对能力的界定并不能完全涵盖能力的内涵和外延，学者们开始尝试从哲学和人学视角解读能力的概念。

广义的能力是一个综合的概念，学界一般认为除去心理因素，能力还包含非心理等多因素。人完成一定活动的主体条件不仅包含心理特征，还有身体特征，以及促使顺利完成活动的非心理因素等，诸多要素的组合构成了能力。托尔曼提出人的行为中，在能够观察到的自变量和可观察到的因变量之间还存在着不能观察到的因子中间变量，即为

---

① ［英］查尔斯·爱德华·斯皮尔曼：《人的能力：它们的性质与度量》，袁军译，浙江教育出版社1999年版，第6页。
② 蔡志良、蔡应妹：《道德能力论》，中国社会科学出版社2008年版，第77页。
③ 黄希庭：《心理学导论》，人民教育出版社1991年版，第599页。
④ 李孝忠：《能力心理学》，陕西人民教育出版社1985年版，第3页。
⑤ 朱智贤主编：《心理学大词典》，北京师范大学出版社1989年版，第456页。

能力。① 个体的心理特征不是能力所强调的关键，诸要素的组合才是能力定义的核心。能力与具体的活动相联系并直接影响活动进程。我国学者对广义能力的界定包括：现代汉语词典把能力界定为"能胜任某项任务的主观条件"；黄枬森在《人学词典》中把能力定义为"人进行活动以实现某种目的的主体条件"；韩庆祥在其《建构能力社会——21世纪中国人的发展图景》与《能力本位》等专著中，从能力的发挥基础、内容、水平等八个方面阐述能力的要素，提出能力"是人的综合素质在实际行动中表现出来的正确驾驭某种活动的实际本领、能量和熟练水平"；② 刘晋伦在其主编的《能力与能力培养》中，提出能力"是指人快速、有意识地完成某种实践性或思维活动所必需的诸要因的组合"。③

马克思、恩格斯把每个人的能力的全面发展作为未来社会的目的本身，高度重视人的能力价值。④ 在其合作的《神圣家族》《德意志意识形态》《共产党宣言》三部重要著作中，都有对人的能力问题的论述。⑤ 马克思、恩格斯认为"任何人的职责、使命和任务就是全面地发展自己的一切能力"，⑥ 也就是说人的全面发展是"作为目的本身的人类能力的发挥"。⑦ 进而实现"一切人的自由发展"的"自由人联合体"的共产主义新社会的伟大目标。因而，每个人都应该把发展自己的能力作为终身事业来做。

总体而言，能力是人为了顺利完成某种实践性活动所必需的人的心理及非心理等诸要素的组合。

---

① 万时乐：《个体道德能力的消解与反消解——以当代中国道德教育为旨归的研究》，博士学位论文，华东师范大学，2010年，第53页。
② 韩庆祥：《建构能力社会——21世纪中国人的发展图景》，广东教育出版社2003年版，第135页。
③ 刘晋伦主编：《能力与能力培养》，山东教育出版社2001年版，第3页。
④ 韩庆祥：《马克思主义能力思想及其当代启示》，《中共珠海市委党校珠海市行政学院学报》2005年第4期。
⑤ 孙福胜：《马克思恩格斯人的能力理论探析》，《南昌大学学报》（人文社会科学版）2019年第2期。
⑥ 《马克思恩格斯全集》第3卷，人民出版社2016年版，第330页。
⑦ 《马克思恩格斯全集》第46卷（中），人民出版社2003年版，第929页。

(二) 道德的本质

道德概念随着社会发展不断得以扩充。人在不断发展，使得人与人之间、人与对象世界各部分之间的关系都在不断地发展，作为调节人与人、人与对象世界关系的道德也就必然不断发展，道德概念随着道德的发展也随之不断扩展。《哲学大辞典》对道德的解释是"以善恶评价为标准、依靠社会舆论、传统习惯、内心信念的力量来调整人们之间相互关系的行为原则与规范的总和"。[①]《伦理学大辞典》将道德定义为："以善恶评价为标准、依靠社会舆论、传统习俗、内心信念用以调节人际关系的心理意识、原则规范、行为活动的总和。"[②] 罗国杰在《伦理学》中提出："从历史唯物主义的基本原理出发，马克思主义伦理学认为，道德是调整人和人之间关系的行为规范的总和。"《新伦理学》一书将道德解释为："关于有利或有害社会与他人以及自己的行为之应该如何的规范。"[③] 道德是由一系列思想构成的理论体系。对"道德是什么"的回答不仅会形成对道德的不同理解，而且会形成不同的理论体系。这也是"道德是什么"至今悬而未决的原因，不同的分类或哲学流派给出了不同视角的阐释。

马克思主义道德观从根本上指明了道德的一般属性，其认为道德作为社会范畴之一，属于社会上层建筑，它是一种特定的社会现象。一般来说，概念界定的本质就是找到这一事物与其他事物相区别的属性特征，那么，道德作为观念的上层建筑和意识形态与其他上层建筑和意识形态的区别到底是什么呢？这是回答道德的本质属性的关键问题。马克思在《1857—1858年经济学手稿》中，将理性思维、艺术精神、宗教精神和实践精神确定为人类把握世界四种方式。马克思进一步强调道德区别于其他社会意识的根本特征就是一种实践精神。那么如何理解道德以实践精神把握世界呢？

[①] 冯契主编：《哲学大辞典》，上海辞书出版社1992年版，第1601页。
[②] 朱贻庭主编：《伦理学大辞典》，上海辞书出版社2002年版，第15页。
[③] 王海明：《新伦理学》，商务印书馆2001年版，第107页。

1. 道德是现实人的活动

道德作为人的存在方式，解释道德的问题也就是解释人作为主体与生活世界关系的演变过程，道德是一种社会现象。马克思认为研究社会现象必须把握三个前提："这是一些现实的个人，是他们的活动和他们的物质生活条件，包括他们得到的现成的和由他们自己的活动所创造出来的物质生活条件。"① 前提中的首要问题是现实人的活动，因为"个人是什么样的，这取决于他们进行生产的物质条件"，② 没有现实的人的活动，就不可能有人们赖以进行生产和生活的物质条件，也就没有现实的人，更不会有人类社会现象。从道德的形成和发展看，道德起源是和人的活动紧密联系在一起的，由于生产劳动，形成了一定的生产方式，结成一定的生产关系，出现人们之间的利益关系和矛盾，从而产生调整这些关系和矛盾的道德，道德的发展也是和现实的活动融合在一起的，道德不能离开人的活动独立发展，道德是现实人的活动，道德与活动密不可分。

2. 道德是人的意识和活动的统一

道德是人的实践精神活动，按照马克思的观点，实践是认识的基础，那么道德意识的基础同样也是实践。也就是说道德不纯粹是一种精神活动，同时也是实践活动，它不仅包括道德观念、情感、意志等精神活动，也包括道德行为以及对行为评价和道德教育等实践活动。从功能上看，道德是调整人们相互关系的行为原则，也是完善自身的形式和活动，任何一个道德行为都是由行为前的观念、动机、选择和意图等过程来完成的。显然，在这个过程中，既有精神活动也有实践活动。所谓实践精神把握世界也就是价值的把握世界的方式，是主体基于自身人性和社会关系不断完善的需要而在人类实际生活中创造出来的一种价值观念、规范及其实践活动。③ 其中，实践活动则是人们以实践精神把握世

---

① 《马克思恩格斯选集》第 1 卷，人民出版社 2012 年版，第 23 页。
② 《马克思恩格斯文集》第 1 卷，人民出版社 2009 年版，第 520 页。
③ 王巍：《马克思道德概念的两种理解——基于〈共产党宣言〉的分析》，《江西社会科学》2016 年第 7 期。

界的过程，① 价值观念和规范是人们以实践精神把握世界的结果。

3. 道德绝非普遍的、永恒的东西

马克思重视历史地研究道德而不是道德地研究历史。② 马克思在《共产党宣言》中写道："人们的观念、观点和概念，一句话，人们的意识，随着人们的生活条件、人们的社会关系、人们的社会存在的改变而改变，这难道需要经过深思才能了解吗？"③ 换言之，道德作为人类精神生产的产物，人的物质生产是其现实基础，基础发生了变化，道德也会随着社会状况发生改变，道德绝非普遍的、永恒的东西。④ 马克思是把道德放入"社会—历史"不断发展的体系中来理解道德的内涵。总体而言，道德是一定社会（或阶级）用以调整个人与社会发展，所规定的行为原则和规范的总和，是不断完善的准则和具有善恶价值的实践精神活动。⑤

（三）道德与能力的关系

能力只能对人而言才是有意义的，能力的根本规定在于其是人的类属性或类规定，即唯有人才具有真正意义上的能力。

1. 人的能力包含了道德因素

非人的动物不能自觉到它为什么做出利他行为，也就是说蜜蜂会在对抗外敌的时候自我"牺牲"的表现不包含道德因素，它并不能知觉到它为什么要这么做以及意识到这么做是"善"的，这类出于本能的行动既不需要道德判断，也没有形成道德意识。而人则不然，人使其生命活动成了其意识与意志的对象。从实践来看，人类实践是一种关系型活动，它处理的是人与物以及人与人之间的关系，而这些以人为主的关系都涉及一个"度"即合理性与恰当性问题，道德在人类实践的过程

---

① 蔡志良、蔡应妹：《道德能力论》，中国社会科学出版社2008年版，第4页。
② [加]罗伯特·韦尔等编：《分析马克思主义新论》，鲁克俭译，中国人民大学出版社2002年版，第71页。
③ 《马克思恩格斯文集》第2卷，人民出版社2009年版，第50页。
④ 吴瑾菁：《"道德"概念界定的学理争鸣》，《江西师范大学学报》（哲学社会科学版）2015年第1期。
⑤ 屈培恒：《道德定义浅论》，《道德与文明》1987年第3期。

中成为根本价值尺度。能力的实现需要在实践中得以生成，能力对于人来说一开始只是某种可能性，是人基于道德层面的反思或逻辑自恰，在实践中，能力得以体现的同时包含了道德因素。

2. 道德本质包含了人的心理意识。

道德作为人的观念世界，其本质是探究人类心理意识和伦理观念的产生，学者们总结以往对道德的内涵范围的定义，认为除了原则和规范外，还应包括心理意识和行为活动。[①] 发生学系统揭示了道德心理系统对道德行为系统的作用，注重人类作为整体的过程性以及构成人类社会各要素之间的关联性、互动性、系统性等特点。强调道德作为人类特有的精神现象，产生的过程就是人通过与外在环境的联系和作用而实现的，道德观念的起源与演变是人类道德认识由客观到主观，由事实认知到价值推理进行的合乎逻辑规律的探讨。正是因为关注研究对象本身的实际发生和演变过程，道德本质的研究强调了演变根源以及条件的综合生成，说明了后天综合因素对主体道德发展的作用，即明确了能力在道德发展中的重要位置。从"发生""结构""联结"视角下阐明的道德与能力关系的思路同样适用于对"道德机器人"的破解，人工智能若要满足"道德机器人"的期望和需求它必须具有心理意义上的道德和能力的结合。做出道德判断和道德行为必须要求人工智能有做出这类判断和行为的能力，也就是人类内隐地包含道德因素的能力。人的能力包含着道德因素，道德本质包含了人的心理意识，道德能力在逻辑上是成立的。

二 道德能力

道德能力既要反映社会整体的力量，也要反映个体的能力。一方面，道德能力具有道德的属性，在历史发展过程中，发挥了重要的精神动力作用，作为协调人类内部以及产生联系的各种对象之间关系的力量体现，整体的道德能力水平决定了社会的整体道德水平。另一方面，道

---

① 易小明、易岚：《道德概念的应然发展》，《齐鲁学刊》2013年第5期。

德能力也是个体的思维、情感和行为的综合体现。

道德能力既是人的思维能力,又是行为能力。人的各种能力是和人的活动联系起来,并在活动中表现出来的。因此,只有从一个人的实践活动中才能看出他的能力,也只有在实践活动中才能对能力做出比较。道德能力是道德思维、心理因素,以及道德思维与道德实践、道德认知与道德行为相统一的能力。

道德能力既是联系主体内在道德认知、道德情感和道德行为的综合能力,也是联系外在客观环境主体做出价值合理性判断的能力。[1] 联系的本质是从道德能力与其直接相关的类似概念的比较中所体现出来的特质,普遍联系是唯物辩证法关于客观世界发展学说的总特征之一,道德能力让个体知、情、意、行之间以及内部形成关系,让主体在外在环境下做出价值合理性判断。价值判断是评价主体根据自己的需要来衡量客体是否满足这种需要,以及在多大程度上满足这种需要的一种判断。[2] 道德能力的实质不是价值判断,而是对价值合理性的判断,也就是不仅需要有能力获得关于价值客体本身的信息以及关于价值主体需要信息的客观性知识,还需要对这种关系做出合理与否的判定,因为能够被满足的需要,不一定就是应当满足的需要,意味着主体在追求自身需要满足的过程中,还承受着一种最高的目的和终极价值标准的制约,道德能力是对这个标准的体认和实现。[3]

本研究认为道德能力是指人在面临道德问题时,基于存在于人脑的道德意识与主体道德情感以及外部环境之间的相互关系,鉴别是非善恶做出价值合理性判断并付诸行动的能力。其特征第一是联系性。道德能力所代表的认知不仅是个体逻辑思维的推理过程,而且是建立在道德情感之上做出理性判断的能力,反映了个体道德情感与外界环境联系的动态变化过程。这种关联外在客观环境,贯通主体道德认知、道德情感和

---

[1] 李金鑫:《西方道德能力研究述评——兼评国内道德能力问题研究》,《上饶师范学院学报》2011年第2期。
[2] 曹刚:《论道德能力》,《哲学动态》2006年第7期。
[3] 曹刚:《论道德能力》,《哲学动态》2006年第7期。

道德行为的有机联系性是道德能力最本质的特征。第二是价值性。人的能力有很多种，例如体力、智力、审美能力等。道德能力的独特之处在于它是一种价值活动，这种价值活动不是简单的价值判断，而是对价值合理性的判断。意味着主体不仅需要有能力获得关于价值客体本身的信息以及关于价值主体需要信息的客观性知识，还需要对这种关系做出合理与否的判定。因为能够被满足的需要，不一定就是应当满足的需要。主体在追求自身需要满足的过程中，承受着一种最高的目的和终极价值标准的制约，道德能力是对这个标准的体认和实现。[1] 第三是主体性。道德规范虽然作为某种应当影响人的观念，但并不是所有人都能与道德原则和规定保持完全一致，产生的不一致是相对于具体的行动情境，以及行动者在人与人、人与社会复杂关系中形成的选择善的倾向的差异。也就是说，一个人能否把道德上有理由做的事情顺利转化为外在行为需要以主体的自知、自愿、自择、自控等为前提条件。[2] 道德能力是每个人顺利地完成道德的行为所必需的心理特征，体现了个体的自主意识和责任感。

　　道德能力包括道德认识能力、道德判断能力、道德决策能力、道德运用能力、道德直觉能力、道德践履能力和道德创造能力。道德认识能力是感知、概括道德现象，形成道德概念和知识的能力。[3] 道德判断能力是指个体在具体道德情境中进行道德分析、推理和决策的能力，是个体道德思维的集中体现。道德判断能力应该包括主体对道德的自我评价能力，即个体或群体对自己行为所作的一种善恶上的自我道德判断。道德决策能力是指个体在多种可能性之间或在道德冲突情况下使自我和外界达到平衡所做出的价值选择的能力，[4] 道德决策能力在本质上是主客

---

[1] 曹刚：《论道德能力》，《哲学动态》2006年第7期。
[2] 蔡志良、蔡应妹：《道德能力论》，中国社会科学出版社2008年版，第97页。
[3] 蔡志良、蔡应妹：《道德能力论》，中国社会科学出版社2008年版，第115页。
[4] 杨芝：《大学生个体道德能力生成的内在逻辑及转化提升研究》，硕士学位论文，长安大学，2017年，第22页。

体相互作用的关系中个体高度自主活动的结果。[①] 道德直觉能力是个体面对道德情境时，在未有明显推理发生的情况下，快速、自发评价感觉呈现的能力。道德践履能力是指主体在实践活动中的道德意志和躬行能力。[②] 道德创造能力是基于道德能力的前几个要素主体做出主体性表达的过程。"道德创造能力包含两个方面的内涵，一是创造新的道德精神的能力。二是创造性地执行既有道德规范的能力。"[③] 在前人研究的基础上，研究认为道德能力还应包括道德运用能力，指的是脱离教育情境后，在新的陌生的情境中个体迁移使用道德抽象概念的能力。

三 大学生道德能力

大学生道德能力概念是道德能力概念在道德行为主体上的界定，它反映的是大学生道德的状况，而大学生是相对其他群体而言的。大学生是指"在高等学校读书的学生"，[④] 根据《辞海》的解释，[⑤] 实施高等教育的学校即大学，在中国现行教育体制下，包括了专科、本科和研究生三个层次，根据《大学生心理发展》一书，大学生指18—25岁在校接受高等教育的群体，[⑥] 由于大学生与研究生的培养方案有明显差别，年龄跨度也较大，为了明确研究对象，提升研究的科学性，本文所指的大学生是在校接受高等教育的本科生和专科生。

改革开放以后，我国大学生队伍空前壮大，逐渐形成以应届高中毕业生为主的新局面。一方面，大学生年龄相仿，在生理发育、心理发展水平等方面具有很多的共同性，有利于道德能力这类涉及主体心理要素的归类研究。另一方面，将研究群体简单依照年龄划分显然是不充分的，决定群体之间思想和态度上差别的主要因素还是彼此之间所处的不

[①] 肖雪慧：《守望良知》，辽宁人民出版社1998年版，第325页。
[②] 蔡志良、蔡应妹：《道德能力论》，中国社会科学出版社2008年版，第121页。
[③] 蔡志良、蔡应妹：《道德能力论》，中国社会科学出版社2008年版，第128页。
[④] 中国社会科学院语言研究所词典编辑室编：《现代汉语词典》，商务印书馆2007年版，第257页。
[⑤] 辞海编辑委员会编：《辞海》，上海辞书出版社1988年版，第624页。
[⑥] 佐斌主编：《大学生心理发展》，高等教育出版社2004年版，第3页。

同环境和教育经历。大学生群体身处的环境具有同质性,感知新时代脉搏,① 接受高等教育,形成了具有时代印记的大学生群体特征,大学生道德能力概念限定了道德行为主体的年龄范围和环境载体。

大学生的能力有很多种,例如体力、智力、实践操作能力、审美能力等,大学生道德能力区别于其他能力的特点在于,道德能力是一种价值活动。所谓价值活动是人们在与他人或社会发生联系时,所表现出的对他人、对社会的有用性活动,例如经济活动产生的经济价值、文化艺术活动所产生的艺术价值等。道德能力所体现的价值活动是一种善恶价值,即它是在一定社会或阶级的利益和要求中引申出来的生活原则和行为准则作为善恶标准,能够进行善恶判断和优劣评价的活动。大学生道德能力与人的其他能力又是相联系的。体现在实践活动中,多种能力协调发展,相辅相成。能力中包含道德要素,道德活动中涵盖多种能力。综合上述讨论,大学生道德能力是指大学生在面临道德问题时,基于存在于人脑的道德意识与主体道德情感以及外部环境之间的相互关系,鉴别是非善恶做出价值合理性判断并付诸行动的能力。

四 大学生道德能力培育

大学时期是个体道德意识形成和发展的一个重要阶段,在这个时期形成的道德观念对大学生一生影响很大,揭示大学生道德能力培育的概念应包含以下几个成分。

(一)包含于思想政治教育范畴

包含于思想政治教育范畴,即通过对大学生的价值认知塑造,进而凝聚大学生的广泛共识,因此需要根据社会要求对大学生施加有目的、有计划、有组织的影响。道德观念和规范与思想观念、政治观念、价值观念有着密切联系,道德能力培育与这几组成分存在着不可分割的内在联系。"政治是人劳动生存的需求,政治生活追根究底是人的生存、发

---

① 张澍军:《高校学生思想政治教育载体研究》,北京出版社1999年版,第65页。

展的内在需求。"① 社会意识形态作为"思想上层建筑"是适应一定的经济基础的社会观点和思想体系,"以思想政治教育维护巩固主流意识形态的主导地位,是一个既有普遍性又有特殊性的历史发展趋向"。② 在我国进入中国特色社会主义新时代的背景下,我们依然面临着许多具有新的历史特点的意识形态的斗争。道德能力培育实践活动中应当包含大学生对阶级、国家、政党等社会制度和国家关系的立场、态度的教育,突出思想政治教育的工具性价值和社会性价值。

(二) 具有道德教育的一般属性

培养大学生的道德能力既是道德教育的旨蕴,同样也是思想政治教育培养个体认同的重要基础,这是由人类社会发展步调和个人发展规律相一致所决定的。③ 道德教育关注受教育者知识、行为、思想传递的预期效果,以大学生的行为特点和发展规律为依据,尊重个体差异,激发大学生的内在发展需要,从客观上使个体的特性得到充分的发展。大学生道德能力培育是在高校思想政治教育范畴中,将道德能力培育析出讨论、分析,以达到学术研究的形而上之目的,即将其研究透彻、清晰,从而更能够促进高校思想政治教育的整体发展。大学生道德能力培育充分体现了思想政治教育关怀人、培育人的教育本质,突出了思想政治教育的目的性价值,即人的全面发展。道德能力培育具有道德教育的一般属性,包含构成实践活动所必不可少的要素,具体来说包括培育者、培育对象、培育目标以及培育过程,培育过程又包含了培育内容、培育方法和培育评价。

(三) 体现时代进程

"社会存在决定社会意识,时代条件变了,人的思想意识、道德观

---

① 张澍军:《学科重要理论探索——我的18个思想政治教育见识见解》,中国人民大学出版社2018年版,第14页。
② 郑永廷:《论社会意识形态与思想政治教育的内在联系》,《中国高校社会科学》2015年第6期。
③ 赵达远、臧宏:《思想政治教育根本目标探究》,《思想教育研究》2017年第10期。

念也会发生变化。"① 习近平总书记指出："要根据时代变化和实践发展，不断深化认识，不断总结经验，不断实现理论创新和实践创新良性互动。"② 大学生道德能力培育在思维方式上、研究范式上是与我国进入中国特色社会主义新时代这个背景相适应的，并与社会主义教育的战略地位、根本任务、改革逻辑和实践系统等内容相匹配，同"立德树人"这个新时代中国特色社会主义事业建设的时代要求相联系，这强调了新时代青年必须以品德高尚为发展导向的时代要求。大学生道德能力培育还包含了在研究客观的社会条件如何影响大学生道德能力发展基础上，运用这种规律性认识，不断丰富和发展新时代大学生道德教育理论，回应实践领域出现的新问题，并满足实践领域提出的理论指导需要。

（四）遵循大学生自身发展的需要和道德能力发展水平

道德能力培育是在实践中逐步把握道德能力发展本质的渐进过程，是对大学生道德能力发展规律探索的教育实践活动，是让客观在主观中得到真实反映，在主观中又趋近客观的真理探索过程。一方面，以科学的态度在实践检验中客观反映道德能力发展规律，在培育过程中，以大学生已有的道德能力发展水平为前提，从教育对象心理发展的已有水平出发考虑。另一方面，培育需要满足大学生的内在发展需要，激发大学生不断想要自我完善的内生动力，引导大学生主动接受并参与道德能力培育实践活动，遵循教育规律。

（五）揭示大学生在道德能力培育过程中的转化

在道德能力培育实践活动中，首先是社会和个体需要转化为教育者的道德能力要求，③ 其次是教育者采用可行的方法再转化为受教育者的相应能力，在这两级转化过程中教育者和受教育者自身是主客体的统一，

---

① 廖小琴：《思想政治教育本质研究的几个问题》，《思想理论教育》2020年第6期。
② 习近平：《习近平在中共中央政治局第二十次集体学习时强调 坚持运用辩证唯物主义世界观方法论 提高解决我国改革发展基本问题本领》，《人民日报》2015年1月25日第1版。
③ 鲁洁、王逢贤：《德育新论》，江苏教育出版社2002年版，第128页。

作用与反作用双向互动。培育反映大学生道德能力结构、道德教育过程与社会生活过程之间的关系，不断解决其间的矛盾，通过内化和外化实现社会主导的道德教育与个人精神世界建构逻辑的统一，以达到提升大学生道德能力的目的。

综上所述，大学生道德能力培育是指在新时代背景下，教育者根据一定社会和大学生的需要，遵循大学生道德能力发生发展规律，采用恰当的方法，对大学生施加有目的、有计划、有组织的影响。激发大学生积极主动参与实践活动的动力，通过内化和外化，实现社会主导与个人精神世界建构逻辑相统一，达到提升大学生道德能力目的的系统教育实践过程。

第二节　大学生道德能力培育功能

一　培育的个体性功能

（一）促进个体道德情感与道德行为的统一

现实生活中，人们未能外化道德行为，并不一定是因为缺乏道德情感（观念、意向、动机），更可能是缺乏通过道德原则的思考和对话来处理道德问题或冲突的能力。当然，仅仅通过外部行为也不能完全评判个体是否"道德"。例如，没有出现作弊行为不代表个体没有作弊的动机，也不能证明个体在道德上是更加高尚的。对个体行为是否属于道德的考察不仅需要有来自外部的观察，还需要对内部的道德观念和道德态度进行考量。正因如此，道德情感与道德行为的关系成为道德发展心理学家关注的焦点。皮亚杰、柯尔伯格都曾强调道德情感和道德认知的关系，皮亚杰认为"情感和认知机制是不可分离的，尽管它们是不同的：前者基于能量，后者基于结构"，柯尔伯格提出"道德行为或者态度并不能仅仅用纯粹的认知或者纯粹的动机来定义"。但是他们对于两者联系的机制以及测量方法未有明确说明，为了确证认知和情感对个体产生道德行为所起的作用和他们之间存在的关系，道德发展心理学家先后在理论和量表上对道德发展学说进行了重要的改进。

道德能力是道德情感与道德行为之间"失去的链接"。① 林德认为道德能力所代表的认知不仅是个体逻辑思维的推理过程，还包括建立在道德的情感方面之上做出理性判断的能力，道德能力反映了个体道德情感与外界环境联系的动态变化过程，呈现个体基于内在道德认知结构做出理性判断的过程。道德能力的高与低并不是对个体道德情感和道德认知的单一描述，而是某种道德视角的总体体现。例如，个体可以认同道德原则和道德观念，但是当他身处与自己观点不同甚至相反的道德情境时，个体可能无法形成与其认同的道德观念相一致的道德行为，也就是说虽然个体具有较高的道德情感，但是道德能力仍然处于较低阶段。道德能力的发展让个体获得某种道德视角，道德视角又反过来为个体道德能力的发展提供目标，个体道德能力处于越高级阶段，越具备将自己内在认同的道德理念贯彻到行为中去的能力，道德能力的提升能够促进个体道德情感与道德行为的统一。

（二）促进个体道德与社会道德的统一

道德能力呈现两个方面，个体的一面和社会沟通的一面，当我们审视个体道德发展的时候，我们讨论的是个体道德能力。但是，当我们看待和研究他们是怎样和其他人一起应对道德选择时，讲的不仅是个体道德发展，还有个体道德和社会道德的统一。社会道德是用来调整个体与个体之间、个体与社会之间行为规范的总和，对社会成员的制约是通过外在导向的道德原则和道德关系而实现的。② "社会的道德原则和道德规范，唯有内化为个体道德的自我意识，才能发挥其道德功能，以达到更好地按照这些原则和规范调整个人和他人、个人和社会的关系的目的。"③ 社会道德和个体道德相互依存互为前提。社会道德内化为个体

---

① 张静：《道德教育"困境讨论"模式在"思想道德修养与法律基础"课教学中的运用》，《思想教育研究》2018年第1期。

② 刘鹏：《社会道德向个体道德的转化——兼论道德内化与个体道德生成的主体性》，《学习与实践》2012年第5期。

③ 马奇柯：《社会公德、职业道德、家庭美德、个人品德关系论析》，《学术交流》2008年第2期。

道德的必然性和现实性极其复杂，社会道德不等于个体道德的全部总和，置身共同的社会道德规范下的个体，并不一定具有认同社会道德观念的一致倾向，如何把两者统一起来，需要解决四个问题。一是个体道德发展的规律性，二是社会道德与个体道德同一性的合理性，三是个体道德向社会道德的皈依与提升，四是社会道德内化为个体道德的必然性和现实性。道德能力把个体与社会联系起来，是回应上述四个问题的关键点。

1. 道德能力发展体现了个体道德向社会道德运动的过程

社会是由个体构成的，从理论来说，社会包含了"整个的个体"，但事实上，又很难包括"整个的个体"，因为不同利益、不同偏好的个体既存在于社会中，也有外在于甚至异于社会的情况。① 社会道德不是包含了整个的个体道德，而是通过外在教育、实践等方式使个体道德与社会道德融为一体。在此过程中既要遵循个体道德的内在发生发展规律，也要遵守社会道德的规范。也就是说，一方面要在社会道德中给予个体道德发展的应有地位。"既包括一定历史条件提供给人的外在自由，也包括人按自己的意愿在外在可能性允许的条件下发挥独立自决能力的内在自由。"② "任何道德原则都要求社会本身尊重个人的自律和自由，道德的产生是有助于个人的好的生活，而不是对个人进行不必要的干预。"③ 社会道德的原则和规范并不全是外在于道德主体的客观道德要求。另一方面，个体道德是社会道德的内化，是社会道德的个体化表现形式。"一个人必须忘我于比自己更伟大的事物中，从中发现自己，才能努力实现其价值。"④ 让社会道德内化为个体道德是对普遍性、实体性的客观精神与个体相结合的结果，达到了"对其自身具有确定性

---

① 樊浩：《道德哲学体系中的个体集体与实体》，《道德与文明》2006年第3期。
② 程肇基：《论道德自由及其培养途径》，《道德与文明》2002年第5期。
③ ［美］威廉·K.弗兰：《善的求索——道德哲学导论》，黄伟合等译，辽宁人民出版社1987年版，第247页。
④ ［美］莱茵霍尔德·尼布尔：《道德的人与不道德的社会》，蒋庆等译，贵州人民出版社1998年版，第201页。

的精神",只有个体道德认同社会道德并向着这个方向不断提升,社会道德才得以实现。道德能力发展让个体道德与社会道德融为一体,既有外在的道德要求对个体行为的监督和制约,又有个人道德素质的升华。①

2. 道德能力发展是个体道德和社会道德同一性的基础

对个体是否道德的考量一般有两种理解,一是遵从外部道德标准和规范就是道德的;二是遵从人的良心,也就是内在道德原则就是道德的。两者是截然不同的概念,但是它们确实有可能重叠。社会道德虽然是社会共同利益、意志的反映,并以实现个人与整体的共同完善为指向,但它不能离开人而独立存在,是个人道德需要的产物,也是个人道德需要所蕴含的共同性、普遍性的社会化形式。从内部来看,个体具有自我发展、自我完善的需要,经过后天实践而形成的道德品质、价值观念和指导自身做出道德选择的能力。从外部来看,个体道德向着更高阶段发展,才能接受、理解、认同社会道德的观念原则,从而让外在道德规范转化为个体自觉自愿遵守的道德习惯。个体道德能力是个体主体性的体现,道德能力的提升增强了个体接受、认识社会道德的主动性,在道德活动中认识、理解道德规范,按照道德要求和内容塑造自我的可能性增大,在面临道德情境时辨别善恶是非,做出正确道德判断并促使主体做出道德行为。个体道德能力的提升是化解个体道德和社会道德联系的有效途径。

3. 道德能力发展是社会道德内化为个体道德的必然过程

内化是社会道德观转化为个体行为习惯的过程。内化包含联系的含义,是把外在的道德规范、实践价值等与个体内在精神活动联系起来,是外部世界对个体内在思想和行为产生影响的过程。道德能力发展充分体现了社会与个体的动态结合的过程,通过道德实践活动,存在主体头脑中的道德概念在具体情境中得以检验,并经由道德判断最终做出道德

---

① 贺善侃:《论社会公德和个体道德的辩证关系》,《空军政治学院学报》1998年第4期。

选择,道德判断"表征着实践理性的裁定",道德选择"则意味着从实践理性向实践过程的转化"。① 把道德观念从感性认识上升到理性认识最终反过来促进个体道德能力发展。道德能力让外在的社会道德内化为具体的个体道德,在个体道德逐渐发展的前提下,促进社会道德由他律到自律最终实现个体内化的上升式发展。② 道德能力把个体道德和社会道德联系起来,以人的主体性为中介实现了个体道德发展的需要和社会道德调节人与人之间关系的作用。

二 培育的社会性功能

培育以社会的需要为价值取向,实现社会性功能。《新时代公民道德建设实施纲要》明确指出:"中国特色社会主义进入新时代……加强公民道德建设,提高全社会道德水平……是适应社会主要矛盾变化、满足人民对美好生活向往的迫切需要,是促进社会全面进步、人的全面发展的必然要求。"③ 社会主义道德建设要坚持以为人民服务为核心,以集体主义为原则,推进社会公德、职业道德、家庭美德、个人品德建设,逐渐形成善良的道德意愿和道德情感,培育正确的道德判断和道德责任,提高道德实践能力尤其是自觉践行的能力。

(一)推进社会公德建设

遵守公共道德规范是人们维系相互关系的纽带以及安身立命的根基,《新时代公民道德的建设实施纲要》指出:"要按照社会主义核心价值观的基本要求,健全各行各业规章制度修订完善市民公约、乡规民约、学生守则等行为准则,突出体现自身特点的道德规范,更好发挥规范、调节、评价人们言行举止的作用……发挥自我教育、自我管理、自我服务功能,推动落实各项社会规范,共建共享与新时代相匹配的社会文明"。④ 大学生是社会公共道德实践人群中最重要的一个群体,大学

---

① 杨国荣:《伦理与存在——道德哲学研究》,上海人民出版社2002年版,第126页。
② 参见文艺文《个体道德的发生与公民道德建设》,《道德与文明》2002年第3期。
③ 《新时代公民道德建设实施纲要》,人民出版社2019年版,第2页。
④ 《新时代公民道德建设实施纲要》,人民出版社2019年版,第18页。

阶段正是大学生形成世界观、人生观、价值观的关键时期，也是步入社会的最后一站，作为接受过良好高等教育的公民，大学生在社会公共范围内的言行举止都将对社会起着价值示范和价值引领的作用。公共性是社会公德的一大特征，规制着社会公共空间个体交往行为的价值准则，公共生活具有活动范围的广泛、开放、对象复杂性和活动方式多样的特性，这些特性形成了特殊的道德情境，面对的道德问题也不尽相同，考验着大学生如何正确处理道德认知与道德行为关系的能力，如何正确认识人与人，人与社会以及人与自然关系的能力，如何正确判断公与私、眼前利益与长远利益的关系的能力。

在公共生活中，大学生道德能力体现在面对道德问题时，利用社会交往和公共生活中的道德行为准则，承担公共道德责任，鉴别是非善恶做出正确道德评判和道德选择，并付诸公共道德行动。大学生道德能力培育具有"努力确立起民众正确的公共生活观念、指导民众的公共生活实践，促进民众的公共性品质的形成和完善"的功能。①

（二）促进职业道德建设

随着经济发展，社会分工专业化程度提高，职业道德能力在当代社会生活中显得越来越重要。在涂尔干等思想家看来，让经济生活处于伦理的约束中是必不可少的，"我们之所以认为它是必不可少的，并不在于它促进了经济的发展，而在于它对道德所产生的切实影响"。② 大学生尚未正式进入职业领域，大学正是为其立身立业储备知识、品德和能力的阶段。职业道德又不同于传统道德，恩格斯说过："实际上，每一个阶级，甚至每一个行业，都各有各的道德"。③ 职业道德主要是行业的规范，由于职业道德框架和职业角色道德评价很难达成共识，职业道德不诉诸传统价值仅以理性为标准评价行为的情境时有发生。"一旦这

---

① 戴锐：《思想政治教育的公共化转型》，《马克思主义与现实》2013年第1期。
② [法]埃米尔·涂尔干：《社会分工论·序言》，渠东译，生活·读书·新知三联书店2013年版，第22页。
③ [德]恩格斯：《路德维希·费尔巴哈和德国古典哲学的终结》，中共中央马克思恩格斯列宁斯大林著作编译局编译，人民出版社2018年版，第35页。

种环境的道德色彩不浓,许多人就会越出一切道德范围之外。"① 当面对道德问题时,如何形成正确的道德判断,如何做出正确的道德选择对社会发展和大学生个体发展都极为重要。"假如这些职业伦理在经济秩序中逐渐被确立起来,那么我们在社会生活领域里很难找到的职业群体就必定会得以形成和复兴。"② 大学生即将走向社会承担职业责任,道德能力培育有利于提高自己的职业认知能力、判断能力,从而树立正确的价值观念。在用专业技能和知识财富创造物质财富或精神财富的同时,通过学习职业道德规范,明确职业活动的基本规范和目的。

(三) 推动网络道德建设

网络道德建设是思想道德建设的新阵地,《新时代公民道德的建设实施纲要》指出:"网络信息内容广泛影响着人们的思想观念和道德行为","网上行为主体的文明自律是网络空间道德建设的基础,要建立和完善网络行为规范,明确是非观念,培育符合互联网发展规律、体现社会主义精神文明建设要求的网络伦理、网络道德。"③ 随着信息技术的迅猛发展,"物皆联网"已经被称为人类社会"第二类"生存空间,大学生正是随着网络发展而成长起来的年轻人,网络空间大学生道德建设的核心任务是培养适应数字发展的自律主体,提高个人自律性,使其能在海量的信息中对网络行为是非对错做出价值判断,提升大学生网络道德品质。网络空间与现实空间逐渐融合,表明网络对大学生的影响是全局、全方位的,网络社会中网民身份具有隐蔽性和思想行为约束力小等特点,网络道德规则和信息法规是网络外在的向善性的确证。大学生作为信息活动的主体承担者,在现今动态、快速、开放的网络复杂环境中,需加强对其道德能力的培育,从而使其具备信息活动道德秩序和道

---

① [法] 埃米尔·涂尔干:《社会分工论·序言》,渠东译,生活·读书·新知三联书店 2013 年版,第 16 页。
② [法] 埃米尔·涂尔干:《职业伦理与公民道德》,渠东等译,上海人民出版社 2006 年版,第 15 页。
③ 《新时代公民道德建设实施纲要》,人民出版社 2019 年版,第 12 页。

德规范得以实施的内在主体条件,①并承担信息活动中的道德责任,履行网络道德行为。

(四)增进家庭美德建设

"家庭是社会的基本细胞,是道德养成的起点,要弘扬中华民族传统家庭美德,倡导家庭文明观念,推动形成爱国爱家、相亲相爱、向上向善、共建共享的社会主义家庭文明新风尚,让美德在家庭中生根、在亲情中升华。"②我国历来重视家庭美德培养,家庭美德不仅是调整成员关系的规范,也是调整社会人与人关系的原型。习近平总书记指出:"家庭是社会的基本细胞,是人生的第一所学校。不论时代发生多大变化,不论生活格局发生多大变化,我们都要重视家庭建设,注重家庭、注重家教、注重家风。"③一方面,家庭作为大学生最为熟悉的场所,家庭成员作为其最信任的情感依附,家庭教育是塑造人格,培育人品的重要途径。另一方面,2016年教育部颁布的《普通高等学校学生管理规定》明确,在校大学生如果符合我国婚姻法规定的结婚条件,可以结婚。道德能力培育能够帮助大学生树立正确的恋爱观、婚姻观,有益于树立家庭中的道德规范,承担家庭道德责任,在面对道德问题时,履行道德行为。

社会性功能主要是依据大学生面对的道德情境进行的划分。一类是基于事实因果关系的分析,了解发展动态以及行为可能会产生的后果;另一类是基于行动者因果关系的分析,例如舆论评价以及公众对行动者的期待等。两者之间,前者是外延性的,后者是意向性的。④在具体情境中形成的行为主体以事实逻辑和道德原则为依据,以主体道德认知为评判标准,在情感的助推作用下来回权衡。在这个过程中,主体虽然身

---

① 梁修德:《信息活动主体承担道德责任的基本能力》,《图书馆理论与实践》2012年第6期。
② 《新时代公民道德建设实施纲要》,人民出版社2019年版,第10页。
③ 习近平:《在2015年春节团拜会上的讲话》,《人民日报》2015年2月18日第2版。
④ 徐向东:《自我、他人与道德——道德哲学导论》(下),商务印书馆2007年版,第854页。

处情境中，但促发主体产生行为的关键在于道德能力的运用。道德能力把具体的情境和个体行为能力联系起来，一方面，自由是选择的自由，具有选择的无限可能性；另一方面，选择是情境中的选择，具有情境制约的可能性。[1]

第三节　大学生道德能力培育目标

培育目标是从预期结果，也就是从大学生所要形成的道德能力的角度，来阐明培育的作用和认识培育活动的价值，恩格斯指出："在社会历史领域内进行活动的，是具有意识的、经过思虑或凭激情行动的、追求某种目的的人；任何事情的发生都不是没有自觉的意图，没有预期的目的"。[2] 培育目标制约并且影响着实践活动的全过程，决定了道德能力培育的路径、方法和评价方式的选择与确定。

一　目标内容分析

大学生道德能力培育目标是由根本目标和具体目标组成的目标体系。根本目标是由我国社会主义制度和教育性质所决定的，规定了培育的方向。培育实践活动的所有内容都要向这一方向发展，都要有助于达到这个根本目标。根本目标是原则性导向，涵盖面较宽，为了把根本目标所要求的内容转化为大学生的思想并形成其行为习惯，依据培育过程的实际需要采用"布卢姆教育目标分类方法"[3] 对根本目标进行分解，形成具体目标。长期以来，高校道德教育由于缺乏对不同层次目标的划分，常常使人感觉目标过于"高大全"。要想使大学生道德能力培育在不同层次的具体过程中收到预期的效果，就必须使这些不同层次的各个

---

[1] 黄显中：《道德能力论》，《哲学动态》2014年第2期。
[2] ［德］恩格斯：《路德维希·费尔巴哈和德国古典哲学的终结》，中共中央马克思恩格斯列宁斯大林著作编译局编译，人民出版社2018年版，第43页。
[3] ［美］布卢姆：《教育目标分类学》第一分册（认知领域），罗黎辉译，华东师范大学出版社1986年版，第27页。

过程有具体目标。不同层次的目标充分发挥作用，才能使大学生道德能力培育目标体系始终处于发挥效能的状态。

（一）根本目标

"培养什么人，是教育的首要问题，我国是中国共产党领导的社会主义国家，这就决定了我们的教育必须把培养社会主义建设者和接班人作为根本任务"，① 这是我国各级各类学校的共同使命，也是大学生道德能力培育的方向目标。根本目标体现的是培育活动的普遍目的性，具有不以空间、时间转移而改变的最本质属性。②

1. 提高大学生的道德素质

培育是提升大学生精神品质的教育实践活动，提高大学生的道德素质是这一活动的内在目标，道德能力培育就是要使大学生具备良好的道德素质。习近平总书记《在纪念五四运动100周年大会上的讲话》中指出，新时代青年的修身立德"要把正确的道德认知、自觉的道德养成、积极的道德实践紧密结合起来"。③ 道德建设，重要的是"激发人们形成善良的道德意愿、道德情感，培育正确的道德判断和道德责任，提高道德实践能力尤其是自觉践行能力"。④ 通过道德能力培育实践活动提升大学生的诚信意识、社会责任感、正义感、仁爱心，引导大学生提高思想觉悟、道德水准、文明素养，激发大学生向往和追求讲道德、尊道德、守道德的生活，实现提高大学生道德素质的目的。

2. 促进大学生自由全面的发展

实现共产主义是马克思主义的最高理想，马克思对"共产主义社会"先后有过三次经典表述。⑤ 第一次论述出现在《德意志意识形态》中，"在共产主义社会里，任何人都没有特殊的活动范围，而是都可以

---

① 《习近平谈治国理政》第3卷，外文出版社2020年版，第347页。
② 赵达远、臧宏：《思想政治教育根本目标探究》，《思想教育研究》2017年第10期。
③ 习近平：《在纪念五四运动100周年大会上的讲话》，人民出版社2019年版，第12页。
④ 中共中央文献研究室编：《习近平关于社会主义文化建设论述摘编》，中央文献出版社2017年版，第137页。
⑤ 陈曙光：《论"每个人自由全面发展"》，《北京大学学报》（哲学社会科学版）2019年第2期。

在任何部门内发展，社会调节着整个生产，因而使我有可能随自己的兴趣今天干这事，明天干那事"。① 第二次是在《共产党宣言》中，"代替那存在着阶级和阶级对立的资产阶级旧社会的，将是这样一个联合体，在那里，每个人的自由发展是一切人的自由发展的条件"。② 第三次是在《1857—1858 年经济学手稿》中，马克思指出"建立在个人全面发展和他们共同的、社会的生产能力成为从属于他们的社会财富这一基础上的自由个性，是第三个阶段"。③"第三个阶段"指的就是共产主义社会。可以看出，个体的自由全面发展是共产主义理想的最高追求和价值目标，这也是马克思主义关于培养人、塑造人的根本指向。教育就是要尊重和满足人的发展需要，实现人的自由全面发展。习近平总书记在全国教育大会上提出要"培养德智体美劳全面发展的社会主义建设者和接班人"，这既是对马克思关于人的自由而全面发展理论的继承，也是对长期以来坚持的"德智体美劳全面发展"教育方针的拓展。"人"是道德的唯一主体，是关于"实践的人"的道德，所有道德问题的逻辑起点与最终归宿都在于"人"。④ 道德能力培育通过探寻大学生道德发展规律，尊重个体间存在的差异，只有促进大学生自由全面发展，也才能促使大学生积极地参与社会活动并与社会生活产生联结，协调多方面的利益，化解其内部的矛盾，形成共同理想，主动投身于中国特色社会主义的建设中。

3. 培养担当民族复兴大任的时代新人

党的二十大报告指出："从现在起，中国共产党的中心任务就是团结带领全国各族人民全面建成社会主义现代化强国、实现第二个百年奋斗目标，以中国式现代化全面推进中华民族伟大复兴。"⑤ "当代

---

① 《马克思恩格斯选集》第 1 卷，人民出版社 2012 年版，第 165 页。
② 《马克思恩格斯文集》第 2 卷，人民出版社 2009 年版，第 53 页。
③ 《马克思恩格斯文集》第 8 卷，人民出版社 2009 年版，第 52 页。
④ 郑根成、陈寿灿:《〈新时代公民道德建设实施纲要〉的新义解读——基于两个〈纲要〉比较的研究》，《浙江工商大学学报》2020 年第 3 期。
⑤ 习近平:《高举中国特色社会主义伟大旗帜 为全面建设社会主义现代化国家而团结奋斗——在中国共产党第二十次全国代表大会上的报告》，人民出版社 2022 年版，第 21 页。

中国青年生逢其时，施展才干的舞台无比广阔，实现梦想的前景无比光明。"① 站在新时代的历史方位，根据新的时代条件和社会实践要求，如何培养时代新人关系到国家的前途命运，时代新人以立德为先，筑牢理想信念之基，"传承中华美德，实现民族精神和时代精神的高度融合，增长知识才干和提高综合素质，实现人生价值"。② 提高大学生的道德素质有助于更好地激励大学生为承担起中华民族的伟大复兴重担而努力奋斗。

（二）具体目标

具体目标是大学生道德能力培育的各项具体活动所要达到的预期目标，明确阐述希望通过实践活动使大学生得以转化的方式。确定具体目标有助于教育者对根本目标所强调的内容有正确的理解，指导教育者选择适合的培育路径，帮助教育者观察培育过程并从整体设计活动框架，分析大学生在道德能力方面变化的方式，为评价培育效果的结构和用法提供详细的说明。③ 道德能力培育目标能否真正实现还需要考虑目标设计视角这一问题，道德能力培育关系到大学生道德心理的发展，体现道德内化的过程。H. 英格利希与 A. 英格利希认为，所谓内化是"把某些东西结合进心理或身体中去，把另一个人的或社会的观念、实际做法、标准或价值观作为自己的观念、实际做法、标准或价值观"。④ 道德能力的发生是产生自大学生内部，这就需要从大学生自身的视角去研究外部培育的影响，形成一系列在认知、行为、情感、态度和价值观上相互关联着的具体目标。

1. 认知领域

（1）能够运用道德知识对道德现象和事实进行抽象概括。"知识虽

---

① 习近平：《高举中国特色社会主义伟大旗帜 为全面建设社会主义现代化国家而团结奋斗——在中国共产党第二十次全国代表大会上的报告》，人民出版社 2022 年版，第 71 页。
② 靳凤林：《新时代培育时代新人的逻辑进路》《道德与文明》2020 年第 1 期。
③ ［美］布卢姆：《教育目标分类学》第一分册（认知领域），罗黎辉、丁证霖、石伟平译，华东师范大学出版社 1986 年版，第 27 页。
④ ［美］布卢姆等：《教育目标分类学》第二分册（情感领域），施良方、张云高译，华东师范大学出版社 1989 年版，第 28 页。

然不能被直接地视作美德,但却是美德的基础,真的不一定就是善,但善必须以真为前提。"① 道德问题的解决不可能在真空中进行,必须以道德知识为基础检验解决问题的适合性和精确性。道德知识包含:客体物质性的道德现象,如道德行为;精神性的道德现象,如道德规则等。首先,大学生通过对材料或现象的再认识或者回忆掌握道德领域的具体知识,这些具体的道德知识可以看成是抽象道德概念的构成要素,包括:道德的起源、本质、功能、作用等;社会主义道德的核心、原则等;社会公德、职业道德、家庭美德、个人品德方面的道德规则等。随着道德知识的增长,大学生对现实的道德认识也同时发展起来,对自己所处社会的认识也就丰富起来。其次,通过对道德普遍原理、抽象概念、道德理论的学习,掌握马克思主义道德观、社会主义道德观的意义和含义。这一层次的道德知识注重的是组织和构造这些道德概念的相互关系,为复杂的道德现象和问题提供一种清晰的、完整的、系统的观点,它们是最为抽象的道德知识。② 最后,对道德知识的"运用",强调的是脱离教育情境后,在新的陌生的情境中大学生迁移使用道德抽象概念的能力。情境可以涉及公共、网络、职业、家庭、个人生活等多方面。判断大学生是否达到这一目标,是以在道德情境中大学生使用道德抽象概念是否具有忠实性与准确性为依据的。

(2) 在道德情境中,能够进行道德分析和推理。在具体情境下,道德理想可能会和现实需求发生冲突,对于复杂因素的道德决策过程需要大学生具备道德思维分析和推理能力。大学生道德分析主要包括三个层面:一是能够根据道德情境所提供的人物、组织、事件、环境等条件分解道德要素;二是区分人物、组织、事件在情境中的道德基本特征,弄清各部分特征与道德概念、观念之间的关系;三是运用道德知识,识

---

① 魏英敏:《新伦理学教程》,北京大学出版社1993年版,第423页。
② [美] 布卢姆:《教育目标分类学》第一分册(认知领域),罗黎辉、丁证霖、石伟平译,华东师范大学出版社1986年版,第195页。

别各部分、各要素、各条件组合成一个整体的道德原理和排列结构。由事实的分析、一般行为的分析向着某类行为分析逐渐递进。大学生道德推理是对超出用以确定各种必然结果等既定资料之外的情况的趋向或趋势能够进行价值推导，即运用理由、条件或其他合理化方式为证组成大学生的道德判断。一方面，需要大学生具备逻辑推理能力，包含智力因素以及大学生心理发生发展程度。另一方面，道德推理是思考的过程，即在道德分析的层次之间抽象出逻辑关系，较低层次的推理归入较高的、一般的道德理论推理。判断大学生是否达到这一目标，主要是依据大学生是否运用马克思主义道德观和社会主义道德观进行道德推理。诸如：为人民服务理念，集体主义原则等，因为每一种道德理论都暗含各自的关于如何进行道德推理的理念。[1]

（3）能够综合各方面因素，做出正确的道德判断。做出正确的道德判断是指大学生在道德情境中，特别是出现道德冲突的情况下，能够把个体需要和社会需求在社会主义道德观的理论框架下重新组合形成整体，对评价对象的属性特征做出合理的价值陈述。一方面，受文化、社会等多种因素的影响，[2] 在具体的情境中，各种因素交织在一起，虽然每种因素都有各自的根源，但这些因素综合在一起会让大学生判断对象属性出现不确定性。另一方面，个体在不同的情境中，主体情绪、态度、愿望、立场等体验会影响对判断对象的整体意义建构，在具体情境中，个体目的、动机、旨趣，在展开自主、自觉的自我道德实现的过程中也许会举步维艰。在多种可能性之间，判断是在自我和外界达到平衡中所做出的价值判断，是对个体与环境、个体与他人、个体内部结构之间的关系，根据判断标准做出了合理的安置。如果对有限事实的分类依赖那些可以被检验的猜想的原则，也就是说我们深思熟虑的判断是在反思平衡中。判断标准不是完全自由的创造

---

[1] ［美］曼纽尔·韦拉斯贝斯:《商业伦理学中的道德推理：观念、理论与方法》，张霄译，《江海学刊》2018年第2期。

[2] 蔡志良、蔡应妹:《道德能力论》，中国社会科学出版社2008年版，第115页。

性表现，应该在马克思主义道德观、社会主义道德观的理论框架和方法论框架范围内进行。因此，判断大学生是否达到这一目标，主要以大学生是否能够通过修正判断让其和社会主义道德观保持一致为依据。

2. 情感领域

情感在"日常用语中，与情绪一起，统称感情，包括人的喜、怒、哀、乐、爱、恶、欲等各种体验。"① 道德能力培育不仅需要达到认知领域的目标，还需要引起大学生在心理知觉方面做出积极的回应，促使道德行为的发生产生心理倾向。

（1）形成善的道德意愿。能够感受到周围人、事物以及不同情境中道德现象的存在，增强对道德上的善与恶的知觉能力，审慎考察各种引起冲突的观点，愿意遵守道德规范，认同在道德实践活动中自律、在做出道德判断后具备排除干扰和困难的勇气，对于道德上善与恶的感觉不会为利害计较大小，以极大的意志克制自我，"意志不但是想什么就获得什么的那种本事，也是迫使自己在必要时抛弃什么的那种本事"。② 当认为行为是符合社会进步的道德要求时，会产生一种愉悦感、崇高感，赞赏自己或他人所表现出来的道德的行为，对高尚、优雅的品性和人格有敬爱之情；当行为违背了道德规范，偏离了追求的目标，就会产生羞耻感、内疚感和负罪感。③ 能够客观地进行自我道德评价，看重自我道德形象和自尊心，愿意不断追求理想自我，在理想自我和现实自我之间具备道德调节的能力。

（2）向往讲道德、尊道德、守道德的生活。形成一种深厚的感情，这种感情不仅表现在对非正义的强烈憎恨以及在遇到道德问题时不愿意做一个消极的旁观者等方面，而且表现在积极愉快地使自己的幸福与社

---

① 教育大辞典编纂委员会编：《教育大辞典》第5卷，上海教育出版社1990年版，第68页。
② [苏]马卡连柯：《马卡连柯全集》第4卷，人民教育出版社1957年版，第512—513页。
③ 蔡志良、蔡应妹：《道德能力论》，中国社会科学出版社2008年版，第123页。

会发展联系起来，"从主观的状况与特质中解放出来，超越其个体局限性，充分考虑其他人的立场"，① "连接着他人与社会的利益与幸福"。通过道德能力实践活动的体验，"正确界定自我和自我存在的社会环境之间的关系，在自我内省和现实反冲的交互作用下，实现内心道德信念的增长"，② 从感情上愿意接受建立在社会主义道德观基础上的观点，把这些态度、信念和观念整合形成一个完整的价值观，形成一种价值信奉，从而内化社会主义核心价值观，形成具有献身于社会主义道德建设的观念和理想。大学生只有在某些事情上表现出足够的一致性，别人才会认为他是持有信念或价值的人，一个人所保持的一致性，不仅足以被人确认这种价值，而且他对这种价值的信奉已经达到了自愿的程度。"任何一种道德情感必然内在地包含着一定的道德观念，反过来说，当一定的道德观念或者道德欲求与情感相结合的时候，情感便开始有了自身的（道德或价值）'倾向'。"③

3. 行为领域

动作是从个体内部传出的冲动，内部动作活动是一直在发生着的，而可观察到的动作或动作形式并不是始终在发生着的。④ 道德能力培育行为领域目标，强调"行"在大学生道德养成过程中的重要性，强调组成社会的人的趋善情感的外在实际行动。

（1）提升大学生行为与道德规范的一致性。经过大学生有意识地思考、判断、选择后，道德活动从意识的领域进入了实践的领域，即道德行为方式选择的结果就是道德实践活动的展开。通过道德能力培育，促进大学生认知、情感两个方面向行动的转化，"能够将自己身上的某

---

① 潘琳：《阿伦特与现代性的挑战：人权现象学》，张云龙译，江苏人民出版社2012年版，第109页。

② 冉昆玉：《"赞善的行恶人"：对一种道德困境的解构与重建》，《思想教育研究》2019年第6期。

③ 王平：《走向"整全人"的价值教育——兼论道德情感与价值的统一关系》，《教育研究》2018年第9期。

④ ［美］哈罗·辛普森：《教育目标分类学》第三分册（动作技能领域），施良方、唐晓杰译，华东师范大学出版社1989年版，第13页。

种内在的方面加以外化"。① 道德能力培育促使大学生基于道德认知和道德情感做出正确的道德判断和决策后付诸行动,且是在事实判断与道德的价值判断相统一的基础上义无反顾地自觉自愿的行动,从无批判地顺从外部规则,过渡到自主的道德性,这种道德性是基于独自考察和合乎理性地验证自己道德决定的个体相互之间的合作。使大学生内在道德认同、外在道德行为与道德规范达成一致。

(2) 能够把道德行为内化为个体道德习惯,出现积极社会行为。经过反复的道德实践,大学生在面对不同的道德情境时,能够保持全面的、一致的看法,形成心理定势,在无意识状态下付诸一以贯之的道德行为,养成道德行为习惯。大学生愿意参与社会活动,产生协助、志愿、爱心帮扶等积极正向的社会行为,在社会道德情境中,能够向着有利于社会发展的方向付诸道德行为。

这些具体目标虽然是给予模型化之后的概括,但又是对培育目标分析所必需的。如同列宁所说:"如果不把不间断的东西割断,不使活生生的东西简单化、粗陋化,不加以划分,不使之僵化,那么我们就不能想象、表达、测量、描述运动。思想对运动的描述,总是粗陋化、僵化。"②

二 目标序列建构

目标序列是按照道德能力培育目标体系高低的不同要求,综合大学生道德认知领域、道德情感领域和道德行为领域,整体性顺次形成一个承前启后的体系。③ 依据受教育者的主体地位把道德能力培育目标分成一定序列,具有充分的客观依据。

(一) 目标序列设计依据

首先,道德能力培育目标是一个多维度的系统,任何一个具体目标

---

① [法]埃米尔·涂尔干:《教育思想的演进》,李康译,上海人民出版社2003年版,第290页。
② 《列宁全集》第55卷,人民出版社1990年版,第219页。
③ 鲁洁、王逢贤:《德育新论》,江苏教育出版社2002年版,第208页。

不是由单一维度、一个层面构成的,而是一个由低到高,由简单到复杂的多维度的复合体。"知识认同是价值认同的基础,而价值认同又是行动认同的基础;但知识认同不直接促发价值认同,价值认同也不直接促发行动认同。基于这种逻辑关系,道德能力培育目标是生成一个包括知识认同、价值认同和行动认同在内的逐层逻辑演进的完整体系。"① 具体目标对三个领域分离加以分析并不意味着它们之间存在着一种根本的分离,它们各自的内容要点存在着交叉性、依存性和包容性。大学生对客体的反应不只是由这个情境或道德经验的熟悉程度来决定的,而是代表着一个构成基础的整体结构的变化。大学生道德能力发生"是一个能动的、积极地、主动的建构过程",②"这一过程是社会文化在大学生道德经验上沉淀的结果,是大学生对现实道德生活的反映,也是大学生对道德原则和道德规范的理性把握,同时也是大学生道德境界不断提升的过程"。③

其次,大学生在培育过程中是实现培育目标的主体,这种主体作用主要是通过大学生积极自觉地接受外部教育影响,主动内化渐进发展的过程,贯穿个体的一生。在大学生成长的过程中,道德能力的发生"既不是起因于一个有自我意识的主体,也不是起因于已经形成的主体之上的客体,而是起因于主客体之间的相互作用"。④ 大学生道德能力具有先天的生物长期进化积淀下来的本能部分,在皮亚杰看来这是主体的第一个图式,这个通过遗传而获得的图式是道德能力发生的起点,新的更高级的图式将在这个基础上通过主客体的相互作用建立起来。图式是皮亚杰在批判康德先验图式的基础之上,通过对个体思维形式的考察基于动作的结构而提出的一个概念,就是指"动作在同样或类似的环

---

① 冉昆玉:《"赞善的行恶人":对一种道德困境的解构与重建》,《思想教育研究》2019 年第 6 期。
② 梁文涛:《论皮亚杰的活动教学观与素质教育》,《教育理论与实践》2000 年第 8 期。
③ 万时乐:《个体道德能力的消解与反消解——以当代中国道德教育为旨归的研究》,博士学位论文,华东师范大学,2010 年,第 247 页。
④ [瑞]皮亚杰:《发生认识论原理》,王宪钿译,商务印书馆 1985 年版,第 21 页。

境中由于重复而引起迁移或概括"。① 大学生道德能力的发生与发展包含了个体图式不断建构与建构的过程,道德能力整体结构的变化就是"由具有整体性的若干转换规律组成的一个有自身调整性质的图式体系",② 在实践活动中,大学生的图式体系不可能是一张白纸,"每一整体结构渊源于前阶段的整体结构,把前阶段的整体结构整合为一个附属结构,作为本阶段的整体结构的准备"。③ 当大学生与客体发生关系时,主体总是想用已有的图式去"同化"它,所谓"同化"就是主体已有图式对外界刺激的筛选、过滤的过程,即个体将外界刺激纳入已有的图式之内。在这个过程中,主体并不是对所有刺激信息都吸纳,而是根据自己原有的图式主动进行选择,"一个刺激要引起某一特定反应,主体及其机体就必须有反应刺激的能力"。④ 当原有的图式不能适应新的信息的时候,就会采用"顺应"的方式改变图式,顺应是当个体由于外界环境的作用而引起原有图式的变化和调整,以适应外界的过程。"顺应的过程在一定程度上与环境和它所依附的客体相关,但图式始终是由主体进行的动作,不是从客体或环境中派生出来的。"⑤ 通过"顺应"适应客观环境后即主体内部达到"平衡"状态,"同化"与"顺应"交替作用达到了推动主客体连续建构的目的,⑥ 使主体在不断的调节中逐渐由一个平衡状态转向另一个较高的平衡状态,平衡—不平衡—新的平衡的过程即为道德能力由低级到高级,由简单到复杂的发生发展过程,"情感的发展与认知的发挥不是性质截然不同的两个领域",⑦ 道德能力系统包含了认知结构、情感结构、意志结构和行为结构的整体性发

---

① [瑞]皮亚杰等:《儿童心理学》,商务印书馆1980年版,第5页。
② [瑞]皮亚杰:《发生认识论原理》,王宪钿译,商务印书馆1981年版,译者前言第2页。
③ 蒋开天:《图式特质论——基于康德、皮亚杰图式学说的历史考察》,《中南大学学报》(社会科学版)2014第2期。
④ [瑞]皮亚杰:《发生认识论原理》,王宪钿译,商务印书馆1981年版,第60页。
⑤ [瑞]皮亚杰:《生物学与认识》,尚新建译,生活·读书·新知三联书店1989年版,第9页。
⑥ 邹小婷:《皮亚杰发生认识论之哲学意蕴》《学术交流》2009年第5期。
⑦ [美]劳伦斯·科尔伯格:《道德发展心理学——道德阶段的本质与确证》,郭本禹译,华东师范大学出版社2004年版,第19页。

展,图式系统集合了感觉与知觉,理性与感性,整合了思维与内容、机体与环境,在不断的解构与建构的过程中形成了整体性结构的变化。

(二)目标序列内容

皮亚杰以儿童为对象通过大量的实证材料概括出儿童逻辑思维发展的四个阶段,在此基础上总结出儿童道德发展的三个阶段。皮亚杰认为对儿童提出的道德是一个包括许多规则的系统,而一切道德的实质就在于个人学会去遵守这些规则。① 道德发展第一阶段,儿童受自身以外的价值标准支配的他律阶段;第二阶段受自己主观的价值标准支配的自律阶段;第三阶段介于这两个阶段之间的道德上的客体性向主体性转变的中间阶段。中间阶段是儿童道德发展过程中的关键阶段,因为这个阶段显现出道德法则被内化的过程。② 我国心理学家在全国范围内以重复皮亚杰的试验为主开展了大量工作,结果证明皮亚杰关于儿童道德发展的学说具有普遍的意义。③ 儿童道德发展的研究有助于弄清楚成人的道德发展阶段,柯尔伯格在皮亚杰研究的基础上,把道德发展的对象由儿童延伸至成年人,提出道德发展的"三个水平六个阶段",即"前习俗水平"——阶段 1 和阶段 2;"习俗水平"——阶段 3 和阶段 4;"后习俗水平"——阶段 5 和阶段 6。④ 在前人观点的基础上,本研究针对成年人道德能力发展的内在普遍性,提出大学生道德能力培育目标序列,包括无律阶段、顺从阶段、认同阶段和内化阶段。

1. 无律阶段

婴幼儿阶段处于对许多道德原则和道德规范尚不明确的时期,对其行为价值的认定不能明确归入具有道德意义的阶段,正确区分"不道

---

① [瑞]皮亚杰:《儿童的道德判断》,傅统先、陆有铨译,山东教育出版社 1984 版,第 1 页。

② 李伯黍、李正云:《道德发展:心理学、哲学、伦理学和教育学的思考》,《华东师范大学学报》(教育科学版) 1996 年第 4 期。

③ [瑞]皮亚杰:《儿童的道德判断》,傅统先、陆有铨译,山东教育出版社 1984 版,第 2 页。

④ [美]劳伦斯·科尔伯格:《道德发展心理学——道德阶段的本质与确证·中文版序》,郭本禹译,华东师范大学出版社 2004 年版,第 6 页。

德（immoral）"和"非道德（unmoral）"是理解儿童无律道德阶段的前提，此阶段的儿童以自我为中心来认识世界，不能对事物进行社会化的判断，"从某种意义上讲，此阶段儿童和他周围成人所保持的关系的性质阻止了儿童发展理性的平衡状态"。① "无"不是指该阶段婴幼儿道德生活的道德心理空白，而是指其行为含有"非道德"的成分，"这一成分是与婴幼儿的朦胧道德意识、情感和行为并存的"。② 因此，严格意义上来说，无律道德阶段属于道德能力发展的特殊形态，大学生道德能力发展必然经过此特殊阶段。

2. 顺从阶段

道德能力发展处于此阶段的大学生表现出被动服从道德标准和道德原则的表现，证明道德判断的正当性受制于外在准则的约束。"个体因为希望从另一个人或群体那里得到赞同反应而接受影响时发生的。"③ 认识、判断和实施道德行为的标准来自外力监督。道德规范作为现实的导向对大学生产生规范作用，这种规范又建立在现实的人和事"可以如此但却不如此"的选择自由上，正是现实的人"本该如此却不如此"导致道德原则对他的约束。在此阶段，道德情感与道德判断更重视现实功利目的，关心行为的外在结果而不关注内在动机，对个体与群体的角色认知比较单一，没有明显的社会角色承担，而倾向于仅从一个观点考虑特定的道德问题，道德选择倾向相对工具性的自我利益。

3. 认同阶段

道德能力发展处于此阶段的大学生对外在道德规范持认同态度并内化为自身的内在律令，面对道德问题时能依照认同的道德规范和道德原则践履道德行为。"个体因为想要同另一个人或群体建立或维持一种令

---

① ［瑞］皮亚杰：《儿童的道德判断》，傅统先、陆有铨译，山东教育出版社1984年版，第29页。
② 檀传宝：《对道德发展理论的三点理解》，《教育发展研究》1999年第12期。
③ ［美］布卢姆等：《教育目标分类学》第二册（情感领域），施良方、张云高译，华东师范大学出版社1989年版，第30页。

人满意的关系而接受影响时发生的。"① 道德判断证明正当和有效无须参照外在权威标准,其内在道德判断处于可塑和平衡的阶段,在面对道德情境时,能够考虑他者的利益、观点,采用公正的方法解决道德问题。处于认同阶段的大学生对道德原则和规范的理解具有建构性,会基于有利于群体积极发展的认知、情感的推断制定道德选择,认为道德责任规定着一套道德义务和行为,进行道德判断时"愿意使用普遍的道德原则和道德规范,以便这些规范适用于类似情境中的每一个人"。②

4. 内化阶段

道德能力发展处于此阶段的大学生自律与他律相统一,个体由对法律、权威、权利等规范的服从转变为道德主体心悦诚服,个体实施道德行为是因为这种行为同他的价值体系相一致。把道德规范内化为自己的人格品质的过程,实现了个体"从心所欲"的道德自由。其主要表现是个体对自我与世界、绝对与相对、道德判断与道德选择都能达到自洽的境界,道德行为的践行体现了"从心所欲而不逾矩"的道德价值。在这一阶段大学生不仅仅是道德规范的遵守者,还是新的道德精神和道德规范的创造者。

道德能力发展阶段不是孤立的片段,"发展分成各个阶段也只是为了陈述便利的目的,但是事实上他们仍是一个完整的连续体,而这个连续体是不能分割成若干段落的"。③ 大学生所处道德能力阶段不可完全归类到顺从阶段或认同阶段中去,一个阶段不只代表了在该阶段相似的情境中所决定的具体反应,而是代表着一种潜在包含认知、情感和行为的整体结构变化。大多数成年人都处于由顺从阶段向认同阶段发展的过程,"进入认同阶段个体比顺从阶段的个体更能够做到言行一致"。④

---

① [美] 布卢姆等:《教育目标分类学》第二分册(情感领域),施良方、张云高译,华东师范大学出版社1989年版,第30页。

② 郭本禹:《从他律道德到自律道德——科尔伯格的道德类型说评介》,《南京师大学报》1999年第5期。

③ 沈壮海:《思想政治教育有效性研究》,武汉大学出版社2016年版,第103页。

④ [美] 劳伦斯·科尔伯格:《道德发展心理学——道德阶段的本质与确证·导言》,郭本禹译,华东师范大学出版社2004年版,第7页。

大学生道德能力沿着垂直序列由低级向高级的过程发展，年龄对道德能力有影响，受逻辑推理能力、道德经验以及主体社会化等因素的影响，"阶段发展具有按年龄发展的顺序特征"，[①]但年龄与道德能力发展阶段无绝对对应关系，在外界刺激下，道德能力系统不断调整和优化的过程中，道德能力发展向着整体有序、不断递进的方向发展，"阶段并不是呈直线性质的，只有通过把它的内容系统地加以整理并忽视其十分复杂具体的小差别，才可能观察到这个发展过程的总趋向"。[②]阶段递进代表了大学生道德认知、情感和行为的整体发展以及逐渐独立的道德主体地位的提升，需要注意的是，大学生道德能力的发展并不是随着个体社会阅历的增长和心理的成熟就会自然走进认同阶段和内化阶段，尽管与年龄有一定关联，但推动大学生道德能力发展的动力还是源于主客体产生的引起主体图式体系变化的相互作用，这也就是道德能力培育的意义所在。

[①] 郭本禹：《从他律道德到自律道德——科尔伯格的道德类型说评介》，《南京师大学报》1999年第5期。

[②] 沈壮海：《思想政治教育有效性研究》，武汉大学出版社2016年版，第103页。

第 二 章
大学生道德能力培育状况调查

大学生道德能力培育在理论上已经确证了其内涵和功能,那么大学生道德能力培育的实践必要性显得尤为充分。因此,了解大学生道德能力的培育现状具有重要价值。

第一节 大学生道德能力现状调查

道德能力培育关涉诸如大学生心理品质、社会的道德环境、道德教育的方式方法等诸多因素,培育内容和培育过程都显得极其复杂,客观评估大学生道德能力现状是探索有效培育途径的第一步。

一 测量工具及选择依据

(一)测量工具

实证研究采用"道德能力测验"(Moral Competent Test)(以下简称 MCT),问卷由德国康士坦茨大学的道德心理学家乔治·林德(Georg Lind)基于"道德行为和发展的双面"理论,采用"实验问卷法"编制,用以测量被试的道德能力。[1] 林德认为,良好的道德能力测验的出发点是把道德能力界定为思考和讨论对道德问题的相反看

---

[1] 吴慧红:《道德研究新视角:道德判断测验的理论和实证研究》,硕士学位论文,南京师范大学,2005年,第26页。

法的能力。在道德能力测验（MCT）问卷中，参与者面临两个不同的两难故事，"工厂风波"和"医生困境"，被试对12个相关论点（赞成和反对各六个）逐一进行接受程度的打分，从 -4（完全反对）到 +4（完全赞成）的量表上给出一个有区分的等级评估，完成两个两难故事意味着对24个论点做出等级评估，24个论点必须逐一完成，因为道德能力测验是根据个体对一系列反应之间的关系表现出来的，那些看起来似乎是"无意义的"不一致的反应模式，恰恰是道德能力低的表现。林德道德能力测验（MCT）的突破在于要把测验情境的三个因素全部包含在每一个论点中，因为每个因素的这些表现（两个两难故事、一个问题赞成和反对两个方面以及六个类型）在每一个论点中都存在，并且会发生系统的变化和结合，因此才有可能从个体反应的模式中"解读"参与者的内在心理变化。[①] 标准的MCT是针对个体进行的实验，被设计为多变量 6×2×2，6指的是柯尔伯格的道德六阶段；2指的是与被试观点的一致与否；2指的是两个不同的两难故事。林德认为，被试在六个阶段上的得分表现即为对这些道德观点的态度倾向，而被试在做判断时多大程度上考虑了道德因素（采用方差比例计算），反映其道德认知能力的高低。MCT主要指标为道德能力分，即Competent分，简称C分数，C分数从0至100进行排列，分数越高代表道德能力越强。[②]

（二）选择依据

1. 适用于道德能力的测量

MCT是至今唯一一个可以同时测量道德认知和道德情感分数的道德能力测验。[③] 每一种判断、每一位个体的回答通常是由许多因素同时

[①] ［德］格奥尔格·林德：《怎样教授道德才有效——德育心理学家给教师的建议》，杨韶刚等译，中国轻工业出版社2018年版，第85页。
[②] ［德］格奥尔格·林德：《怎样教授道德才有效——德育心理学家给教师的建议》，杨韶刚等译，中国轻工业出版社2018年版，第87页。
[③] 吴慧红：《道德研究新视角：道德判断测验的理论和实证研究》，硕士学位论文，南京师范大学，2005年，第26页。

决定的，因为"解决必须既要公平地对待自我所相信的东西，又要满足情境的要求。所以，在公平地对待自我认为是真实和重要的所有价值观这个意义上说，选择是很困难的"。[①] 传统心理学测量方法主要通过某种因素对个体道德行为的影响来评价道德发展，测验聚焦在对测验问题的孤立反应上，缺少个体反应之间的关系属性，道德能力本身反映的就是个体选择付诸道德行为的复杂判断过程，测量方法需要把多种因素都考虑在一份测验中，MCT 可以检验三种因素对参与者判断行为产生的影响，分别是论点的道德性质、意见一致性和情境语境（Lind，1978；1982；2008b）。此外，经典心理学测量方法主要是通过外在行为来考察个体道德发展，仅通过外显行为中得到证明就认为能力是真实的，对个体内在态度、倾向、情感的考察是不够的也是非常困难的。因为外在的行为是明确的，而内在的倾向是模糊的。MCT 包含对个体道德情感和道德认知的测量并显现两者之间的关系，真正意义上从个体内在入手评价个体道德性质。

2. 匹配研究对象

研究对象的正确划分和评估工具的正确选择是有效研究道德教育效果的两个重大前提。本文研究的主要对象是大学生，基于道德认知发展理论而创设的道德能力测评问卷主要有四种。一是皮亚杰以幼儿为研究对象，采用"对偶故事法"根据被试的回答，推理、分析、归纳，最终阐述了幼儿认知规律的量表。二是柯尔伯格设计的"两难故事法"，创设"道德判断测量量表（MJS）"，以 12—16 岁青少年为研究对象，对青少年道德认知发展进行了客观验证。随着时代发展，上述两份量表在算法的准确性和测量的科学性方面的缺陷逐渐显露，现已经很少被采用，当前主要采用的是以下两份量表。三是莱斯特编制的问题测验，20 世纪 70 年，柯尔伯格的学生莱斯特（J. Rest）编制问题测验，莱斯特认为道德能力的培养只对成年人有效。原因在于，在个体的儿童期和青

---

① ［德］格奥尔格·林德：《怎样教授道德才有效——德育心理学家给教师的建议》，杨韶刚等译，中国轻工业出版社 2018 年版，第 79 页。

少年期所获得的和应该获得的仅仅是那些能够帮助个体很好地成为社会一员的各种道德规则和价值观。此外,"问题测验"评估主要是针对道德态度而不是综合的道德能力。四是林德设计的道德能力测验问卷即MCT量表,该问卷一开始就针对大学生,随着对问卷效度的不断检验,MCT适用范围也得到扩充,林德认为在青少年发展的前期,也就是从11岁开始,通过道德教育对青年道德能力的影响有明显效果,一方面,MCT的测验效度并没有采用不变顺序性的指标作为外部衡量工具,如年龄的变化,另一方面,MCT有严格的实验设计以确保C分数的真实性。

3. 测验使用范围广泛

"MCT"自问世以来一直在多种不同文化语境中良好运行。从1999年开始,"MCT"进入一个全面发展的时期,在多个国家进行了修订,语言涵盖德语、英语、巴斯克语、西班牙语、意大利语、葡萄牙语(巴西)、俄语、法语、希伯来语(以色列)、荷兰语、芬兰语、匈牙利语、立陶宛语、佛兰德语(比利时)、捷克语、希腊语、拉脱维亚语、僧伽罗语(斯里兰卡)、泰米尔语(斯里兰卡)、土耳其语、泰国语、菲律宾语、马其顿语、日语、汉语、阿拉伯语(摩洛哥)、朝鲜语、伊朗语等。[①] 跨文化差异对道德能力测量的影响是林德研究的一个专题,通过对德国和巴西两个国家的比较研究,确定了MCT在不同文化中的适用性,这也是MCT在全世界范围内获得了广泛运用的原因。

4. 已在中国进行过验证

1994年李伯黍教授在其课题"上海地区青少年道德判断能力测验及道德发展阶段模型"中首次提出编制我国道德判断能力测验量表,此后两年经过小样本测试后,于1997年在《心理科学》杂志上发表《上海地区青少年道德判断能力测验的编制及常模制定》,2003年杨绍

[①] 吴慧红:《道德研究新视角:道德判断测验的理论和实证研究》,硕士学位论文,南京师范大学,2005年,第96页。

刚教授取得林德教授授权，在中国开展 MCT 研究。2005 年，南京师范大学研究生吴慧红在其导师杨绍刚教授的指导下完成硕士论文《道德研究新视角：道德判断测验的理论和实证研究》，文中对林德教授的道德判断测量问卷的中文版进行效度分析，做了中国本土化修订。基于上述原因选择林德道德能力测验（MCT）。

5. 可评估教育方法的有效性

MCT 通过 C 分呈现群体道德能力水平，可以用来评估教育手段的有效性，通过一段时间的教育行为所引起被试产生的变化和发展，可通过 MCT 获得评估，C 分的提高或停滞可以反映教育者、受教育者和教育中介的实践效果。

二　测量工具理论基础

MCT 的突破在于在同一个量表中把个体道德情感和道德认知联系起来，乔治·林德（Georg Lind）在 1995 年发表的《有关道德能力意义和测量的再思考：一种双面模型》文章中，针对主体道德认知发展规律首次提出"道德行为和发展的双面"理论。该理论认为对个体道德的描述必须包含情感和认知两个方面，在个体实现道德行为的过程中，情感和认知的发展不可分离，两者在时间上是平行的，但在逻辑上必须采用独立的方式对两者分别进行描述和测量，并且道德的这两个方面需要采用不同方法来改变和提高。[1]

一方面，道德行为和发展的双面理论继承了皮亚杰和柯尔伯格等人创立的道德认知发展理论，柯尔伯格认为个体在不同阶段思考或解决同一问题的方式具有显著甚至质的差异，这些不同的思维方式在个体发展中形成一个不变的顺序。在这些不同的、序列性的思维方式中，每一个都形成一个"结构的整体"，[2] 认知阶段就是一个具有层级结构的整合

---

[1] 吴慧红：《道德研究新视角：道德判断测验的理论和实证研究》，硕士学位论文，南京师范大学，2005 年，第 12—31 页。

[2] ［美］劳伦斯·科尔伯格：《道德发展心理学——道德阶段的本质与确证》，郭本禹译，华东师范大学出版社 2004 年版，第 352 页。

体，发展就是认知结构的基本转换。基于此，柯尔伯格提出道德发展六阶段，即惩罚和服从定向阶段，朴素的工具享乐主义阶段，维持良好关系阶段，受他人赞扬的好孩子道德阶段，维护权威的道德阶段，契约的、个人权利和民主地接受法律的道德阶段以及个人良心原则的道德阶段。个体道德发展就是按照这个顺序由低到高逐一递进，形成自我"结构的整体"。

另一方面，道德行为和发展的双面理论是对主体形成道德行为的过程，特别是道德情感和道德认知的关系做了进一步的验证，提出了态度的"动态结构单元（Dynamic-Structural Unit）"（如图2-1所示），以态度为研究对象系统阐述了道德的认知和情感是如何统一的。个体道德行为的产生可能会受到多种态度的影响（态度动态结构单元的相关要素以及他们之间的关系如图2-1所示，最下面一排中间的三个行为），在解释两种（或两种以上）态度结构交叉，即两种（或两种以上）态度通过相同的行为表达出来时，现实的情况可能是：态度A是一个"或正或负朝向符合标准道德原则推理的观点"，而态度B则是一个"或正或负朝向与我不一致的观点"。在个体的道德推断中，两种态度可能都会在同一时间段内表现为一种态度可能会取代其他态度；或者两种态度可能都得到加强；也有可能彼此抵消。态度结构的评估与解释与一个人的行为直接相关。在经验主义的研究中，这个结构被定义为可被证实的显性结构，而不是一个潜在的或者无法观测的结构，结构的情感表达方面不能与其他相关方面分离，更不能与行为分离。

传统的理性模式较多地描述了道德推理，注重的是道德判断中认知的意识层面，促进了道德认知发展的研究，但它忽视了道德情感的作用。林德的道德行为和发展的双面理论是基于皮亚杰、柯尔伯格及其弟子莱斯特的理论，但又有很大的不同。一方面，他承认了皮亚杰和柯尔伯格理论认为的道德认知和情感是平行的，两者在逻辑上是可以区分的和被独立测量的；另一方面，他进一步定义了道德认知和情感两方面，

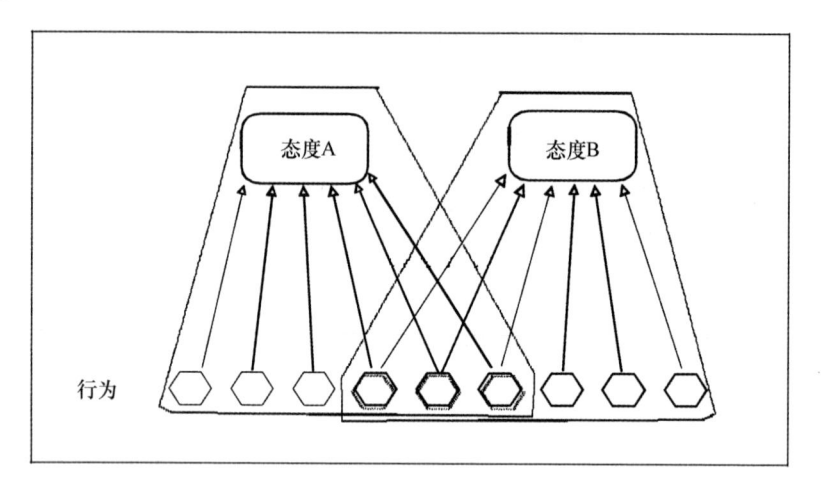

图 2-1 态度的动态结构（Georg Lind）

并明确了这两个容易混淆的概念。林德是除了皮亚杰之外（皮亚杰将两者定义为结构和能量的区分），第一个正视道德认知和道德情感关系，并力图解释和分析这种复杂关系的人。

三 实施过程

（一）被试取样

2018年9月至2019年5月，对云南省9所高校实施"大学生道德能力"调查研究，通过"问卷星"网络平台发放"道德能力测验MCT"问卷，收回问卷3036份，人工逐条筛选数据，有效问卷2885份（如表2-1所示），有效率95.02%，设置六个方面调查内容。一是学校，选择具有代表性的双一流、普通本科院校、专科院校共9所。二是年级，覆盖大一、大二、大三、大四。三是性别，设置男、女两项。四是专业，根据教育部对普通高等学校本科专业目录，设置12个门类，分别是：哲学、经济学、法学、教育学、文学、历史学、理学、工学、农学、医学、管理学和艺术学。五是民族，设置汉族及其他少数民族。六是生源地类别，设置城市和农村两项。

表2-1　　　大学生道德能力测验（MCT）问卷回收情况

学校名称	学校性质	总人数	男	女
A	本科（双一流）	504	139	365
B	本科	89	44	45
C	本科	146	39	107
D	本科	80	55	25
E	本科	117	34	83
F	专科	187	108	79
G	专科	1292	630	662
H	专科	338	120	218
I	本科（独立学院）	132	11	121
总人数		2885	1180	1705

（二）效度

林德道德能力测验（MCT）是在林德道德判断能力测验（MJT）的基础上生成的，根据早期德文版的MJT有效性指标以及研究人员吴慧红于2005年在我国南京等地开展的中文版MJT实证研究，对MCT的效度的分析主要包括两大类：一是沟通效度，也就是测验时需要保证被试能够充分理解测试内容，并保证理解的内容与理论所假设的内容一致；二是对测试结果的有效性评估，包括偏好的顺序性、认知情感平行论和准简单结构。在本次实证研究中，我们通过详细语义描述提升沟通效度以保证数据有效性，以下通过对C分有效性指标的测试以确定本次实证研究的有效性。

1. 偏好的顺序性

问卷数据应该满足个体对柯尔伯格六个阶段的顺序性偏好，也就是对第一阶段有较低偏好，对第六阶段有较高偏好，个体倾向于选择较高阶段的道德推理作为自己选择的有效支持。统计本次2885份有效问卷六个阶段分数（如图2-2所示），随着阶段的提升呈现单调递增的现象，与林德MCT相关指标预期假设一致。其中第二阶段分数低于第一阶段分数，第五阶段分数略高于第六阶段分数与吴慧红研究结论一致。

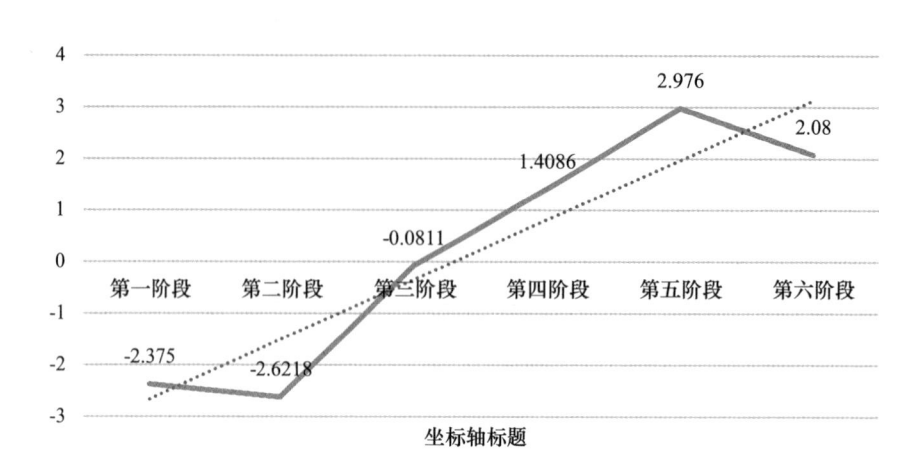

图 2-2　大学生道德能力测验（MCT）偏好顺序

2. 认知情感对应性

道德能力测验能同时反映个体道德情感和道德认知发展状况，在 MCT 模型中被试的道德态度（六个阶段分数）与他最终的道德能力得分（C 分）表现出高度相关性，具体来说第一、二阶段的得分与 C 分数呈现高度的负相关，在第三、四阶段得分与 C 分数的相关不明显，在第五、六阶段的得分与 C 分数呈现高度的正相关。对 2885 份有效问卷进行认知情感对应性验证（如表 2-2 所示），数据验证结果显示第一、二阶段与 C 分数显著负相关，第三、四、五、六阶段与 C 分数呈现显著正相关，其中第三、第四、第五阶段与 C 分数的正相关程度持续上升，符合预期假设。

表 2-2　大学生道德能力测验（MCT）认知情感对应

阶段	第一阶段	第二阶段	第三阶段	第四阶段	第五阶段	第六阶段
C 分数	-0.177	-0.161	0.054	0.183	0.303	0.278

3. 准简单结构

问卷模型呈现越靠近或者越相似的变量之间的相关越明显，通过"准简单结构"可以呈现六个阶段的相关性，通常做法是对六个阶段分数采用主成分分析方法抽取因子，并采用最大方差法旋转，如果测验有效，那么在特征值取 1 的时候，得到的两个因子在每个阶段的负荷于一张两维表格呈现的话，从第一阶段到第六阶段会逐一分布在一条曲线上。[①] 对 2885 份有效问卷六个阶段数值进行上述操作，第一阶段至第六阶段逐一分布在一条曲线上（如图 2 - 3 所示），其中第一阶段与第二阶段顺序不太明显，第五阶段与第六阶段顺序与预期有差别，这些误差都是在林德"准简单结构"验证方法允许范围内，符合验证指标。

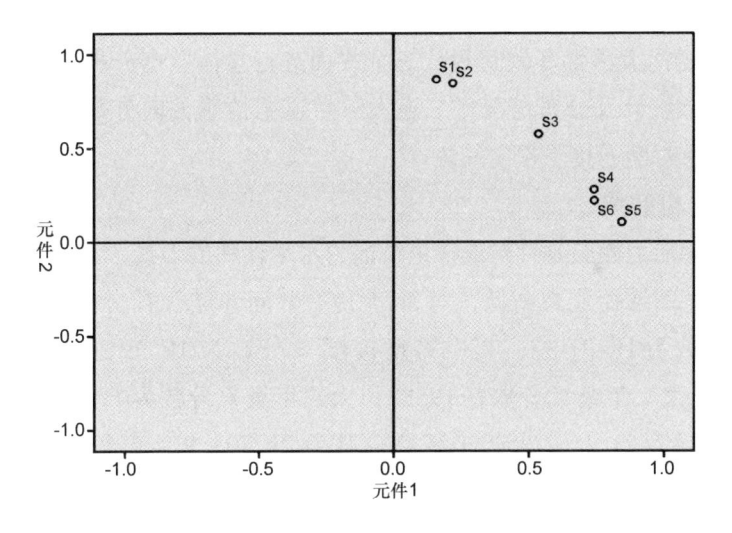

图 2 - 3　大学生道德能力测验（MCT）准简单结构

总体来说，本次实证研究数据符合林德道德能力测验（MCT）效度检验指标，与预期设想一致，问卷数据有效。

---

① 吴慧红：《道德研究新视角：道德判断测验的理论和实证研究》，硕士学位论文，南京师范大学，2005 年，第 34 页。

（三）信度

道德能力测验（MCT）是对被试内在道德情感和道德认知反应一致性的测试，C指标不是对单个反应的评估和测验，而是根据被试一系列反应之间的关系表现出来的指标。测验的信度主要来自测验对问卷结构完整度的保持，也就是不能随意改变或者删除问卷问题，被试对论点的评判真实反映被试在复杂道德任务中的主观认知。在本次测验中，保持了问卷的完整性，未对论点顺序、长度做修改，能较好地反映测验的信度。

四 数据分析

（一）道德能力测验（MCT）总体情况

道德能力测验（MCT）是以C分数表示群体道德能力水平，以六个阶段得分体现群体道德情感偏向（对两个困境故事的道德态度），对2885份云南大学生有效问卷从三个方面进行总体数据分析，一是大学生C分数统计及分布情况；二是大学生道德情感偏向分数统计；三是调研对象对问卷接受程度的统计。

1. C分数统计

道德能力测验是针对群体道德能力水平评估的工具，不能用以判断单个被试的道德能力高低，对2885份有效问卷进行C分数统计，[①] 总体C分数为19.97分，其中男性被试C分数为19.39，女性被试为20.25，大一年级C分数是19.81，大二年级C分数为19.63，大三年级C分数为21.12，大四年级C分数为21.70，9所高校具体情况如表2-3所示。

[①] C分数的计算方法：第一步骤，SSM = （X1 + X2 + …… + X24）2/24，第二步骤，SSDev = （X12 + X22 + ……X242）- SSM，第三步骤，计算六个阶段平方和，（X1, worker, pro + X1, worker, con + X1, doctor, pro + X1, doctor, con）2，第四步骤，SSstage = ［（X1, worker, pro + X1, worker, con + X1, doctor, pro + X1, doctor, con）2 + （X2, worker, pro + X2, worker, con + X2, doctor, pro + X2, doctor, con）2 + （X3, worker, pro + X3, worker, con + X3, doctor, pro + X3, doctor, con）2……+ （X6, worker, pro + X6, worker, con + X6, doctor, pro + X6, doctor, con）2）］/4 - SSM，第五步骤：C = （SSstage/SSDev）× 100。Worker代表工人风波故事，Doctor代表医生困境故事，Pro（pro-argument）代表正向论证，Con（contra-argument），代表反向论证。1, 2, 3，代表柯尔伯格六阶段。

表2-3　　　**大学生道德能力测验（MCT）C分数汇总**

学校名称	C分数				
	学校总	男	女	年级	年级总
总体情况	19.97	19.39	20.25	大一	19.81
				大二	19.63
				大三	21.12
				大四	21.70
G	19.40	19.16	19.64	大一	19.30
				大二	19.65
F	18.48	18.10	18.99	大一	18.25
H	18.82	17.41	19.60	大二	19.08
A	21.56	21.88	21.29	大一	22.18
				大二	21.3
				大三	20.91
				大四	22.30
D	21.06	20.17	22.98	大一	23.14
				大二	19.23
B	20.86	19.32	22.35	大一	22.38
				大二	12.85
				大三	22.56
				大四	21.67
C	22.20	22.27	22.18	大一	22.73
				大二	19.58
E	19.50	22.10	18.43	大一	19.00
				大二	18.90
				大三	21.23
				大四	17.68
I	21.26	19.99	21.37	大二	20.47
				大三	21.56
				大四	24.10

2. C 分数分布情况

C 分数是一个从 1 到 100 的数值,根据 Cohen(1988)等人的研究对 C 分数做出了四个等级的划分。分别是 1—9 分,较低;10—29 分,中等;30—49 分,较高;50 分以上,非常高。对 2885 份有效问卷 C 分数按照上述等级进行统计(如图 2-4 所示),较低等级(1—9 分)667 人,占 23.12%,57.26% 处于中等等级(10—29 分),514 人处于较高等级(30—49 分),占 17.82%,处于非常高等级的有 52 人。大学生道德能力水平超过半数都处于中等等级,占 80% 的调查对象道德能力水平处于中低等水平,各高校具体 C 分数分布情况如表 2-4 所示。

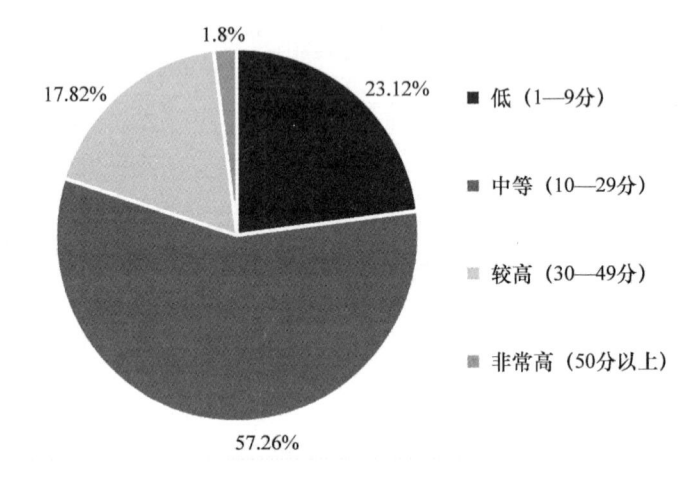

图 2-4 大学生道德能力测验(MCT)C 分数等级分布图

表 2-4　　大学生道德能力测验(MCT)C 分数等级汇总

学校	1—9 分	10—19 分	20—29 分	30—39 分	40—49 分	50 分以上
总体	667	940	712	360	154	52
G	321	419	320	151	56	25
F	48	69	39	22	8	1
H	71	136	79	34	13	5
A	100	154	132	70	36	12

续表

学校	1—9分	10—19分	20—29分	30—39分	40—49分	50分以上
D	18	25	17	11	7	2
B	17	33	17	12	9	1
C	28	33	48	24	11	2
E	30	39	28	13	6	1
I	34	32	32	23	8	3

3. 道德情感分数

道德能力测验（MCT）可以同时反映被试道德情感和道德认知两个方面，道德情感分数主要通过被试对"工厂风波"和"医生困境"两个故事的态度以及柯尔伯格六个阶段分数获得，对2885份有效问卷进行道德情感分数统计，第一阶段到第六阶段成单调递增的趋势，其中第二阶段分数最低为 -2.62 分，第五阶段分数最高为2.98分，[①] 对"工产风波"故事总体持反对态度，对"医生困境"故事持支持态度，各学校具体情况如表2-5所示。

表2-5　　大学生道德能力测验（MCT）道德情感汇总

学校	第一阶段	第二阶段	第三阶段	第四阶段	第五阶段	第六阶段	"工厂风波"态度	"医生困境"态度
总体	-2.37	-2.62	-0.08	1.41	2.98	2.08	-1.22	0.13
G	-2.13	-2.46	-0.14	1.24	2.51	1.86	-1.29	0.02
F	-1.91	-2.29	0.39	1.52	2.57	2.24	-1.22	0.15
H	-1.92	-2.37	0.25	0.98	2.67	1.99	-1.22	-0.40
A	-3.31	-3.28	0.05	2.09	4.12	1.99	-1.27	0.66
D	-1.58	-1.81	1.08	1.60	3.98	3.38	-0.59	0.41
B	-2.65	-3.07	-1.67	1.05	3.36	2.60	-1.26	0.29

---

① 负数表示对该观点不赞同，赋值越小越不赞同；正数表示对该观点赞同，赋值越大越赞同。

续表

学校	第一阶段	第二阶段	第三阶段	第四阶段	第五阶段	第六阶段	"工厂风波"态度	"医生困境"态度
C	-2.33	-2.21	-0.01	1.93	3.30	3.20	-0.70	0.42
E	-2.7	-3.13	-0.82	1.39	2.81	2.14	-1.03	0.11
I	-3.04	-2.95	-0.50	0.96	3.89	2.15	-1.37	-0.01

4. 被试参与测验焦虑程度

道德能力测验（MCT）是在两个困境故事中被试做出判断选择的过程，被试对完成问卷的焦虑程度能反映被试做选择的难易程度。对2885名被试进行问卷焦虑调查，赋值为1分至5分，分数越高越焦虑，最终平均得分为2.60分，说明被试在参与调查过程中呈现中度焦虑状态，完成问卷有一定难度（如表2-6所示）。

表2-6 大学生道德能力测验（MCT）被试参与测验焦虑程度

学校	1分		2分		3分		4分		5分		均值
总体情况	430	14.9%	868	30.1%	1115	38.6%	353	12.2%	119	4.2%	2.60
G	228	17.6%	416	32.2%	474	36.7%	134	10.4%	40	3.1%	2.49
F	23	12.3%	59	31.5%	76	40.7%	20	10.7%	9	4.8%	2.64
H	57	16.8%	98	29.0%	133	39.4%	35	10.3%	15	4.5%	2.56
A	66	13.1%	150	29.7%	199	39.5%	68	13.5%	21	4.2%	2.65
D	4	5%	17	21.2%	31	38.8%	18	22.5%	10	12.5%	3.17
B	9	10.1%	30	33.7%	36	40.5%	11	12.3%	3	3.4%	2.65
C	14	9.6%	30	20.5%	71	48.7%	25	17.1%	6	4.1%	2.86
E	9	7.7%	30	25.6%	49	41.9%	20	17.2%	9	7.6%	2.90
I	38	15.1%	38	28.8%	46	34.9%	22	16.7%	6	4.5%	2.67

（二）道德能力测验（MCT）差异性分析

在整理大学生道德能力测验（MCT）C分数数据的基础上，为了探究影响C分数的因素，分析产生C分数差异的原因，根据MCT模型影响因素以及调查对象特点,主要从六个方面进行差异性比较:一是性别差异比较;二是年级差异比较;三是民族差异比较;四是生源地差异比较;五是专业差异比较;六是高校间差异比较。

1. 性别差异比较

对男、女生C分数进行独立样本t检验,结果如表2-7、表2-8所示,显著性(双尾)为0.064,男、女生C分数没有显著性差异。

表2-7　大学生道德能力测验(MCT)性别独立样本基本统计

	性别	N	平均值	标准偏差	标准错误平均值
C	男	1148	19.3935	11.9241	0.3519
	女	1621	20.2526	12.0908	0.3003

表2-8　大学生道德能力测验(MCT)性别独立样本的t检验结果

	Levene的变异数相等测试		针对平均值是否相等的t测试					95%差异数的信赖区间	
	F	显著性	T	df	显著性(双尾)	平均差异	标准误差	下限	上限
C 采用相等变异数	0.352	0.553	-1.853	2767	0.064	-0.8591	0.4637	-1.7685	0.0502
不采用相等变异数			-1.857	2490.558	0.063	-0.8591	0.6420	-1.7664	0.0480

2. 年级差异比较

在2885份有效问卷中,大一年级C分数为19.81,大二年级C分数为19.63,大三年级C分数为21.12,大四年级分数为21.70,呈现递增的发展趋势,对四个年级C分数进行单因素方差分析结果如表2-9所示,显著性为0.085,云南省大学生四个年级道德能力C分数不存在显著性差异。

表2-9　大学生道德能力测验（MCT）年级C分数单因素方差分析结果

	平方和	Df	平均值平方	F	显著性
群组之间	956.802	3	318.934	2.212	0.085
在群组内	415324.134	2881	144.160		
总计	416280.935	2884			

3. 民族差异比较

云南省少数民族大学生占据一定的比例，2885份有效问卷中，有2769份问卷填写了民族，其中1955人为汉族，彝族298人，白族138人，壮族87人，哈尼族57人，苗族44人，傣族38人，回族36人，以及其他25个少数民族合计116人，分别统计民族大学生群体C分数（如表2-10所示）。

表2-10　大学生道德能力测验（MCT）民族C分数统计

	汉族	白族	回族	苗族	傣族	彝族	哈尼族	壮族	其他
人数	1955	138	36	44	38	298	57	87	116
C分数	20.22	17.83	17.01	15.72	21.48	20.30	19.38	19.42	18.77

采用单因素方差分析大学生9个民族群体C分数差异（其余25个少数民族群体频数过低不计入统计）如表2-11所示，显著性为0.044，不同民族大学生C分数存在显著差异。

表2-11　大学生道德能力测验（MCT）民族C分数单因素方差结果

	平方和	Df	平均值平方	F	显著性
群组之间	2089.302	7	298.472	2.068	0.044
在群组内	381635.045	2644	144.340		
总计	383724.347	2651			

采用单因素方差多重比较对民族大学生 C 分数组群之间的差异，具体判断哪两组之间有显著差异，如表 2-12 所示，结果显示显著性小于 0.05 的组群分别是：汉族与白族、苗族；苗族与彝族、傣族；彝族与白族。

表 2-12 大学生道德能力测验（MCT）民族 C 分数单因素方差多重比较结果

	(I) 民族	(J) 民族	平均差异 (I-J)	标准错误	显著性	95% 信赖区间 下限	95% 信赖区间 上限
LSD	汉族	傣族	-1.2641	1.9678	0.521	-5.1227	2.5944
		白族	2.4923*	1.0582	0.019	0.4172	4.5672
		回族	3.2060	2.0207	0.113	-0.7563	7.1683
		苗族	4.4961*	1.8315	0.014	0.9048	8.0873
		彝族	-0.0859	0.7471	0.908	-1.5509	1.3791
		哈尼族	0.8372	1.6143	0.604	-2.3283	4.0027
		壮族	0.7926	1.3164	0.547	-1.7886	3.3739
	傣族	汉族	1.2641	1.9678	0.521	-2.5944	5.1227
		白族	3.7564	2.2009	0.088	-0.5594	8.0722
		回族	4.4701	2.7942	0.110	-1.0090	9.9492
		苗族	5.7602*	2.6606	0.030	0.54312	10.9773
		彝族	1.1782	2.0694	0.569	-2.8797	5.2362
		哈尼族	2.1012	2.5160	0.404	-2.8324	7.0349
		壮族	2.0568	2.3361	0.379	-2.5240	6.6375
	白族	汉族	-2.4923*	1.0582	0.019	-4.5672	-0.4172
		傣族	-3.7564	2.2009	0.088	-8.0722	0.5594
		回族	0.7138	2.2484	0.751	-3.6950	5.1225
		苗族	2.0038	2.0799	0.335	-2.0747	6.0824
		彝族	-2.5782*	1.2370	0.037	-5.0038	-0.1524
		哈尼族	-1.6551	1.8916	0.382	-5.3643	2.0540
		壮族	-1.6996	1.6446	0.302	-4.9246	1.5253
	回族	汉族	-3.2060	2.0207	0.113	-7.1683	0.7563
		傣族	-4.4701	2.7942	0.110	-9.9492	1.0090
		白族	-0.7137	2.2484	0.751	-5.1225	3.6950
		苗族	1.2900	2.6999	0.633	-4.0042	6.5843
		彝族	-3.2919	2.1198	0.121	-7.4486	0.8648
		哈尼族	-2.3689	2.5576	0.354	-7.3841	2.6463
		壮族	-2.4134	2.38086	0.311	-7.0819	2.2552

续表

	(I) 民族	(J) 民族	平均差异 (I-J)	标准错误	显著性	95% 信赖区间 下限	95% 信赖区间 上限
LSD	苗族	汉族	-4.4961*	1.8314	0.014	-8.0873	-0.9048
		傣族	-5.7602*	2.6606	0.030	-10.9773	-0.5431
		白族	-2.0038	2.0799	0.335	-6.0824	2.0747
		回族	-1.2901	2.6999	0.633	-6.5843	4.0042
		彝族	-4.5819*	1.9403	0.018	-8.3866	-0.7773
		哈尼族	-3.6589	2.4109	0.129	-8.3865	1.0686
		壮族	-3.7035	2.2225	0.096	-8.0614	0.6545
	彝族	汉族	0.0858	0.7471	0.908	-1.3791	1.5509
		傣族	-1.1782	2.0694	0.569	-5.2362	2.8797
		白族	2.5782*	1.2370	0.037	0.1525	5.0038
		回族	3.2919	2.1198	0.121	-0.8648	7.4487
		苗族	4.5819*	1.9403	0.018	0.7773	8.3867
		哈尼族	0.9230	1.7368	0.595	-2.4827	4.3288
		壮族	0.8785	1.4640	0.549	-1.9923	3.7493
	哈尼族	汉族	-0.8371	1.6143	0.604	-4.0026	2.3283
		傣族	-2.1012	2.5161	0.404	-7.0349	2.8324
		白族	1.6551	1.8916	0.382	-2.0540	5.3643
		回族	2.3689	2.5577	0.354	-2.6464	7.3841
		苗族	3.6589	2.4109	0.129	-1.0686	8.3865
		彝族	-0.9230	1.7368	0.595	-4.3287	2.4826
		壮族	-0.0445	2.0472	0.983	-4.0589	3.9699
	壮族	汉族	-0.7926	1.3164	0.547	-3.3739	1.7886
		傣族	-2.0568	2.3361	0.379	-6.6375	2.5240
		白族	1.6996	1.6447	0.302	-1.5253	4.9246
		回族	2.4134	2.3809	0.311	-2.2551	7.0819
		苗族	3.7035	2.2225	0.096	-0.6545	8.0614
		彝族	-0.8785	1.4641	0.549	-3.7493	1.9920
		哈尼族	0.0445	2.0472	0.983	-3.9699	4.0589

*. 平均差异在 0.05 层级显著。

4. 生源地差异比较

2885 份有效问卷中,有 2769 份问卷填写了生源地,来自城市 479

人，来自农村2290人，对大学生生源地的不同群体C分数进行差异性分析，如表2-13和表2-14所示，显著性为0.409，两者不存在显著差异性。

表2-13 大学生道德能力测验（MCT）生源地独立样本基本统计

	生源地	N	平均值	标准偏差	标准错误平均值
C分数	城市	479	20.3091	12.1745	0.5563
	农村	2290	19.8102	11.9971	0.2507

表2-14 大学生道德能力测验（MCT）生源地独立样本t检验结果

	Levene的变异数相等测试		针对平均值是否相等的t测试						95%差异数的信赖区间	
	F	显著性	T	df	显著性（双尾）	平均差异	标准误差	下限	上限
C 采用相等变异数	0.218	0.641	0.826	2767	0.409	0.4989	0.6043	-0.6861	1.6839
不采用相等变异数			0.818	685.99	0.414	0.4989	0.6101	-0.6991	1.6969

5. 学校间C分数差异比较

问卷涵盖云南省9所高校，包含本科和专科院校，本科院校中包含双一流、一般本科和独立学院三个类别，分别对其进行差异性比较。

（1）本科院校C分高于专业院校，本科和专科院校大学生C分数具有显著的差异（如表2-15、表2-16所示），显著性为0.000。[①]

[①] 显著性＞0.05表示差异性不显著；0.01＜显著性＜0.05表示差异性显著；p＜0.01表示差异性极显著。

表2-15 大学生道德能力测验（MCT）本、专学校独立样本基本统计

	学校	N	平均值	标准偏差	标准错误平均值
C	专科	1817	19.1998	11.6229	0.2727
	本科	1068	21.2896	12.5485	0.3839

表2-16 大学生道德能力测验（MCT）本、专学校独立样本t检验结果

		Levene的变异数相等测试		针对平均值是否相等的t测试						
									95%差异数的信赖区间	
		F	显著性	T	df	显著性（双尾）	平均差异	标准误差	下限	上限
C	采用相等变异数	11.474	0.001	-4.526	2883	0.000	2.0897	0.4617	2.9950	1.1845
	不采用相等变异数			-4.437	2100.59	0.000	2.0897	0.4709	3.0133	1.1662

（2）双一流高校、普通本科院校、独立学院高校之间大学生C分数不存在显著性差异，如表2-17所示，显著性为0.806。

（3）三所专科学校大学生C分数不存在显著性差异，如表2-18所示，显著性为0.480。

表2-17 大学生道德能力测验（MCT）本科学校单因素方差分析结果

	平方和	Df	平均值平方	F	显著性
群组之间	67.905	2	33.953	0.215	0.806
在群组内	167713.741	1064	157.626		
总计	167781.646	1066			

表2-18 大学生道德能力测验（MCT）专科学校单因素方差分析结果

	平方和	Df	平均值平方	F	显著性
群组之间	198.233	2	99.117	0.733	0.480
在群组内	245130.738	1814	135.133		
总计	245328.971	1816			

6. 专业差异比较

2885份有效问卷中，有2705份问卷填写了专业，涉及11个专业，其中教育学专业C分数19.93，文学专业C分数20.55，历史学专业C分数19.64，哲学专业C分数21.06，法学专业C分数22.01，经济学专业C分数20.25，理学专业C分数19.44，工学专业C分数17.72，农学专业C分数19.75，管理学专业C分数20.98，艺术类专业C分数18.32分（如表2-19所示）。对11个专业与对应C分数做差异性分析（如表2-20所示），11个组别之间差异显著性为0.691，各专业之间不存在显著差异。

表2-19 大学生道德能力测验（MCT）专业C分数统计

	教育学	文学	历史学	哲学	法学	经济学	理学	工学	农学	管理学	艺术类
人数	391	167	16	11	108	526	919	39	429	82	17
C分数	19.93	20.55	19.64	21.06	22.01	20.25	19.44	17.72	19.75	20.98	18.328

表2-20 大学生道德能力测验（MCT）专业差异性分析结果

	平方和	Df	平均值平方	F	显著性
群组之间	1193.902	11	108.537	0.750	0.691
在群组内	399211.352	2757	144.799		
总计	400405.254	2768			

五 结果分析

（一）道德能力水平整体偏低

本次研究是以云南省大学生为研究对象，采用道德能力测验（MCT）

获取整体 C 分数，均值为 19.97，分数在中低水平（1—29 分）的大学生占总数的 80%。2005 年吴慧红在江苏省等地开展大学生道德能力测验实证研究，高校大学生 C 分数均值为 28.87；① 2010 年文福荣等人在海南省以 300 名大学生为研究对象测得 C 分数均值为 26.88；2012 年张静以湖北省青少年②为研究对象进行抽样调查，C 分数均值为 16.9。在我国，不同省份高校大学生道德能力测验 C 分数高低不一，说明大学生道德能力水平发展会受外在教育因素的影响。在国外，2002 年，Forsthofer 和 Rudolf 对德国大学生进行 MCT 测验，经济学 MBA 专业 C 分数均值为 45.5，人类社会学专业 C 分数为 49.1；2012 年 Feitosa 等，2013 年 Hegazi 等都进行了 MCT 测验。一方面，我国大学生道德能力测验 C 分数与国外同类研究相比整体水平偏低，道德能力水平亟待提高。另一方面，多国研究数据表明，道德能力 C 分数总体上逐年下降，如何提升道德能力成为关注的热点。此外，从六个阶段情感倾向来看，大学生对道德两难故事的态度比较适当，既表达了自己的立场也没有走极端。

（二）高校教育活动对大学生道德能力发展有重要影响

研究显示云南省本科院校与专业院校 C 分数有较为显著的差异，这个结果与同类其他研究结果不同，值得横向分析其根源。但众多的研究同时发现，"个体要获得'自主道德'，也就是道德能力要达到较高水平，必须附以一定的教育"。③

2019 年云南省共有高校 81 所，其中本科 32 所，专科 49 所，④ 受区域经济发展等客观因素影响以及自身发展内力积蓄不足等主观原因，高等教育水平整体偏低。此外，云南的高等教育发展起步较晚，逐渐形

---

① 吴慧红：《道德研究新视角：道德判断测验的理论和实证研究》，硕士学位论文，南京师范大学，2005 年，第 34 页。

② 中学生、城市青少年、农村青少年、进城务工青少年等。

③ 吴慧红：《道德研究新视角：道德判断测验的理论和实证研究》，硕士学位论文，南京师范大学，2005 年，第 59 页。

④ 《中华人民共和国教育部. 2019 年全国高等学校名单》，http://www.moe.gov.cn/jyb_xxgk/s5743/s5744/201906/t20190617_386200.html? spm = zm5006 - 001.0.0.1.0A9p1q，2019 年 12 月 22 日。

成以云南大学为核心,向周边区域扩展的高等教育格局,[①] 优质高等教育资源较少且集中在昆明市。一方面,大学生入校时,本科、专科生源差异比较大,已有研究显示不同智商青少年在 C 分数上存在显著差异,也就是说智商能够直接影响大学生的道德推理能力。另一方面,从研究数据来看,高校四个年级 C 分数呈现逐年上升趋势,年级间不存在明显差异。四个年级 C 分数逐年上升与道德发展理论相吻合,符合道德认知结构随着时间的变化而发生变化的理论预设,但没有出现明显差异,以全国"双一流"高校 A 大学为例,四个年级 C 分数差异显著性为 0.794,无显著差异。数据显示云南省高校无论本科还是专科院校、重点院校还是一般院校,对大学生道德能力都有一定正向影响,但影响力明显不足,教育实践活动的有效性有限,较教育发达省份(例如江苏等)有一定差距。

(三)民族大学生道德能力水平有差异

云南省地处我国西南边陲,共有 52 个民族,其中世居少数民族有 15 个,少数民族总人口居全国第二。[②] 调查数据显示云南省民族大学生道德能力 C 分数存在一定差异,汉族、白族、傣族、彝族、苗族大学生群体差异明显。由于地理、文化等因素的差异,少数民族群体在获得高等教育机会上处于弱势地位。近年来,国家持续实施少数民族高考优惠政策,为更多的少数民族群体提供入学机会。就本次调研数据来看,2769 名被试中少数民族大学生占 35.71%,在少数民族大学生群体中 75.34% 来自专科院校,高于汉族大学生 14%。少数民族大学生就读本科院校与就读专科院校之间 C 分数无明显差异,少数民族大学生就读本科院校 201 人 C 分数均值为 19.32,略高于就读专科院校 614 人 C 分数平均分 0.3 分。此外,少数民族大学生完成道德能力测验(MCT)问卷的焦虑程度为 2.68,比汉族学生高 0.1 分,也就是在完成过程中

---

① 曹志娟:《云南省高等教育梯度发展现状及其意义研究》,《教育教学论坛》2015 年第 13 期。

② 杨倩:《城乡少数民族高等教育机会差异研究——基于云南省五个少数民族的实证调查》,《青年探索》2014 年第 5 期。

少数民族大学生感觉更难。

（四）大学生道德能力测验（MCT）实施反思

本次调研是全国范围内第一次对云南省大学生进行数据采集，对实施过程中存在的问题进行反思，以期提高问卷在中国运行的效度。从被试反馈来看，94.8%的被试反馈对此次问卷内容很感兴趣，97.4%的被试愿意参与此类讨论。从数据采集来看，通过网络平台发放问卷会在一定程度上降低问卷语义效度，对比纸质版问卷和网络问卷做题感受，纸质问卷更能让被试专注于故事内容，为了提升网络问卷的效度可以采用当堂填写的方式，既能引导被试投入足够多的时间完成问卷，又能弥补纸质问卷数据统计慢的弊端。从被试取样来看，本次调研2885份有效问卷中，有116份问卷没有填写专业、民族等信息，同一专科院校被试取样未能覆盖所有年级，这些都是导致数据存在一定误差的原因。从问卷设计来看，本次调研除了MCT问卷内容外还附加了思政课等相关调研内容，填写效果较好，MCT可联合其他问卷同时进行，同一被试不能在短时间内重复填写，会影响效度。

第二节　大学生道德能力培育困境及原因

从培育对象道德能力现状的调查分析可见，大学生道德能力水平总体偏低，研究同时发现教育对大学生道德能力发展有影响。那么，形成大学生道德能力现状的原因有哪些呢？

一　大学生道德能力培育困境

近年来，我国高校改革以顶层设计为总揽、以立德树人为根本、以课程建设为基础、以队伍建设为支撑,[1] 取得了创新性的突破。通过调查结果可见，道德能力培育在某些方面获得了认同，梳理存在的问题查

---

[1] 靳诺：《办好思想政治理论课——学习贯彻习近平总书记在学校思想政治理论课教师座谈会上的重要讲话精神》，《中国高校社会科学》2019年第3期。

找原因，为探索培育路径提供方向。

（一）大学生道德能力培育的良好基础

1. 认同大学生道德能力培育的重要性

2885名在读大学生中93.5%的调研对象认为涵盖"知、情、意、行"的整体性道德教育非常重要，143名教师中认同的人数占94.3%，82名辅导员中认同的人数占92.6%。从教育者和受教育者的反馈来看，大家一致认为道德教育应该是包含了教育对象心理、认知和行为的统一体，道德能力培育理念获得了教育者和受教育者的认同。此外，被访者普遍认同大学生需要在网络、职业、家庭、公共道德等领域的道德能力提升，特别是对网络道德能力培育的需要，排在四者之首。

2. 大学生道德教育的主渠道作用发挥明显

对2885位在读大学生进行问卷调查，结果显示87.4%的调研对象认为"思想道德与法治"课程是提升道德水平的主要课程途径，71.2%的调研对象认为"思想道德与法治"对自己的道德水平提升产生了明显的影响，有1.4%的调查对象认为影响不明显，选择完全没影响的调研对象仅占0.3%。党的十八大以来，习近平总书记高度重视学校思想政治理论课建设，在学校思想政治理论课教师座谈会上强调："推动思想政治理论课改革创新，要不断增强思政课的思想性、理论和亲和力、针对性"。从调研数据可见，大学生对思政课在道德教育方面发挥的作用比较认同。

3. 大学生道德教育的主阵地作用发挥明显

2885名在读大学生中78.7%的大学生认为日常思想政治教育工作对自己道德水平的提升有帮助。77.7%的调研对象认为辅导员在其中起到了明显的作用。此外，78.7%的受访对象认为校园文化活动对自己的道德发展有明显作用。作为主渠道的补充，高校日常思想政治教育对大学生道德提升方面发挥了明显作用。

总体来看，大学生道德能力培育获得了教育者和受教育者良好的认识基础，在高校思想政治教育工作改革创新的背景下取得了培育的实践基础。

（二）大学生道德能力培育存在的问题

根据问卷调查数据的分析，采用访谈的方法，结合当下大学生道德培育已有研究，从培育对象和培育过程等方面梳理大学生道德能力培育存在的问题。

1. 培育内容与实际生活疏离

对2885名云南省高校大学生的实证研究显示，[①] 87.7%的大学生认为改进道德教育的首要建议是贴近实际生活。大学生们普遍认为道德教育与实际问题严重脱节。教育内容过于空泛，道德教育素材多以最高道德标准要求大学生，近乎"完美"的标准在大学生看来脱离实际，就算内容贴近社会实际但与大学生所面临的真实道德情境也有一定距离。例如：讲遵纪守法、诚实守信的时候多以社会腐败，高管落马等案例警示学生，但对学生身边发生的诸如"学生会官僚作风"等案例剖析不足。脱离现实情境的道德能力培育收效甚微。

2. 培育情境过于单调

偏重知识性传递的教育过程使得道德教育仍然以课堂、书本和教师为主，实践活动组织效能偏低，未能让大学生感到明显的收获。大部分同学谈起道德教育除了想起课堂外，很少再能找到引发共鸣的教育场景，诸如与学生生活息息相关的宿舍、食堂、图书馆等场所未能发挥道德教育应有之义，道德能力是在实践活动中得以提升的，缺少了活动的道德能力培育显然不具针对性。

3. 培育方法过于单一

灌输式教学方法是高校思政课程教学、日常思想政治教育都经常使用的方法，教师"单向"输出的过程中窄化了道德知识的作用，被动接受、机械记忆让道德思维停滞。灌输式作为一种教学方法能起到相应的作用，作为唯一的教学方法就会让道德能力培育的效果大打折扣。

---

① 随机抽取云南省9所高校2885名大学生，包括3所专科院校，5所本科院校，1所本科民办院校。

4. 培育组织链条断裂

高校道德教育的组织架构是道德能力培育赖以发展的根基，客观而言，高校呈现"德育首位与无位"的矛盾，[①] 具体表现在道德知识与解决社会实际问题脱节，智育与德育分离，课堂内与课堂外分离，校园内与校园外分离，线上与线下分离，高校教育与家庭教育分离等问题，大学生道德能力培育在时间上和空间上发生断裂，高校有效整合的机制构建还未成型，大学生在不同情境下获得的道德认识不一致，甚至相反，引起道德判断困惑，影响大学生道德能力的培育。

5. 培育对象容易高估自身道德水平

对自身道德水平的理性评价是大学生道德能力发展的重要目标。已有研究发现，"96.34%的大学生觉得自己的道德水平相当于或高于身边大学生的整体水平"。[②] 结合前文调查数据"仅有2%的大学生道德能力得分非常高"的结论可见，逻辑上部分大学生高估了自身的道德水平。在实际生活中，大学生可能通过责任推诿或歪曲不道德行为的后果来获得内心相对平衡的心理体验，减少内心的失调感。当行为的道德消极性显现时，大学生倾向归因于外在环境和条件；当行为的道德积极性显现时，大学生确倾向归因于自身道德水平。

6. 培育对象自我中心倾向比较明显

大学生在面对外界事物刺激时，会以自己的想法推测他人的想法，这种认知会促使他们过分强调自身存在。大学生在"为己"和"为他"两个方面存在明显矛盾，调查显示"在处理自己与他人关系时，23%的大学生赞成先己后人，54%的大学生赞成利己但不损人，有5%的大学生赞成只要利己不顾他人。"[③] 也就是说82%的大学生把"为己"放在优先位置。此外，"在一项对大学生婚前性行为观念调查显示，

[①] 付晓容：《高校德育的生态性危机及其超越》，《重庆大学学报》（社会科学版）2018年第3期。

[②] 段慧兰、陈利华：《大学生道德自我发展的问题及原因分析》，《湖南师范大学教育科学学报》2010年第6期。

[③] 喻永红：《当代大学生道德价值观的构建》，《黑龙江高教研究》2004年第5期。

42.28%的大学生表示可能会与对方发生婚前性行为,这其中仅有31.33%的大学生表示能对此行为负责,反映出大多数大学生缺乏对应的责任感"。①

7. 培育对象道德行为与道德规范有一定程度的疏离

在大学生活中,大学生们并没有始终如一自觉践行道德行为。据调查显示,"42.79%的大学生不认同高校现行的大学生行为管理规定,49.01%的大学生很少出于内心自愿接受学校规章制度的约束"。② 此外,一项关于大学生诚信的调查显示,"自称在大学生全部考试中'经常作弊'的人占到29.2%"。③ 据西南某省数据显示,国家助学贷款学生违约率达24%,其中,高校助学贷款当期本息未按时归还、违约率在40%以上的高校有24所。部分大学生为了满足自己的欲望,恶意拖欠学费、透支信用卡,买游戏装备和奢侈品,甚至不惜冒着牺牲自己前途的风险,充当"枪手"。上述情况反映出培育对象现状与培育目标存在一定差距。

这些现实表现反映出大学生道德能力培育存在的问题,需剖析其根源以找到探索培育路径的正确方向。

二 大学生道德能力培育困境的逻辑缘由

根据大学生道德能力培育目标和培育现状的比较,从三个维度剖析大学生道德能力培育困境的深层原因,分别从外在环境条件、教育实践以及个体自我培养方面加以分析。

(一) 外在环境冲击制约

随着我国经济体制深刻变革,思想观念深刻变化,所带来的道德领域一系列新问题不断凸显,这些变化都对大学生道德能力发展造成了一

---

① 段慧兰、陈利华:《大学生道德自我发展现状调查报告》,《当代教育论坛》2009年第11期。
② 段慧兰、陈利华:《大学生道德自我发展现状调查报告》,《当代教育论坛》2009年第11期。
③ 邹强:《大学生诚信教育现状分析与对策研究》,《黑龙江高教研究》2008年第2期。

定程度的影响。

1. 道德相对主义和大学生"去道德规范权威化"盛行

道德相对主义认为道德只是相对于特定的社会、民族或文化才是确定的和有效的,不存在普遍有效的和必不可少的道德价值。[1] 对大多数传统社会里秉持价值绝对主义的社会来说,人们道德价值日益多元。在这个意义上,作为现代社会的产物,道德相对主义具有一定的进步性。正如恩格斯所说:"一切已往的道德论归根到底都是当时的社会经济状况的产物。而社会直到现在是在阶级对立中运动的,所以道德始终是阶级的道德。"[2] 但是,各种与时空对应的特定的道德现象和道德规范又蕴含了道德一般的、绝对的一面,任何道德既有相对性也有绝对性,然而否定道德绝对性的道德相对主义以完全尊重人的个性的面貌出现在大学生面前,向往自由不想受约束的大学生往往受此影响陷入道德困惑。一份对全国 2018 级新生的访谈调查显示,大学生们因为缺乏对基本道德原则的认知难以展开道德判断。

道德相对主义普遍存在于我国大学生中。[3] 这种反对社会道德规范权威性的思潮会扰乱大学生的判断致使道德教育低效,"一种确定的道德观念也是任何严肃认真的道德的教育方法所必需的先决条件"。[4] 一方面,道德相对主义推倒了道德规范的权威,让大学生走向了道德判断无以为据的局面,道德推理无从下手;另一方面,道德相对主义动摇了大学生道德的信念,让大学生在"已知"和"未知"之间找不到连接点,混淆了道德认知和道德的行为的关系,陷入了"去道德规范权威化"的危机。"如果人们接受相对主义,那么,他们就缺乏接受基本道

---

[1] 聂文军:《西方伦理学专题研究》,湖南师范大学出版社 2007 年版,第 293 页。
[2] 《马克思恩格斯文集》第 9 卷,人民出版社 2009 年版,第 99 页。
[3] 洪明:《基于正义 建构共识——对大学生道德教育中道德相对主义的回应》,《高等教育研究》2019 年第 1 期。
[4] [英] 彼得斯:《道德发展与道德教育》,邬冬星译,浙江教育出版社 2000 年版,第 153 页。

德的原则的动力。"① 道德相对主义通过影响大学生道德认识,进而影响道德价值选择和道德判断,"道德判断会影响我们自己的行为,因为我们无法在最充分的意义上接受道德判断而又不与其保持一致"。② 这种负面影响引发外在道德行为的冲突或道德危机的出现,消解大学生道德能力发展。

2. 自媒体大众文化的负面影响与大学生价值观混乱

大众文化作为一种以大众传媒为载体,产生于城市工业社会、消费社会的文化形态,在促进社会现代化方面发挥了积极的作用,在实践功能上具有追求个性、凸显创意等作用。③ 作为商品经济的产物,大众文化追逐利润的本质包含了庸俗化、娱乐化和平庸化的一面,诱发大学生追逐低俗文化,挤压深刻、高雅文化的发展空间,滋生肤浅俗气的娱乐需要,有悖于个体道德的自觉提升,由于大众文化实践功能所具有的二重性,对大学生产生的负面影响也逐渐显现出来。随着技术的不断革新,大众传媒逐渐转向自媒体,移动的、互动式的、娱乐性的言论表达,借由虚拟社区吸引了大学生的眼光,自媒体开始承担了大众文化传播的媒介功效,使得大众文化借由自媒体的传播加速了负面效应的扩散。同时自媒体是开放、交互、动态变化的新型媒介言论场所。④ 融合了社会、媒介、政治、公众心理等多种场合,网民"关于现实社会以及社会中的各种印象、问题所表达的信念、态度、意见和情绪的总和"都在自媒体的舆论场中肆意传播。⑤ 自媒体舆论场在深受社会场、政治场、心理场等制约的同时,也对这些场域形成

---

① [英]史蒂文·卢克斯:《道德相对主义》,陈锐译,中国法制出版社2013年版,第19页。
② [英]理查德·麦尔文·黑尔:《道德语言》,万俊人译,商务印书馆2005年版,第136页。
③ 王彬:《大众文化对青少年一代的影响》,《青年研究》2001年第1期。
④ 王艳玲:《移动互联网时代自媒体舆论场的特点、效能与引导》,《天津师范大学学报》(社会科学版)2017年第3期。
⑤ 陈力丹:《舆论学——舆论导向研究》,中国广播电视出版社1999年版,第25—60页。

了一定的影响。例如，网民自身的"减压阀"、主流舆论的"冲击波"、社会问题的"显微镜"等形成的比喻，① 说明自媒体式大众文化对大学生价值观念形成强烈的冲击，导致大学生价值观失衡。首先，自媒体大众文化助长大学生物质欲望。大学生对主播们"投机取巧"式的"一夜成名"狂热追捧，对"少劳而获"甚至"不劳而获"的假象羡慕不已，越来越依赖于物质的满足以获得世俗的幸福，道德认识出现明显偏差。其次，造成大学生政治意识淡化，价值观日趋现实化。西方国家的价值观念和意识形态以此为载体侵染、解构大学生的价值观，威胁我们的主流意识形态和传统文化。一份对当代大学生政治意识的调查显示，大学生政治意识存在功利性、表面性、自主性和理智性的特征，大学生对待政治参与功利化，沦为寻求短期利益的工具。② "精致的利己主义者"标签也从另一个角度说明大学生道德责任感降低，道德情感弱化。作为文化核心的道德价值观，在自媒体时代的大众文化负面影响日益加深的背景下，道德能力能够帮助大学生在混乱的价值观中明晰正确的价值观。

3. 网络社会迅猛发展与大学生"网络道德失范行为"频发

我国正处于历史性变革和现代化发展交织在一起的新时代，社会转型充斥在每个场域，互联网时代开启了数字化生活模式，当代大学生已将自己的生活与网络融合到一起，网络开放性的特征使之成为多样信息交汇的平台，不同政治立场、道德观念、文化背景、不同年龄的人都可以在网络平台中自由交往。在虚拟环境下，网民具有隐蔽性和开放性等特点，既能无限度汲取信息，又能作为信息活动主体无节制地传播信息，身体不在场，行为又是匿名的，挑战了信息主体在网络虚拟社会中对主体道德认识和道德判断的能力。网络"无中心化"的特点削弱了管理的权威性，迎合了大学生自由凸显个性的需要，以互联网为载体的

---

① 王艳玲：《移动互联网时代自媒体舆论场的特点、效能与引导》，《天津师范大学学报》（社会科学版）2017年第3期。
② 姚念龙、王鸿英：《首都大学生政治意识实证分析》，《中国青年研究》2014年第1期。

意识形态交锋对大学生的道德观念和价值取向有着潜在的影响，网络行为的自律和自觉面临很大挑战。① "有一些道德领域，道德的外烁力量甚至已经衰微到人们几乎感受不到的程度。"② 两份关于大学生网络道德失范行为研究显示"32%的大学生不认为网上聊天时的撒谎是不道德的，37%的大学生认为'偶尔在网上说说粗话没什么大不了的'，38.8%的人表示'在网络交往中，遵守诚实守信的社会公德很难'。"③ 2019年调查显示大学生网络失范行为比较常见，其中网络责任侵权最为严重，例如"抄袭论文""网课替打卡"等。④ 作为网络信息主要使用者的大学生面对复杂的网络环境必然会产生道德判断和道德选择的困惑，道德能力发展无疑是其思维与行为的凭借。

每个时代都会有特殊的道德问题，上述负面影响冲击着大学生的道德认识，混淆了大学生对于正确道德观念的判断和选择，对大学生道德能力培育产生了外在环境方面的负向冲击，一定程度上制约着个体道德能力发展，对教育实践活动的有效性提出高要求。

（二）教育实践活动效能式微

道德能力培育是通过道德实践活动联系起来的"主观见之于客观"的物质活动，在教育实践活动中作为受教育者的大学生，主要与教育者、教育中介和教育组织结构互相作用，为了明晰大学生道德能力培育问题的内在根源，下面将结合实证结果逐一进行分析。

1. 教育者对道德能力培育意识淡薄

教育者是指道德教育的承担者、发动者和实施者。⑤ 教育者作为实践活动的发起者，对实践活动开展的众多要素需要全面掌握并且组织实施。

---

① 朱琳：《化解外烁困境：大学生网络行为的自觉内塑》，《安徽师范大学学报》（人文社会科学版）2020年第1期。
② 傅维利：《道德外烁的时代价值及教育策略》，《教育研究》2017年第8期。
③ 罗小锋：《警惕大学生网络失范行为》，《中国国情国力》2004年第11期。
④ 时昕、卢佩言、李如齐：《大学生网络道德失范行为现状分析》，《学校党建与思想教育》2019年第16期。
⑤ 仓道来：《思想政治教育学》，北京大学出版社2004年版，第165页。

（1）教育者对道德能力认识不足。通过实证研究可见，教育者认同道德教育应该包含"知、情、意、行"四个方面，认可道德是关涉大学生心理、认知和行为的整体性培育，但问及如何教授时，教育者大多采用分别提升的策略或者认为这个问题很复杂没有考虑过。一方面，教育者对研究道德教育教育的内生动力不足，对道德能力的内涵比较模糊，缺乏对道德能力的科学认识和其重要性的把握。另一方面，教育者在实践活动中既是组织者，也是具有能动性的道德能力主体。因此，教育者的道德能力关系到实践活动的质量和组织效果，也在一定程度上影响了大学生的道德能力水平。

（2）教育者缺少可实际应用的道德能力培育模式。教育者作为实践活动的发起者，需要在时间上和空间上占据"主动"。"时间"上是指对教育者道德能力水平、受教育者道德能力水平以及实践内容、方法、形式等重要因素的把握需要在时间上"先在"，因为只有"先在"，教育者才能率先做好准备工作，确定开展实践活动的最佳时机。教育者还需要在"空间"上主动，在确定了双方道德能力水平之后，要明确受教育者的规模等、准备何种教育方式、选择怎样的情境场域等，都是教育者在空间上的预备。因此，教育者需要具备研判自身与受教育者道德能力水平的方法，掌握提升道德能力的有效模式。通过问卷调查可见，教育者希望掌握多种道德教育模式，但在实际教学中，由于学科专业等原因，解决实际问题的通用式教学模式比较少见。

（3）教育者缺乏道德整体意识，倾向外在行为的规训。大学生优秀道德品质的养成是一个漫长且隐蔽的过程，由于教育效果很难量化，又因为影响大学生道德发展的因素很多，包括家庭环境、社会环境、学校环境等，对大学生"知、情、意、行"的整体衡量很容易窄化为外在行为的"一维"考察。一些教师没有为道德教育做好充分的准备或者做了错误的准备，一部分教师对学生做出错误描述的原因是他们低估了学生在多大程度上需要良好的道德教育。部分教育者采用纪律规范对大学生实施训练，以使他们在行为上符合道德要求，把规训当成"工具"从而更好地制造整齐划一的外在"秩序",最终顺利完成教学、教育的任务。这些"矮化"道德教育目标的做法,未能从道德发展本质上提升大学生道德能力水平。

2. 道德能力培育中介效能偏低

道德能力培育是具体的教育实践活动,其活动过程表现为教育者和受教育者之间的相互作用、相互转化而达到统一,然而"仅仅'相互作用＝空洞无物',需要有中介"。① 教育中介是从内容、载体、环境、方法等方面实现衔接教育者和受教育者的实体纽带。

(1) 缺乏针对道德能力培育的教学模式。近年来,对思政课教学方法的研究较多,从教学形式来看,包括学生主导—教师辅助型教学模式,例如"翻转课堂"等;教师主导—学生参与型教学模式,例如:"参与式教学""体验式教学""案例式教学"等;师生互动—合作型教学模式,例如"混合式教学""多元融合式教学等"。② 从教学载体来看,包括线上教学,例如"慕课"等,以及线上线下联合教学。从教学方法来看,实践模块融入思政课教学已成常态,提倡专题式、探究式以及情景剧教学、叙事教学等。③ 这些研究很好地丰富了思政课的教育教学实践,但从大学生的实际需求来看,集中于教育中介形式上的理论研究未能把形式与内容连贯起来,以至于大学生们提出"线上与线下、教学模块与实践模块,换个地方重复一遍,一个学期忙忙碌碌,但好像收获不大"的质疑,相比以往"单向灌输式"的单一教学方法,形式多样在改善大学生学习状态上确有一定作用,但与受教育者的实际需求和道德教育本质规律还是有一定差距,亟待形成以道德能力培育为目标、涵盖贴近实际生活、满足情感流动、解决实际问题、引发个人思考的教学模式,透过教学模式载体

---

① 《列宁全集》第 55 卷,人民出版社 1990 年版,第 137 页。
② 冯刚、高静毅:《思想政治理论课教学研究 2018 年度聚焦与展望》,《思想理论教育导刊》2019 年第 5 期。
③ 董梅昊、余双好:《新中国 70 年来思想政治理论课教学研究回顾与展望》,《思想理论教育导刊》2019 年第 10 期。

帮助大学生们学会如何运用已有的道德知识，理解道德规范。在面对网络、职业、公共、家庭等领域的实际道德问题时，能够处理道德关系，呈现道德规范对自己行为的约束和引导，反映自身道德的实践精神特征。

（2）缺乏推动大学生道德主体性发展的有效形式。在道德生活领域，"道德既是它自身的主体的创造物，又是确定它的主体的身份的客体，因而道德主体是与道德发生关系的有意识、有活动、有目的的人。但是，这样的人仅仅是可能的道德的主体，而不一定是现实的道德主体，一个人要确立道德主体地位，必须在道德的客体面前具有主体性，道德能力即为道德主体性的具体内容"。[①] 也就是说大学生道德能力发展是其道德主体性发展的具体内容，是在道德实践活动中，面对道德情境大学生作为道德主体对道德客体表现出的自律性、自主性、自觉性和创造性。因此直接的道德灌输未必有显著的效果，道德能力培育需要通过更多间接的方式去实现。如何通过更多的间接方式去展开实践活动，从目前来看，"灌输式"的教学方法、课堂为主体的教学场景和"单向输出式"的教师主导方式都亟待解决，整合教育者与受教育者，还包括情境、场域、形式等因素的"交相互动"式教学形式很有必要。

3. 道德能力培育的组织体系不明

道德能力培育是在提升个体道德能力的基础上达到提升群体道德能力的目的，"个人是一种合群的动物，而且是只有在社会中才能独立的动物"，大学生道德能力的培育需要在实践过程中实现"群"状态，还需要多部门、多场域、多学科合作实现个体道德能力整体发展的"类"本质。

（1）道德能力培育的整体架构不明。道德能力培育是对大学生心理发展、道德认知和道德行为的整体式发展，内容关涉网络道德能力、家庭道德能力、职业道德能力以及公共道德能力等。从教育者来看，不

[①] 蔡志良、蔡应妹：《道德能力论》，中国社会科学出版社2008年版，第16页。

是只有思政课教师和辅导员才具有培育道德能力的责任和义务，凡是能够在道德教育实践活动中对大学生产生正向影响的参与者都能成为道德能力实践活动的教育者，教师、行政人员、后勤人员等高校建设参与者更加肩负有培养大学生道德能力的职责。从空间来看，不是仅有教室适合培育大学生道德能力，互联网、宿舍、图书馆、食堂和校外实践等场所都应该参与大学生道德能力培育。从组织体系来看，大学生道德能力的培育不仅关系到学生处、团委等职能部门，高校所有部门都应该围绕大学生的发展做好引导和服务工作。道德能力培育在人员、空间、时间和场域上不应该出现间断。因此，道德能力培育需要从宏观角度制定出科学的组织架构，以推动大学生道德能力培育在宏观层面的实践。

（2）联结道德能力培育和高校思想政治教育整体架构的中介不明。高校思想政治教育体系发展获得了从顶层设计、地位确立、人才培养、科学指导等方面的支持，特别是高校思想政治教育的整体架构从国家层面给予了明确定位。前文已述大学生道德能力培育需要依靠高校道德教育才能实现，那么找到道德能力培育和高校思想政治教育整体架构的中介，也就实现了道德能力培育宏观实践的可能性。

（三）大学生自我培养动力不足

道德能力提升是从大学生身心发展需求出发，通过大学生自身的实践和体验，把客观道德要求转化为自身主观发展的意愿和行为，自我培养是实现道德能力向着内化阶段的最高目标发展的重要环节。[①] 当前，大学生自我培养动力不足是导致大学生道德能力培育出现问题的原因之一。

1. 道德自我培养意识不够

道德自我培养是道德能力培育与个体道德修身的结合点，道德自我是自我意识中的道德方面，建立在个体正确认识、评价自己的道德状态

---

① 苏海舟：《试论引导大学生自我教育的意义及途径》，《思想理论教育导刊》2010年第10期。

基础上，道德自我使人成为道德行为的真正主体。① 当代大学生个体意识强烈，具有较强的独立性和自主性，"自我"思想浓厚，需求呈现碎片化和易变的特点。在"小我"与"大我"的选择中偏向以"小我"为取向，特别是对自身道德境界向上向善发展的欲望不强烈。正如冯友兰先生所言"在此种境界的人，其行为虽有所不同，但其最后的目的，总是为他自己的利。"② 从表现形式来看，一种是极端功利，积极追求自我权益淡化个人责任；一种是虚无主义，表现为个体的"无所谓、无意义、无追求"的"精神疲软"；还有一种是等待从众，既不刻意追求自我权益，也不主动承担自我责任。③ 道德自我的提高不只是提升大学生的道德能力，而且对人的社会活动和精神生活都会产生深刻的影响。对于当代大学生来说，尽管他们自我观念发展迅速，主体意识不断增强，但就道德自我教育意识来说尚存在矛盾性等错综复杂的状况，如果大学生不注重对道德自我的培养，就不能自觉地把外在的道德规范内化为自身认同的内心律令并通过外在行为表现出来，对道德的感受，道德的信念以及人生的意义究竟是什么的追问就会陷入困境。

2. 自我培养效果不佳

（1）道德认知存在偏差。作为诱发道德行动的动机，大学生在道德认知上应该具有道德需要并渴望体验道德生活。面对各种社会思潮以及国际形势变化，新旧观念碰撞，如何正确处理社会转型和道德观之基本问题的价值优先性，是立于当代大学生道德生活中的一个躲不过去的选择。对于思想活跃、可塑性很强但又涉世未深的大学生来说，也是对个体道德认知能力的现实考验。如果大学生道德认知出现偏差，道德体验出现矛盾，就会导致大学生道德能力培育功能异化，使大学生的道德

---

① 魏雷东：《论社会转型期大学生道德自我教育》，《河南师范大学学报》（哲学社会科学版）2009年第2期。
② 冯友兰：《三松堂全集第四卷》，河南人民出版社1986年版，第44页。
③ 马娟：《价值澄清视角下的当代青年大学生自我责任意识培养》，《青年探索》2015年第2期。

发展进入误区。

（2）道德情感有很大发展空间。据调查显示，大学生道德情感整体水平处于正向状态，但还有很大发展空间。道德情感平均分尚未达到"基本符合"程度，甚至略低于青少年道德情感的总平均分，特别是正直感、责任感、奉献感和公益感得分较低。[1] 大学生的正直感在大规模测试中，属于道德情感中得分最低一项，当外界环境需要大学生抉择个人利益，坚持正义时，大学生缺乏坚持原则，做出是非判断的勇气。这些道德情感存在的低水平表现也是造成大学生道德能力发展处于较低阶段的原因。大学生以内心的情感支配道德信念，进而产生道德动机，道德情感的养成与自我教育的关系尤为密切。

（3）道德行为同一性危机趋重。根据道德能力培育目标序列的递进关系，大学生在不断变化的道德情境中，应该逐渐向着道德行为同一性的方向发展。现实情况是大学生并不能始终保持道德行动的内在一致性，它体现的是现实自我与理想自我，真实自我与想象自我有一定差距。特别是受个人道德能力发展水平所限，导致自我评价出现偏差，使得理想自我难以实现而出现矛盾、迷茫和焦虑的情绪。尤其是在网络环境和公德领域，"道德的外烁力量甚至已经衰微到人们几乎感受不到的程度"。[2]

3. 自我培养方法匮乏

（1）自我管理程度不够。自我管理是个体主动对自身状况、学习行为和环境的调节以实现目标的过程。大学生做到自我约束与自我管理，才能建立起对他人、对家庭、对社会负责的意识，进而付诸实践。当前大学生在独立面对各类道德情境时，特别是道德冲突时，缺乏有效控制不当冲动、克服不利情境的良好心理品质，缺乏自我约束与自我激励管理，显现出纪律性减退等现象，容易走向"自我"迷茫的不存在感和价值缺失感。

---

[1] 卢家楣等：《我国当代青少年情感素质现状调查》，《心理学报》2009年第12期。
[2] 傅维利：《道德外烁的时代价值及教育策略》，《教育研究》2017年第8期。

(2) 缺乏自省意识。据调查显示，有 33.52% 的大学生不习惯进行道德自我反省，[①] 自我调控能力差。[②] 缺乏自我反省会使大学生个体无法正确评价自身的道德状况，难以形成有效的自我监督，道德主体的行为容易受到外界环境的制约或功利目的的驱动，行违背道德之举。同时，大学生认为最能反映一个人素质高低的行为，即是最容易触碰他们心灵、激发他们道德自省的行为。[③] 一方面，大学生认同自省在道德实践中的重要作用；另一方面，部分同学又不进行道德自省，类似的矛盾冲突需要恰当的自我培养方法疏解缓冲。

三 摆脱培育困境的选择

在沿着研究确立的基本历程对道德能力培育起源、内涵、目标、功能、现状、原因进行研究，并分别从静态与动态的视角进行了整体性的阐释之后，我们发现大学生道德能力水平与预期目标存在一定差距，呈现大学生道德能力水平总体偏低这一结果。特别在面对外部环境复杂多变，多元价值观冲击挑战着思想政治教育有效性的背景下，现有的培育实践活动及大学生自我培养动力等方面都显现出明显的不足。如何摆脱培育困境，使大学生道德能力培育目标得以实现？前文对于大学生道德能力培育的理论与实证研究，其目的正在于掌握实现培育目标的客观规律，用以指导道德能力培育实践。在此基础上，把目光聚焦培育的实际运行对于道德能力培育应具功能的实现，也就是聚焦在培育过程或手段的意义上，把培育路径作为价值客体探索其对应有结果的实现所具有的实际效果。

培育路径是道德能力培育过程对于培育目标的实现所具有的一种积

---

① 段慧兰、陈利华：《大学生道德自我发展的问题及原因分析》，《湖南师范大学教育科学学报》2010 年第 6 期。
② 孙宏斌、陈晓斌：《当代大学生道德行为的现实分析》，《思想理论教育》2004 年第 11 期。
③ 陈勃、何丽青：《激发大学生道德自省的日常行为研究》，《黑龙江高教研究》2008 年第 10 期。

极的价值属性,其与培育者、培育对象等要素共同构成了道德能力实践活动这个整体。培育实践活动非常复杂,不同要素之间构成多对关系,这些关系又不是都处于同一层次。我们虽然可以一一列出能够实现培育目标的途径和效用,但却无法透过这些琐碎的线索系统描述培育过程的全貌,无法洞察这些途径之间的关系和运动过程,也无法真正探明促进这些途径朝着有利于培育目标实现的原理,最终往往成为纯形式的描述或者在原有培育困境中找不到出口。因此,对道德能力培育路径的探讨需要打破单向度的思维套路,深入培育过程的培育者、培育对象的不同层面,匹配选择相应的培育方法,破除当前困境,实现大学生道德能力培育目标。

第一,需要考虑主体性问题,"人的活动的有效性的源泉就在人的活动本身,在于这种活动的投入过程中主体作用的有效性"。[1] 道德能力培育是以大学生在实践活动中其主体身份的确立从而实现培育功能,培育路径应该首要考虑在实践活动中,大学生主体性、主体作用的发挥,缺乏主体性的培育活动不可能饱含鲜明的主体意识,缺乏主体性的培育对象也不可能在活动中领会道德能力培育内容。

第二,需要考虑主导性问题,道德能力培育是根据社会要求对大学生施加有目的、有计划、有组织的影响,具有鲜明的社会目的性,实践活动是以促进人的全面发展进行的价值塑造活动。因此,培育路径离不开培育者主导作用的设定,对培育内容、形式、策略,按照适合于大学生道德能力发展的特点与接受规律的特征进行编制,对大学生在实践活动中所传递的反馈信息进行分析并由此调整实施方案,保证培育活动沿着提升道德能力发展的方向运行。

第三,需要考虑匹配度问题,大学生呈现一定的思想状态、接受特点,只有设计与大学生相匹配的培育方法,才能推动个体道德能力发展的实现。同时,每位同学道德能力所处阶段不一定相同,为了达到同样的培育目标,对不同的对象也需要采用不同的培育内容,也就是说培育

---

[1] 郭湛:《人活动的效率》,人民出版社1990年版,第43页。

路径既要符合大学生现有的发展状况的实际需求,也要指向促成道德能力提升的未来方向。对以上三个问题的讨论是在实证研究的基础上,为培育路径的确立及深入探讨提供原则性指向。

摆脱培育困境的选择是围绕培育者和培育对象这一对道德能力培育核心关系展开的,即培育路径包括培育者的活动方法和培育对象的活动方法以及两者双方面的活动方法。为了实现道德能力培育目标,结合实证研究所呈现的客观事实,抓住培育者与培育对象这一实践活动中最核心的一对关系,其路径选择主要指向三个方面。一是以突出大学生主体性的内在养成策略,并作为自我教育构成部分的道德能力培养,即主体以自我目的施加道德影响的活动,其目的在于内化那些外在于自己的道德价值观念,使其成为自己品性、人格的基本要素。[1] 自我教育是促进大学生在主体意识上理性自觉的实践活动,大学生一旦确立了主体意识,就会根据自己的内心信念、价值取向,自觉地砥砺品性、加强修养,促使现实自我向理想自我转化。[2] 从这一意义上来说,自我教育实际上是道德能力内在养成的主要路径,其以自我为目的施加道德影响活动,内化那些外在于自己的道德价值观念,使其成为自己品性、人格的基本要素。[3] 二是以突出高校主导性的学校培育路径,大学生在教师有意识、有计划、有方法、有载体的课程教学双向互动中,个体道德能力得以发展,借由"思政课程"和"课程思政"的教学实施提升大学生的道德品质,课程教学实际上是大学生道德能力学校培育的主要路径。正是课程教学道德价值意蕴的存在及其实现,才使得立德树人教育根本任务的实现有依托,能够实践。三是以匹配大学生特点,符合高校立德树人根本任务为主的实践载体探究,实践是认识的基础,依据高校育人

---

[1] 龚天平、李茜:《论道德自信及其自我培育》,《湖南师范大学教育科学学报》2017年第5期。
[2] 魏雷东:《论社会转型期大学生道德自我教育》,《河南师范大学学报》(哲学社会科学版)2009年第2期。
[3] 龚天平、李茜:《论道德自信及其自我培育》,《湖南师范大学教育科学学报》2017年第5期。

逻辑进路，分别从组织载体、文化载体和活动载体三个方面探讨大学生道德能力培育的实践形式。在实践中实现了大学生道德能力课程教学与内在养成的结合，促成大学生道德能力的提升，主要探究高校有计划、有组织实施的各种外部活动，如社会实践、志愿者服务、合作劳动、校园文化活动、社团建设等。在教育者的引导下激发大学生主动、自觉参与培育活动从而提升大学生的道德践履能力，进而提升道德能力。

三条路径相互影响，互为补充，对提升大学生道德能力形成合力，从而实现道德能力培育的应有功能。

第 三 章
道德能力培育的思想资源

　　道德能力培育作为一种客观的教育实践活动是伴随着人类阶级社会的产生、发展而来的。恩格斯指出："马克思研究任何事物时都考查它的历史起源和它的前提，因此，在他那里，每一单个问题都自然要产生一系列的新问题。"① 道德能力培育同任何社会实践活动一样，有其发生发展的客观历程，只有弄清楚道德能力培育从哪里来，才能科学地说清楚道德能力培育的本质和规律。因此，考察道德能力培育的发生根源是认知大学生道德能力培育不可或缺的前提性任务。亚里士多德认为："如果有人从事物的根源来考察，对于这些事物就像对其他事物一样，我们将获得最清晰的认识。"② 由于文化传统和社会发展背景的不同，中西方形成了不同的道德教育思路，道德能力培育虽然没有成为一个显性的概念被中国思想家重点研究，但中外思想史中都有关于道德发展、道德知行问题的重要讨论。沿着历史的线索，追溯中西方思想史中关于道德能力的理论成果，从道德能力培育最广义的理解开始深入研究。

第一节　中国古代思想史中的道德能力培育

　　我国古代思想家一贯重视道德教育和个人道德修养的问题，强调

---

① 《马克思恩格斯全集》第29卷，人民出版社2020年版，第424页。
② ［古希腊］亚里士多德：《政治学》，颜一、秦典华译，中国人民大学出版社2003年版，第2页。

知行关系即认识和实践关系，在论证道德之知的重要性的同时，强调了道德理性能力、道德情感能力和道德行为能力在道德发展中的重要地位。

一 先秦时期思想史中的道德能力培育

中国古代道德教育是以儒家教义为准则，作为儒学创始人的孔子在中国思想史上具有重要的学术地位。孔子对于人的道德教育目标在于引导人们走上德治的轨道，主张"道之以德，齐之以礼"的教化，讲究的是求仁的路径和如何达到"仁"的功夫，强调了后天的立志好学。在个人修身中，孔子重视"学"与"思"的关系，提倡学思并重，他指出："君子学以致其道"，[①] 明确"学"是君子立身之道。他还说"好仁不好学，其蔽也愚；好知不好学，其蔽也荡；好信不好学，其蔽也贼；好直不好学，其蔽也绞；好勇不好学，其蔽也乱；好刚不好学，其蔽也狂。"[②] 可见，任何美德仅仅喜好是不够的，重要的是能够全面的认识、理解并把握其中的精神实质，论述了道德之知的重要性。同时，孔子也强调"思"的重要性，"学而不思则罔，思而不学则殆"。阐明了"学"与"思"的关系。孔子强调言行一致，主张按照道德行为准则付诸实践。他说："始吾于人也，听其言而信其行；今吾于人也，听其言而观其行。"[③] 还说："父在观其志，父殁观其行，三年无改于父之道，可谓孝矣。"[④] 对于道德知识的学习以及道德行为的践履都是关涉个体道德能力养成的问题，慎言慎行，学思并举才能使个人道德践履能力获得增长。此外，孔子非常注重"因材施教"，以"循循善诱"之法对教育者施以德育，他的学生颜渊曾说："夫子循循然善诱人，博我以文，约我以礼，欲罢不能"。[⑤] 这些道德教育方法体现了教

[①] 《论语·子张第十九》，张燕婴译注，中华书局2006年版，第293页。
[②] 《论语·阳货第十七》，张燕婴译注，中华书局2006年版，第267页。
[③] 《论语·公冶长第五》，张燕婴译注，中华书局2006年版，第57页。
[④] 《论语·学而第一》，张燕婴译注，中华书局2006年版，第7页。
[⑤] 《论语·子罕第九》，张燕婴译注，中华书局2006年版，第122页。

育者与受教育者之间思想平等交流的重要性，蕴含了道德能力培育的方法。

在中国思想史上，孟子是第一位提出"性善论"的思想家，孟子论述性之所以善，是因为性有"四端"，即"恻隐之心""羞恶之心""辞让之心""是非之心"，这是孟子对"仁、义、礼、智"四德的阐述。孟子说："人皆有之，非由外铄我也，我固有之也。"[①] 这"四端"是人性本有，无须外求的，也就是"所不学而能者，其良能也；所不虑而知者，其良知也"[②]。不学、不虑，天生就带有的良能、良知。既然人性本善，还需要后天的道德教育吗？在孟子看来，为人不善是因为没有体察自己的本性，是由于舍弃了"善"的本性；假若善性丢失，人就会不善，这时便要反省自己，以求恢复本性，后世称为"复性"。现存很多研究都倾向于认为"四端"是人能向善发展的能力或潜质，潜质一词便能更好说明"四端"是一种"隐性属性"，而它的发展在于人在后天的学习、实践中是否能够发扬、保持四端，"凡有四端于我者，知皆扩而充之矣"[③]。此外，孟子注重道德精神的培育，提倡"大丈夫"式的人格独立精神，提倡"养浩然之气"为特征的充满正义的精神，建立了从"性善论"为中心引申出来的道德教育体系，孟子强调了道德主体后天的道德学习和实践对先天德性的扩充，主张"反省内求"的道德修养方法论，即"一方面通过反思去领悟某种道德；另一方面以领悟到的道理为指导，到自身寻找善良美德本性中发扬光大"[④]。反思的过程包括理性思维发展对道德判断和选择道德的指导，这个过程实现了道德思维能力的增长，即个体道德能力的发展。

荀子对人性的看法与孟子截然相反，他明确认为人性本恶。"是人之所生而有也，是无待而然者也，是禹桀之所同也。君子小人一也。好

---

① （清）焦循：《孟子正义》卷二十二《告子章句上》，中华书局2015年版，第813页。
② （清）焦循：《孟子正义》卷二十六《尽心章句上》，中华书局2015年版，第965页。
③ （清）焦循：《孟子正义》卷七《公孙丑章句下》，中华书局2015年版，第255页。
④ 黄钊：《中国古代德育思想史论》（上），中国社会科学出版社2011年版，第84页。

荣恶辱，好利恶害，是君子小人之所同也。"① 不管君子、小人、善人、恶人，甚至贤圣如尧舜，暴虐如桀纣，皆是相同。所以荀子说："人之生也固小人"，② 就是"性恶"。至于仁义，则是"成乎修为"由后天所学、所行、所为而获得的。荀子将其称作"伪"，但并非现代意义上的"伪装"。荀子虽然主张"性恶"，但并不否定"性"，一方面在于"性"乃"生之所以然者"，③ 性是天生自然而来的，但人的后天选择、思考、学习、行事，却完全取决于人自己，这就是后天的"伪"。"伪"可从以下观点中看出。"性也者，吾所不能为也，然而可化也。积也者，非吾所有也，然而可为也。"④ "性之好恶、喜怒、哀乐谓之情。情然而心为之择谓之虑。心虑而能为之动谓之伪，虑积焉、能习焉而后成谓之伪。正利而为谓之事，正义而为谓之行。"⑤ "伪"中所包含的"能虑""能积""能习"正是荀子思想中强调的后天教育的重要性，后天的学习、思考、选择、行事是圣人和君子的最大区别，强调了后天教育对道德选择和道德行为的影响即道德能力的增进。此外，荀子在认识论方面有独特的创造，他开创性地探讨了感性认识和理性认识的关系，提出了"心有徵知"的命题，指的是"心官"对感性认识具有推理、升华的能力，由于这种能力的存在，感性认识才能上升到理性认识，荀子还认为没有"天官簿其类"的感性认识，则理性认识也无法得到。他强调"道虽迩，不行不至；事虽小，不为不成。"⑥ 也就是说联系感性与理性并重视践行的基本原则。荀子认为"环境"对人的品格的形成有潜移默化的塑造作用，应该重视道德建设与道德教育。强调环境的影响，而道德能力对道德情感、道德认知和道德行为的调控即为

---

① （清）王先谦：《荀子集解》卷二《荣辱篇第四》，中华书局2013年版，第71页。
② （清）王先谦：《荀子集解》卷二《荣辱篇第四》，中华书局2013年版，第75页。
③ （清）王先谦：《荀子集解》卷十六《正名篇第二十二》，中华书局2013年版，第487页。
④ （清）王先谦：《荀子集解》卷四《儒效篇第八》，中华书局2013年版，第170页。
⑤ （清）王先谦：《荀子集解》卷十六《正名篇第二十二》，中华书局2013年版，第487—488页。
⑥ 安小兰译：《荀子·修身第二》，中华书局2007年版，第28页。

个体"性恶"向善转变的过程。

值得一提的是，战国后期百家学术走向合流，《吕氏春秋》作为杂家成果在道德教育方面集墨家、法家、道家等多种思想于一体，体现了各学派的融合，有建设性地提出了关于道德评价的八观六验说。"凡论人，通则观其所礼，贵则观其所进，富则观其所养，听则观其所行，止则观其所好，习则观其所言，穷则观其所受，贱则观其所不为；喜之以验其守，乐之以验其僻，怒之以验其节，惧之以验其特，哀之以验其人，苦之以验其志。八观六验，此贤主之所以论人也。"① 也就是说评价人的修养要在具体的情境下如实观察，运用外部环境变化考察其内在道德品性。这种与情境结合的道德教育评估方法强调了人在面临不同的道德情境时，其内在道德认知和外在道德行为的关系，体现了道德能力培育的思想。

二 秦汉隋唐时期思想史中的道德能力培育

秦汉至隋唐时期是我国封建社会初建并获得发展的重要时期，此间，科学技术得以进步，政治经济体制以及生产力也获得了空前的发展，受此影响，道德教育思想与先秦时期相比有继承也有创新之处。

儒学演进到汉代已同先秦儒家不同，从先秦到两汉，儒学发展经历了从肯定到否定再到否定的过程，直到董仲舒提出"罢黜百家，独尊儒术"的主张被汉武帝采纳后，儒学又重新得以发展。董仲舒深入探讨了人性的问题，其思想主要体现在《春秋繁露》一书中，他将"天人感应"学说和"人性"结合起来。董仲舒将天与人作比，"性"是与天息息相关的。既然天有阴阳两端，人性则定有善恶两端，但并不等于董仲舒赞成"性善"。"民之号，取之瞑也，使性而已善，则何故以瞑为号？"② 董仲舒从"名号"的角度考察字义，民之所以叫民，是因为

---

① 黄钊：《中国古代德育思想史论》（上），中国社会科学出版社2011年版，第308页。
② （汉）董仲舒撰，苏兴义证：《春秋繁露义证》卷第十《深察名号第三十五》，中华书局2015年版，第289页。

取"瞑"的意思，也就是"蒙昧"的未开化状态，如果说性已为善，这就与"瞑"所表达的意义相矛盾。因此，人性最初是天授予的最自然最原始的状态，但包含了善端和恶端。但是民不觉，就好像蒙昧状态，只有"质"，而不能成为真正的善。那么，怎样才能达到"善"呢？董仲舒回答："今万民之性，有其质而未能觉，譬如瞑者待觉，教之然后善。当其未觉，可谓有善质，而未可谓善，性而名之未觉，天所为也；效天所为，为之起号，故谓之民。"① 他强调了教化的作用，明确了在人的道德发展过程中教育的作用，教育帮助人掌握道德知识、参与道德实践提升道德能力。在突出对万民施以"王道教化"的同时，还提出"教化堤防"。一方面，其思想的政治依归现象体现了道德教育与思想教育、政治教育相联系的内在特点；另一方面，他提出的道德教育理念值得思考，董仲舒重视"明于天性"的道德教育启示法，指的是："明于天性，知自贵于物。知自贵于物，然后为仁义；知仁义，然后重礼节；重礼节，然后乐循理；乐循理，然后谓之君子。"② 也就是说要成为君子，必须认识做人的价值，做人的意义，道德发展是要增强道德主体性，道德教育在于启发人提高自我修身的意识和自觉性。道德能力是道德主体性的具体表现，道德能力提升的过程即为道德主体性发展的过程。

继董仲舒之后，生活在社会矛盾极其尖锐的西汉王朝衰微之时的刘向，在道德教育方面也提出了独到见解。刘向对于性情问题极为重视，通过王允《论衡》的记载可以看出，王允指出"刘子政曰：'性生而然者也，在于身而不发；情接于物而然者也。出形于外，形外则谓之阳；不发者则谓之阴'。"在刘向看来，人之"性"，是"生而然之"的，即与生俱来的，它存在于人之身，却"不发"于外；而"情"是"接于物而然者"的东西，即与外界接触后而产生的，情与性具有一致

---

① （汉）董仲舒撰，苏兴义证：《春秋繁露义证》卷第十《深察名号第三十五》，中华书局 2015 年版，第 290 页。

② （汉）班固：《汉书》卷五十六《董仲舒传》，中华书局 1975 年版，第 2516 页。

性。① 对性情的看法刘向在《说苑》中亦有流露，他指出："民之性，皆不胜其欲，去其实而归之华。"② 就是说"性"不能胜"欲"，人们德性属性不是由"性"决定的，而是由"欲"决定的，那么如何控制"欲"呢？他又指出"德者，性之端也"有了教育，才有"性"的发端，也就是说"性"虽不胜"欲"，但"道"可"制欲"，深刻地指出了道德教育的必要性。

刘向认为修德要"立本"，他借孔子之语曰："行身有六本，本立焉，然后为君子。立体有义矣，而孝为本；外丧有礼矣，而哀为本；战阵有队矣，而勇为本；治政有理矣，而能为本；居国有礼矣，而嗣为本；生财有时矣，而力为本。置本不固，无务丰末。"③ "六本"指的是六种道德规范，强调了道德规范在特定条件下的功能和作用。那么道德教育对于"立本"有什么作用呢？刘向认为："反本修迩，君子之道也。天之所生，地之所养，莫贵乎任。人之道，莫大乎父子之亲，君臣之义。"④ 也就是说"立本"的实现需要复返其本，以贴近人的方式去做，以抓住人的"本"去修身才能取得实效。道德教育不能脱离教育对象，需要以人的本质发展为依据，按照人的发展规律来制定教育方法才会获得效果，这与道德能力培育遵循人的内在心理发生发展的原理是一致的。此外，刘向认为重视实践是道德教育的重要方法，他提出"求实践行法"，指的是将道德认知付诸行为的实践法，注重"求实"，注重"实践"体现了道德之行的重要性，这些思想对道德教育理论与实践的结合产生了积极影响，契合包含理论与实践维度的道德能力的内容。

韩愈是真正继承董仲舒"三品"学说并发展的人，董仲舒把人性

---

① 黄钊：《中国古代德育思想史论》（上），中国社会科学出版社2011年版，第419页。
② （汉）刘向撰，向宗鲁校正：《说苑校正·卷二十·反质篇》，中华书局1987年版，第512页。
③ （汉）刘向撰，向宗鲁校正：《说苑校正·卷三·建本篇》，中华书局1987年版，第57页。
④ （汉）刘向撰，向宗鲁校正：《说苑校正·卷三·建本篇》，中华书局1987年版，第58页。

区分为三种层次,所谓"圣人之性""中民之性"和"斗筲之性"。①"圣人之性"是"过善"之性,境界高远。"斗筲之性",是无"善质"的,生来便"恶",只能通过刑罚来处置管理。而"中民之性",也就是普罗大众的"万民之性",是"有善质而未能善",可通过教化成善。韩愈把人性分为"三品",他认为"性之品有上、中、下三:上焉者,善焉而已矣;中焉者,可导而上下也;下焉者,恶焉而已矣。"那么,为什么人性会出现三品呢?韩愈指出:"其所以为性者五:曰仁、曰礼、曰信、曰义、曰智","上焉者之于五也,主于一而行于四;中焉者之于五也,一不少有焉,则少反焉,其于四也混;下焉者之于五也,反于一而悖于四。"② 也就是说人性的善恶是与所得五常之性之差距相联系的,这在我国人性论史上有独到之处。此外,韩愈进一步提出"情三品","性也者,与生俱生也;情也者,接于物而生也。"③ 人本性无异,由于接受不同的事物、人事、环境刺激而产生不同的"情",所谓"接于物而生",情有喜、怒、哀、乐、爱、恶、欲七种。性是情的基础,在性三品的基础上,情也有三品,"上之性就学而愈明,下之性畏威而寡罪,是故上者可教而下者可制也"。④ 也就是说,不同品的人,可以通过教化和制度法令来改变。在韩愈看来,无论是教化也好、制度法令也好,其思想自然承袭了孔、孟、荀、董的诸多元素。韩愈极力重视师道传承,他指出:"师者,所以传道、授业、解惑也"。明确了"师"的职能为三个方面:"传道"指明了天、地、人运行的法则;"授业"是指事业,人们的劳动、谋生的技能;"解惑"是指师者的重大职责。韩愈关于教师职责的内容已为后世所熟悉,需要强调的是韩愈

---

① (清)苏舆撰,钟哲点校:《春秋繁露义证》卷第十《实性第三十六》,中华书局2015年版,第303页。

② (清)苏舆撰,钟哲点校:《春秋繁露义证》卷第十《实性第三十六》,中华书局2015年版,第26页。

③ (唐)韩愈撰,阎琦校注:《韩昌黎文集注释》卷一《原性篇》,三秦出版社2004年版,第26页。

④ (唐)韩愈撰,阎琦校注:《韩昌黎文集注释》卷一《原性篇》,三秦出版社2004年版,第28页。

指出的关于正确处理师生关系的思想，他认为"故弟子不必不如师，师不必贤于弟子。闻道有先后，术业有专攻，如斯而已"。① 明确师生平等的关系和鼓励学生超越老师的思想，在道德教育中，师生互动不仅是平等的，也是个体不断超越的过程，这些思想从一定程度上体现出道德能力培育的功能。

三　两宋至明清时期思想史中的道德能力培育

公元960年大宋王朝建立，文化领域出现了理学思潮、社会改革思潮以及功利主义思潮的新动向，道德教育重行的思想在宋明和明清之际表现得尤为明显。

宋代理学大兴，朱熹是理学的集大成者，综合了先秦诸子的学说，形成了自己独特的儒家心性学说——"性即理"和"存天理、灭人欲"。理与欲是指道德伦理与物质欲望之间的关系，朱熹在为《孟子》作章句时有言："性者，人之所得于天理也。生者，人之所得于天之气也。性，形而上者也。气，形而下者也。"② 性已经被提高到了"形而上"的哲学高度，较孟子学说又进了一步。又极力将先秦儒家的道德伦理思想归结起来，总结出"明天理，灭人欲"的观点。"孔子所谓克己复礼，《中庸》所谓致中和、尊德性、道同学。《大学》所谓明明德。《书》曰人心惟危，道心惟微，惟精惟一，允执厥中。圣贤千言万语，只是教人明天理，灭人欲。"③ 并认为天理就是道德伦理，"所谓天理，复是何物？仁、义、礼、智岂不是天理？君臣、父子、兄弟、夫妇、朋友岂不是天理？"④ 仁、义、礼、智四端本是孟子性善论的根本，朱熹已将其上升到"天理"的角度；君臣、父子、兄弟、夫妇、朋友五常

---

① （后晋）刘昫：《旧唐书·列传一百一十·李翱传》，中华书局1975年版，第4207页。
② （宋）朱熹：《四书章句集注》《孟子集注》卷十一《告子章句上》，中华书局2012年版，第332页。
③ （宋）黎靖德编：《朱子语类》，凤凰出版社2013年版，第70页。
④ （宋）黎靖德编：《朱子语类》卷十二《告子下》，转引自张立文《朱熹思想研究》，中国社会科学出版社1981年版，第524页。

是董仲舒演绎出的概念，朱熹把他们统括进来归于"天理"；父慈、子孝、兄悌、夫敬的社会伦理都是天理之自然，人人都要遵循天理。性以仁义礼智、三纲五常等天理为内容，"此人之性所以无不善"，① 所以"性"之中无不是理。在朱熹的学说中，能看到孟子的"性善论"，也能看到"善恶皆有论"，囊括百家，标新立异，将"人性"上升到形而上的哲学高度，以"理"统括了人性。"存理灭欲"作为修身的核心问题被朱熹推到了新的境界。特别是在知行方面，朱熹主张知行相依。他指出："知行常相须，如目无足不行，足无目不见。论先后，知为先；论轻重，行为重。"② 知与行两者相辅相成，但又有不同的功能，"知"可以帮助人们明理，是"行"的前提，而"行"是知的目的，明得了义理而不去行，也是无用的。"知之之要，未若行之之实"，"功夫全在行上"。③ 那要如何"行"呢？朱熹提出了"居敬""穷理""笃行"等一系列修身方法，同孟子强调的"反省内求"的修身方法一脉相承，突出了道德主体性的地位，强调主体在修身过程中的能动性，道德是人完善自身的重要环节，主体自身的道德修养需要依靠自身的知识积淀和实践习得，知与行的联系和培育方法都是道德能力培育的重要内涵。

王阳明继承了前贤的哲学思想，提出了"良能""良知"，在道德领域建立了自己的理论学说体系，把《大学》的"致知"和孟子的"良知"糅合起来，创立了"致良知"的新概念。"良知"一词出自孟子，孟子把"良知"解释为"不虑而知"，指出了天赋属性，针对此，王阳明提出"良知即天植灵根"。④ 肯定了天赋的部分又突出了"灵根"特征，即为"心者，身之主也，而心之虚灵明觉，即所谓本然之

---

① （宋）朱熹：《四书章句集注》《孟子集注》卷十一《告子章句上》，中华书局2012年版，第333页。
② （宋）朱熹撰，朱杰人、严佐之、刘永翔主编：《朱子全书》第十四册《朱子语类·卷九·学三·论知行》，上海古籍出版社、安徽教育出版社2002年版，第298页。
③ （宋）朱熹撰，朱杰人、严佐之、刘永翔主编：《朱子全书》第十四册《朱子语类·卷十三·学七·力行》，上海古籍出版社、安徽教育出版社2002年版，第386—387页。
④ 陈荣捷：《王阳明传习录详注集评下·黄修易录》，台湾学生书局1983年版，第314页。

良知也"。① 他揭示了"心"作为思维器官所特有的产生灵感的功能，说明了人的主观能动性作用的本根。"良知"就是一种知善的道德能力，要使知善的能力体现为自致的能力，就得需要"致良知"的方法。王阳明提出"知行合一"说，这一方法旨在指导人们，对于社会道德规范应在知而即行，他强调"外心以求理，此知行之所以二也；求理于吾心，此吾门知行合一之教"。② 坚持"知行合一"，不能把"知"与"行"分成两件事情去做。特别是在论证知行不能分离的内容时，他说："知是行的主意，行是知的功夫；知是行之始，行是知之终。"③ 两者不能分割，应当指出"知"与"行"确实有紧密联系，但在一定程度上他把"知"与"学"混同起来，"学"不等于"知"，"行"也不完全等同于学习意义上的"知"。④ "知行合一"的思想揭示了道德认识与道德的实践的高度统一，道德行为受主体心理影响的内在机制，从关系的视角呈现了道德能力培育的内在规律。

作为明清重要的思想家，王夫之对道德知行关系的认识非常深刻，提出"行先之后"与"知行相资"的知行关系论，以朴素辩证的发展观论述了道德知行的关系。他指出"《说命》曰：'知之非艰，行之惟艰。'千圣复起，不易之言也……知非先，行非后，行有余力而求知。"⑤ 明确了"行有余力而求知"，即"行先知后"。他还指出："由知而知所行，由行而行则知之，亦可云知行并进而有功。"⑥ 实质上是表达"以知为行"或"销行以归知"。在分别否定了程朱提出的"知先行后"说以及王阳明提出的"知行合一"论之后，王夫之既看到了

---

① 陈荣捷：《王阳明传习录详注集评下·答顾东桥书》，台湾学生书局1983年版，第169页。
② 陈荣捷：《王阳明传习录详注集评中·答顾东桥书》，台湾学生书局1983年版，第167页。
③ 陈荣捷：《王阳明传习录详注集评上·门人陆澄录》，台湾学生书局1983年版，第65页。
④ 黄钊：《中国古代德育思想史论》（上），中国社会科学出版社2011年版，第987页。
⑤ （清）王夫之：《尚书引义》，中华书局1962年版，第63页。
⑥ （清）王夫之：《尚书引义》，中华书局1962年版，第67页。

"行"的重要性，也看到了"知"与"行"紧密的关系。对于如何达到知行关系，王夫之提出了"性日生日成"的道德观，主张"作圣之实功"的人性塑造的途径，指出后天学习的必要和"性日生日成"的能动作用，在当时具有创新意义。

中国传统社会，道德教育的主要内容是"做人"，"成德"被看作教育的核心目标。纵观中国古代思想史中关于道德能力培育的思想，是围绕着人性善恶之辩为理论出发点，以道德知行关系为研究内容，重视道德主体性养成，提出了个体修身的思路和方法，一个人道德能力发展、养成的各个方面即包含于其中。

第二节　西方思想史中的道德能力培育

在西方思想史中，许多哲学流派和哲人都关注过道德能力培育问题，从哲学的视角观照道德教育由来已久，哲学本身的性质决定了它对道德教育的最终决定意义。因此，对道德能力培育思想资源的梳理需要从哲学流派和哲人思想中找到更为根本的理论观点。

一　理性主义伦理学中的道德能力培育

理性主义是西方伦理学中的主要流派，早在古希腊时期，思想家们就把道德和知识、理性结合起来考虑，苏格拉底提出的一个重要命题就是美德即知识。苏格拉底问美诺："你刚才说过，美德就是一种对好事物的向往和获得它们的能力。在这个定义中，这种向往对每个人来说都是共同的"，美诺回答："似乎如此。"

苏格拉底回应："所以说，如果有人比其他人更好，那么显然是在能力方面，而按照你的解释，美德就是获得好事物的能力。"[1] 苏格拉底把辨别是非、善恶的理性能力称之为美德。在理性主义哲学家看来，

---

[1]　［古希腊］柏拉图：《柏拉图全集》第1卷，王晓朝译，人民出版社2017年版，第502页。

第三章 道德能力培育的思想资源

道德能力是一种认知、判断和推理能力为核心的理性能力。① 康德作为理性主义哲学的代表，他直接使用了道德能力（moral capacity）一词，以纯粹理性规定了道德能力。在康德看来，道德不仅具有理性的必然性，而且具有普遍的有效性，道德能力更是"不受相反命令式（一条实践规则）限制的自由"。② 道德主体性以及主体内在自我立法的强制性与义务形式法则是自由的自我强制。③ 自我强制是从一个具有自由意志的理性存在者的概念中推导出来的，理性根本上联系着进行选择、推导的能力。道德能力被视为理性存在者在实践活动中展示的"理性能动性"，它既是道德要求的根据又是服从这些要求的动机。接下来的康德主义者们沿着类似的路线对道德能力的内容进行了扩充，还有一位在理性意义上使用道德能力概念的哲学家值得我们关注，就是罗尔斯。罗尔斯基于现代公民权利与义务的平等关系，把道德能力刻画为以理性介入个体的美德，把那些缺乏共同接受的解决程序的基本道德问题，转化为公认的有解决程序的合理的选择问题。④ 罗尔斯指出如果把正义和善的理论联系在一起，就不必担心解释不了道德价值的诸多微妙，根据这种理解，道德判断被合理的慎思判断（judgments of rational prudence）所取代，道德能力强调的是存在者在合理慎思后开展行动的决策能力。需要注意的是，理性主义者并没有否认情感要素在此过程中的作用，在《纯粹理性批判》中，康德已经表明理性能够通过知性对感性的东西形成某些观念，但是自发性必须不是来自这种观念。⑤ 情感要素是调动主体理性的认知、推理和判断的辅助作用，理性因素才是影响情感要素发挥作用的关键性因素，在西方哲学世界，理性主义伦理学对道德能力阐

---

① 解本远：《为善去恶亦良知——对王阳明良知观念的整体性解读》，《中国哲学史》2014年第3期。
② ［德］康德：《康德著作全集》第6卷，李秋零译，中国人民大学出版社2007年版，第229—230页。
③ 李金鑫：《"道德能力"概念的知识谱系考察——从亚里士多德、黑格尔到罗尔斯》，《伦理学研究》2011年第1期。
④ 石元康：《罗尔斯》，广西师范大学出版社2004年版，第106页。
⑤ 徐向东：《道德哲学与实践理性》，商务印书馆2006年版，第117页。

释长期占据支配性地位。

在理性主义伦理学的影响下，以强调理性认知作用的道德认知发展理论，成为20世纪初至今在世界范围内最有影响力的道德教育思想之一。道德认知发展是以 J. M. 鲍德温、杜威、米德、皮亚杰、卢文格、柯尔伯格、林德等人所形成"道德认识发展"理论联系在一起的。皮亚杰、柯尔伯格等理性主义者确信人的行为背后的推理和分析是决定一个人行为是否道德的关键，推理和分析的不断建构形成的变化是道德发展的基础。① 皮亚杰和柯尔伯格都将道德看成一种认知能力。皮亚杰于1932年出版的《儿童的道德判断》一书，首次提出将道德判断作为儿童道德认知发展的核心来进行系统研究，并将儿童道德发展划分为自我中心、他律、自律、公正四个阶段。皮亚杰认为道德知识"是存在于规则意识和规则实践之间的各种复杂的关系。"② 20世纪50年代末柯尔伯格（L. Kohlberg）在皮亚杰理论的基础上将道德认知发展学说扩建成一个心理学、哲学、教育学、社会学的研究综合体，道德认知发展学说根据人们道德推理的差异性将道德发展分为前习俗道德、习俗道德和后习俗道德，柯尔伯格提出不能把精力过多放在行为的对错在，而是放在个体道德发展的层次。柯尔伯格既反对行为主义所推崇的规则服从概念，又反对将道德看成意图的纯粹的情感定义。道德发展阶段学说被一批资深的伦理学家和教育哲学家所看重，他们先后提出了各自的道德发展阶段说，如 W. 麦独孤、J. 霍布豪斯、G. A. 米德和 J. 杜威等人。③ 同时道德发展阶段学说也引起了学界的批评，他们质疑以皮亚杰、柯尔伯格为代表的认知发展学说过分强调了逻辑思维发展在道德中的位置，浓墨重彩地描述了道德推理，一定程度上忽视了道德情感的作用。对此，皮亚杰、柯尔伯格以及他们的支持者回应指出，情感的发展和功能

---

① 蒋一之：《普遍道德语法述评》，《心理科学》2009年第2期。
② ［瑞］皮亚杰：《发生认知论原理》，王宪钿译，商务印书馆1997年版，第225—252页。
③ 李伯黍、李正云：《道德发展：心理学、哲学、伦理学和教育学的思考》，《华东师范大学学报》（教育科学版）1996年第4期。

与认知的发展和功能不是性质截然不同的两个领域,两者在界定结构变化时虽然代表着不同的内容,① 但道德行为并不能仅用纯粹的认知来定义,"情感"发展和"认知"发展是不可分离的。

二 情感主义伦理学中的道德能力培育

情感主义和理性主义是探讨道德动机问题的两条基本路线,情感主义思想家对理性在道德能力中占主导地位持反对观点,他们认为情感是影响人的道德能力的主导要素,情感因素决定性地影响理性能力本身。情感主义认为道德起源于情感,道德上的善恶是由情感上的善恶决定的,因为情感是人先天就有的识别善恶能力的"内在官能团"。② 哈奇森认为道德能力所解决的核心问题是情感,道德能力"不仅能够指出哪些感情和行为是道德的还是邪恶的,而且还能够显示在不同类型的情感和行为中这些品性表现的程度"。③ 在哈奇森的道德思想体系中,道德的根源不在理性中,他认为"可以理解为道德善或恶的行为,始终源于指向理性主体的某种情感,成为道德的或邪恶的根本原因,要么是某种情感,要么是由情感而形成的某种行为",情感才是道德的根源。④ 一方面,道德评价是以情感为对象,我们的一切行动都受到了某种情感的支配或推动;另一方面,道德评价的目的是为了使理性主体产生高尚的道德情感,可以使理性主体找到"最稳定的快乐的最恒常的源泉"。⑤ 对休谟来说,对道德理性主义的反驳是确立道德情感主义的关键。休谟从四个方面对此观点做论证,"一是知性在进行判断时以两种方式产生

---

① [美]劳伦斯·科尔伯格:《道德发展心理学——道德阶段的本质与确认》,郭本禹译,华东师范大学出版社2004年版,第10页。
② 陈伟宏:《道德冷漠与道德能力的构建》,《道德与文明》2016年第5期。
③ [英]哈奇森:《道德哲学体系》(上),江畅译,浙江大学出版社2010年版,第10页。
④ 李家莲:《道德的情感之源——弗兰西斯·哈奇森道德情感思想研究》,浙江大学出版社2012年版,第109页。
⑤ [英]哈奇森:《论激情和感情的本性与表现以及对道德感官的阐明》,戴茂堂译,浙江大学出版社2009年版,第136页。

影响，要么通过论证要么通过概率。二是抽象推理亦即论证性的推理……绝不会影响我们的任何行动，而只是指导我们对原因和后果进行判断。三是在对象本身并不影响我们的地方，它们之间的联系也绝不会向它们提供任何影响力。四是理性本身绝对不能产生任何行动，或者对意志产生影响。"[1] 由此推出，理性本身并不能引起行动，也不能影响意志。斯密指出："正是这种更多地同情他人和更少地同情自己的情感，抑制了自私自利之心，激起慈悲之心，构成了完美的人性。"[2] 当代情感主义学者斯洛特基于共情能力提出关怀伦理学，他认为情感，尤其是共情（empathy）是道德判断和道德能力的终极基础，共情把道德的客观性以及主观情感性联结起来，不仅仅是一种情感，而且是一种动机。

20世纪七八十年代以来，道德心理学家从心理学实验中获得证据，质疑理性主义者关于理性因素主导道德能力的结论，为情感主义伦理学提供了强有力的支持。通过分析新证据重新理解"道德能力"内涵，有助于重新认识情感能力在人类"道德能力"构成中所占据的地位。[3] Haidt设计了新的实验，发现人在进行道德判断和实施道德行动中有一股重要的影响力量不同于理性主义观点，他把这个力量称为"直觉"，Haidt反对皮亚杰、柯尔伯格主张的道德能力源自理性推理，在Haidt的定义中，"直觉"表示一种迅速、带有自动性地出现的反应，[4] 以此证实情感在道德能力中占据主导地位。Haidt提出的社会直觉模型强调直觉和情感的作用，由联结直觉、推理和判断这三种心理过程的关系链组成，其中"直觉判断"是最重要的组成因素。[5] 以Haidt所提出的"道德直觉"为代表的道德直觉理论认为，人们经常在那些他们无法提

---

[1] 徐向东：《道德哲学与实践理性》，商务印书馆2007年版，第273页。
[2] ［英］亚当·斯密：《道德情操论》，蒋自强译，商务印书馆2012年版，第25页。
[3] 张曦：《道德能力与情感的首要性》，《哲学研究》2016年第5期。
[4] 张曦：《道德能力与情感的首要性》，《哲学研究》2016年第5期。
[5] 李宏翰、温舒雯：《道德判断研究的历史、现状与展望》，《广西师范大学学报》（哲学社会科学版）2017年第4期。

第三章 道德能力培育的思想资源

供明确理由的问题上呈现某种强烈的道德确定性,道德能力主要受根深蒂固、非推论的道德情感或直觉的影响。

三 进化伦理学中的道德能力培育

"每一种伦理学,它离人的自然动机越远,就越是难以实现或贯彻。"进化伦理学从自然主义的角度揭示人类道德的本质,诉诸进化论说明人类的自然动机,解释人的倾向、思维、情感和行为的模式。[①] 斯宾塞"围绕人的行为,以生理学、心理学、生物学为依据,指出道德的起源、发生和发展",[②] 也使得自然科学领域走进了哲学领域。道德作为人的存在方式,是研究人作为主体与生活世界关系的演变过程。我们具有怎样的本性,生活在什么样的人类条件下,这些预设也许是偶然的,我们要追问的是人类生活的某种实践必然产生出来的某种可靠的联系是什么?

进化生物学家假设所有人都拥有"自私的基因",会"把繁衍尽可能多的后代当作人作为生物有机体的主要目的。"在这种情况下,有效的社会合作首要是用来解决利益冲突。在进化中,利他行为有层次地出现了,学者指出主要包括五个层面的递进进化,分别是"亲缘选择、互惠性利他主义、间接互惠、群体选择或文化选择、道德情感"。[③] 至此,那些促进社会合作的行为得到赞赏,并在抽象意义上被认为是好的,亲社会行为的出现可以说是情感反应系统也就是现在所说的"道德情感"出现了。情感不只包含了认知的要素,实际上也成了自然选择的产物,"自然选择……把情感塑造出来,用他们来调节生物有机体的生理、心理和行为参量,应对环境中的威胁和寄回进行适应性的回应。"[④] 其后,道德规则作为一种警示、惩罚和补救的面貌出现,人具有某种能够理解禁令,做出道德判断的能力。也就是说,这种道德判断

[①] 王巍:《进化与伦理中的后达尔文式康德主义》,《哲学研究》2011 年第 7 期。
[②] 宋希仁:《西方伦理思想史》,中国人民大学出版社 2004 年版,第 411 页。
[③] 徐向东:《进化伦理学与道德规范性》,《道德与文明》2016 年第 5 期。
[④] 徐向东:《进化伦理学与道德规范性》,《道德与文明》2016 年第 5 期。

可能是道德学习的结果，而不是先天就具有的。一方面，道德确实不依赖于人的欲望而向我们提供行动的理由；另一方面，人也没有足够的理由按照道德要求去行动，对道德能动性的合理要求必须受制于"应当"蕴含"能够"原则。也就是说，行动的理由是相对于具体的道德行动情境以及行动者的执行能力而论的，一个人在道德上有理由做的事情应当也是在他自己理性能力的限度内能够做的。① 实际上根本无法把生物意义上的自然选择和文化意义上的选择完全区分开来，达尔文强调了后天的学习在道德进步中的作用，这就是在人类生活中所能得到并且能够合理地解释的一种必然性，就是达尔文所说的"一种自我导向能力"。在人的实践过程中，道德规范作为某种应当影响人的观念，但活动能否顺利完成受主体能力的限制，也就是说道德之应当同样意味着人要有能力实现，否则道德就不称其为道德。进化伦理学从道德起源的视角对道德能力进行了阐释。

上述道德能力培育思想对西方世界产生了深刻的影响，较为明显的证据是20世纪西方道德理论研究空前活跃，关于道德能力培育的研究成果丰硕，培育目的和方法内涵丰富，这些理论对道德实践产生了广泛的影响。这一时期，西方道德教育家更加强调受教育者道德推理能力、判断能力和批评性思维的能力的培育，把培养学生的反省能力和理智能力作为主要原则。杜威指出："思维能够指导我们的行动，使之具有预见。"② 英国威尔逊提出，"道德教育的目的是通过恰当的引导，提升学生做出合理的、明智的决定并付诸行动所必需的能力"。③

学校教育强调尊重学生的个性，尊重个体生活经验，以个人的实践在道德发展中的作用设计实践环节。重视教育的过程，反对权威的灌输方法成为这一时期的突出表现，杜威认为："学校普遍提倡一种来自外

---

① 徐向东：《进化伦理学与道德规范性》，《道德与文明》2016年第5期。
② [美]杜威：《我们怎样思维——经验和教育》，姜文闵译，人民教育出版社1991年版，第13页。
③ 李太平：《20世纪西方道德教育理论的特点及其思想根源》，《比较教育研究》2003年第9期。

部的灌输,这种教育手段不仅不能够促进学生智慧和道德的发展,反而会限制了学生的发展。"① 杜威提出"反对灌输"的观念后,获得众多理论家的支持,柯尔伯格提出:"灌输不算是教授道德的方法,也不算是一种教学方法,因为真正的教学方法是道德的,之所以说灌输不是一种道德的教学方法,是因为合乎道德的教学方法意味着尊重学生正在发展着的处理冲突中的价值判断的决定的能力,以及尊重学生正在发展着的分析、推理能力。"②

借用澳大利亚教育学家康内尔的观点来总结20世纪西方道德教育的变革,"人类历史上的大多数教育,主要任务是传承已有的知识和道德传统,在顺应新环境的情况下为青年谋生做好准备。然而20世纪的教育呈现出另外一派景象,它虽然没有完全抛弃保守主义,但它积极地寻求解决新问题的方法努力打破牢固的枷锁,20世纪教育的任务不仅是对传统的保护,更是对传统的反思和重建。"

---

① [美]杜威:《杜威教育论著选》,赵祥麟、王承绪译,华东师范大学出版社1981年版,第349页。
② Lawrence Kohlberg, "Using a Hidclen Curriculum for Moral Education",转引自鲁洁、王逢贤《德育新论》,江苏教育出版社2002年版,第614页。

第 四 章
大学生道德能力内在养成策略探析

唯物辩证法认为"外因是变化的条件，内因是变化的根据，外因通过内因而起作用。"① 道德能力培育对象是大学生，这表明"就单个人来说，他的行动的一切动力，都一定要通过他的头脑，一定要转变为他的意志的动机，才能使他行动起来。"② 自我教育是促进大学生在主体意识上理性自觉的实践活动，大学生一旦确立了主体意识，就会根据自己的内心信念、价值取向，自觉地砥砺品性、加强修养，促使现实自我向理想自我转化。③ 从这一意义上来说，自我教育实际上是道德能力内在养成的主要进路，其以自我为目的施加道德影响活动，内化那些外在于自己的道德价值观念，使其成为自己品性、人格的基本要素。④

第一节 自我教育对个体道德能力养成的作用

苏霍姆林斯基认为："只有能激发学生去进行自我教育的教育才是

---

① 《毛泽东选集》第1卷，人民出版社1991年版，第302页。
② 《马克思恩格斯选集》第4卷，人民出版社2012年版，第258页。
③ 魏雷东：《论社会转型期大学生道德自我教育》，《河南师范大学学报》（哲学社会科学版）2009年第2期。
④ 龚天平、李茜：《论道德自信及其自我培育》，《湖南师范大学教育科学学报》2017年第5期。

真正的教育",①福柯在"自我究竟意味着什么"的追问过程中,提出了"为了成为道德主体,应该通过何种方式来改变自我,从而达到合乎伦理的修身实践"的问题。引发了"转向自身""回归自身""关注自身"的思考。②中华民族自古以来就有注重自我教育的优良传统,倾向于以自身为根本,强调道德修养不是外在的强制,而是人发自内心的自觉行为。孔子反对那种不是"为己"而是"为人"的学习,指出"古之学者为己,今之学者为人",阐明了不能与个人生命融为一体的学习是机械的学习。古今中外,自我教育对改善和提高个人道德水平有重要作用。

一 自我修养是我国优秀传统文化提升个体道德品质的主要方法

习近平总书记强调:"不忘历史才能开辟未来,善于继承才能善于创新。优秀传统文化是一个国家、一个民族传承和发展的根本,如果丢掉了,就割断了精神命脉。"③自我修养是一种为追求自身完善而进行的自我教育,在我国古代思想史中占有重要位置,它是自我教育的一种表达方式。④前文在梳理我国古代道德能力培育观点的论述中可以看出,对于人的道德观念的来源问题许多思想家都持先验论,但无论是先秦的儒家、道家以及后来的宋明理学等,都对自我修养是形成人道德观念重要途径的观点持认同态度。其本质上要求"主体把外在的道德规范或道德目标内化成自己的道德的素养,再外化为自觉的道德行为",⑤将个人主体自觉置于道德修养的核心地位。孔子认为只有先立德,才能"正其身",关于如何立德,孔子则认为要通过不断地"修己",君子一

---

① [苏]苏霍姆林斯基:《给教师的建议》(下册),杜殿坤译,教育科学出版社1984年版,第208页。
② 陈群志:《福柯"修身哲学"中的"自我关系"问题》,《杭州师范大学学报》(社会科学版)2019年第5期。
③ 《习近平谈治国理政》第2卷,外文出版社2017年版,第313页。
④ 傅琳凯、王柏棣:《论儒家自我修养方法的层次性》,《东北师大学报》(哲学社会科学版)2016年第1期。
⑤ 杨莉:《浅析孔子的自我修养思想》,《中共山西省委党校学报》2006年第2期。

方面要："博学于文,约之以礼";另一方面则要"见贤思齐焉,见不贤而内自省也",强调了自我修养对于一个人道德品质的重要性。《礼记·大学》记载"古之欲明德于天下者,先治其国;欲治其国者,先齐其家;欲齐其家者,先修其身;欲修其身者,先正其心;欲正其心者,先诚其意;欲诚其意者,先致其知,致知在格物。物格而后知至,知至而后意诚,意诚而后心正,心正而后身修,身修而后家齐,家齐而后国治,国治而后天下平。""格物、致知、诚意、正心、修身、齐家、治国、平天下",这著名的"八条目"里"修身"是中间环节也是最关键的环节,孔子认为"齐家、治国、平天下"的前提是要有一个具有道德理性的个体,不是天命的律令,也不是对非理性权威的盲从。[1] 要通过"修己""克己"来反思、调节和控制自己的言行。在孟子的思想中,认为"修身"就是要找回失落在功利活动中的"本心",故"修身"只是个人自身的事情,不能用外在的标准去衡量成效。"万物皆备于我,反身以诚,乐莫大焉",强调了道德修养的自觉性和自律性。环境条件对人的道德修养有影响,但人们养成道德的关键在于自身自我修养,反省内求的过程,不是向外追求,也不必向外追求。[2] 当代学者认为"人的塑造是儒家教育思想的核心",[3] 儒家教育中的修身意味着"我"与宇宙、"我"与他人、"我"与自我的合一,正是在这一过程中,自我反思才得以实现,可以借助以上三种形式的自我反思来关注自我塑造的变化。"自我修养是人获得德性的基本途径之一,也是人获得德性的首要途径。"[4]

二 大学生道德能力发展依靠自我教育实现其主体性

道德能力发展体现的是人作为主体不断发挥其主体性的过程,主体

---

[1] 闫少华:《论孔子修身正己思想的廉政意蕴》,《求索》2012年第9期。
[2] 王霞:《浅释孟子的修身学说》,《管子学刊》2009年第1期。
[3] [澳]西蒙·马金森、王晓娜:《作为学生自我塑造的高等教育》,《教育研究》2020年第1期。
[4] 王立仁:《德育价值论》,中国社会科学出版社2004年版,第49页。

作为一个哲学概念,从认识论来看是指认识和实践活动的承担者,主体是在实践活动中相对于客体而形成的概念,同时主体也不一定是个体,以个体为载体的群体也能成为主体。大学生道德能力培育实践活动作为一种教育活动,"是一种主体改造客体,同时主体自身也得到改造的实践活动",① 并非所有的大学生在道德实践活动中都是或总是主体,只有在与一定客体的关系中通过自己的自觉能动而获得对客体的主动态势,并发挥出能动的积极的作用才会成为主体,主体在活动中的自觉性、自主性和创造性是大学生道德能力培育追求的主体的属性即主体性。② 道德能力发展的本质要求大学生道德能力培育树立一种主体性的教育理念,将培育和发展大学生的道德主体性作为教育目标。自我教育中"自我是教育的主导力量和组织者",③ 之所以这条路径对大学生道德能力发展非常重要,是因为对于受教育者的道德能力形成和发展来说,活动内容和环境都是一种外因,只有通过大学生积极主动地进行自我教育,才能激发他们对实践活动产生体验、反思、强化和内化的需要和动机,从而在实践活动中实现大学生的道德主体性。主体道德意识的形成从来都是自构而非他构的过程,在此状态下,道德被"我"所认知、认同并践行,实现了伦理者与教育者的身份统一,相信自己所传授的道德,④ 并以同样坚定的信念影响他人。通过自我教育,一个能动的、积极的道德主体同时是具备主体意识、主体能力和主体人格的大学生被培养起来。⑤ 道德能力主体能动性在自我教育中实现了主体性发展,反过来,自我教育因为大学生的道德主体性的实现而完成了教育的目的,两者相互依存,大学生道德能力发展需要自我教育。

---

① 呼和、彭庆红:《个体自我教育机理及其实现:以大学生社会实践为研究视角》,《中国青年研究》2017 年第 11 期。
② 蔡志良、蔡应妹:《道德能力理论》,中国社会科学出版社 2008 年版,第 15 页。
③ 陈秉公:《思想政治教育学》,吉林大学出版社 1992 年版,第 305 页。
④ 罗明星:《"我"的道德与"你"的道德——主体交互中的道德教育》,《汉江论坛》2019 年第 12 期。
⑤ 彭红艳:《基于道德主体能力培养的大学生道德教育创新论析》,《思想理论教育导刊》2017 年第 5 期。

三 大学生道德能力发展依靠自我教育内化道德知识

大学生道德能力发展离不开理智德性的参与,而理智德性又离不开道德知识。道德知识对道德能力发展具有重要作用并不是说这些知识本身是直接有关道德伦理的,而是指大学生对这些知识的内化使人形成对人对事的正确认识,培养道德情感、道德能力形成道德行为,知识的学习、认同和内化为我们解决道德问题提供了理性基础。① 强调道德知识对道德能力发展的意义,并不是下定论说知识教育是道德能力培育的最终目的,而是明确道德知识内化是道德能力发展的必要条件,自我教育能够促进大学生对道德知识的内化,从而提升道德能力水平。

首先,自我教育让道德能力与道德知识联系起来。"正是依赖于知识,我们的思想才能站在我们之外的立场来审视我们自己的选择,才能不断地追问我们选择的合理性和价值意义。"② 道德能力发展需要道德知识,早在古希腊时期,苏格拉底就提出"知识即美德"的哲学命题,表明道德理性和道德知识在美德形成过程中的基础性作用,论证了道德的可教性,并由此引发通过知识传授道德的探索。柏拉图和苏格拉底一样认识到在知识的基础上建立道德的必要性,他说"对善的科学知识能使人的意志正确、确实和稳固"。③ 涂尔干认为"当代各个民族的道德良知面临着最大的变化,智识已经变成当代的一个要素,并愈益成为道德的要素。"④ 个体道德能力发展不是无缘无故产生的,道德能力发展是建立在对道德知识的认识基础上的。自我教育包括了对知识、理解力和认知洞见(cognitive perspective)方面的影响。所谓认知洞见,指的是把自己所理解的知识与事物之间建立起广泛联系的认知品质。具有

---

① 周晓静、朱小蔓:《知识与道德教育》,《全球教育展望》2006 年第 6 期。
② 石中英:《教育哲学》,北京师范大学出版社 2015 年版,第 116 页。
③ [德]弗里德里希·包尔生:《伦理学体系》,何怀宏、廖申白译,中国社会科学出版社 1988 年版,第 41 页。
④ [法]爱弥儿·涂尔干:《道德教育》,陈光金译,上海人民出版社 2001 年版,第 118 页。

这种认知品质的人，会以一种未受过多限制的眼界，看待自己所做的事情。认识就是从"多"中寻找"一"，"人们所谓学到一件事，就不免由此发现其余的一切，只要他是勇敢的、不懈于钻研的"。① 知识就是用于推理把握的事物的"因"，知识不可能由外在的授予获得，需要在教育的实践过程中联结。自我教育把道德知识与道德能力主体联结起来，从而让内化道德知识有前提。

其次，自我教育促进道德知识的内化。道德知识只有成为大学生内在素质的一部分，形成道德知识范畴的意识，最大限度地转化为付诸道德行为的能力才能称之为道德知识的内化。道德知识内化不仅仅是大学生心理和学校教育的意义，更是具有重要的促进人的全面发展的意义。自我教育促进大学生对道德知识的记忆保持，提升个体对道德知识回忆的敏捷性和持久性；帮助大学生在道德判断和道德选择的理性认知层面进行思维优化，加速道德问题的思维解析过程。促进道德直觉能力的自动化和直觉化，促使大学生学会如何在实践活动中运用存储于大脑的道德知识，并且在"执行的控制过程"之中运用策略去监控自己的学习和思维的信息加工过程。在面对道德问题时，大学生意识到自己的信息加工材料，并且能够不断反省自己的策略方法是否恰当。②

四 自我教育促进大学生形成客观的道德自我评价

道德自我评价是大学生个体或群体对自己行为所作的一种善恶上的自我认识的道德判断，是大学生道德能力的一种内在表现。一方面，道德的自我评价是行为主体对自己的评价，当事人既是评价的客体，又是评价的主体。当个人利益同他人、集体或社会利益出现不一致甚至矛盾的时候，个体往往很难做到客观公正地认识自己。③ 另一方面，大学生

---

① ［古希腊］柏拉图：《柏拉图对话集》，王太庆译，商务印书馆2004年版，第172页。
② 周天梅：《从"授受"到"内化"的转变——论素质教育中的"知识"教学》，《江西社会科学》2006年第3期。
③ 粟宝萍、熊春兰：《道德的自我评价和社会评价的统一》，《齐鲁学刊》2001年第2期。

在对自己道德行为进行评价时，尽管会以社会规范作为对照，但由于主体道德发展处于不同的阶段，难免会出现不协调不统一的评价结果。这也是前文大学生道德能力水平偏低的内在因由分析结果。

自我教育给予大学生正视自我的自我培养意识，自我意识是意识的一种形式，来源于对自我道德发展的思考和实现，正是由于大学生具有自我意识，才能使他们对自己的思想和行为进行自我控制和调节。[①] 正视自我即正确地审视自我，是大学生对自我意识的清晰认知和理性把握，[②] 正视自我不仅体现大学生对自己、也是对自己与社会相互关系的看法。自我教育通过反省与反思，回溯分析个体言行再进行在此基础上的价值判断，在反思自我的过程中，帮助大学生增强审视自我德性的自觉性、创设条件努力强化并提升大学生客观的进行自我道德评价的积极倾向，省思自己呈现给他人之道德形象的想象、自己对他人针对该道德形象之评价的想象。[③] 让大学生能正确认识和了解自己的道德品质和道德行为，并且能够考虑社会影响和社会评价导向。在道德情境中，若大学生拥有良好的道德自我评价能力，能表现出较强的自我管理和自我约束，在行为之前能用道德规范调解自己的行为，将遵守规范的行为看作与其自我评价相符合的现实行为，并意识到潜在的违反规范的行为会破坏其自我道德形象，不道德行为会引发"消极自我"的负性评价，整体自我评价将会受损，羞愧感强烈的大学生会尽力避免，因而对潜在违规行为持否定态度。因此，自我教育对提升大学生道德自我评价能力有重要作用。

五　自我教育让道德能力主体实现超越

冯友兰先生指出："按照中国哲学的传统，它的功用不在于增加积

[①] 刘运喜：《大学德育应用自调节机制论析》，《现代大学教育》2009年第3期。
[②] 王萍、任晓蛟：《基于境界论德育哲学的大学生自我修养意识培养》，《中南大学学报》（社会科学版）2011年第6期。
[③] 唐芳贵、岑国桢：《德性自我意象、道德情绪与行为自我管理：对大学生的一项交叉滞后研究》，《心理科学》2011年第2期。

第四章 大学生道德能力内在养成策略探析

极的知识，而在于提高心灵的境界——达到超乎现世的境界，获得高于道德价值的价值。"① 境界是一种主体对自我觉知的无限和追求，也是主体对其精神自由的向往与实践。② "从最基本的意义来说，人是什么，或者，生命是什么，无疑是教育必须面对的第一问题。"③ "人的根本就是人本身，抓住了这个根本就抓住了教育的根本。"④ 基于此，人或曰精神生命，就是教育的"底"，精神生命有超越生命自身的能力，不断创造出他物与更丰盈的自身，创造一种自身意义与规律的东西，它就是精神生命的本质。⑤ 人是在自我超越中不断发展的，为此，赋予了人自我超越的意识和能力，这也应当成为自我教育的最主要使命。道德本身具有超越性，鲁洁教授认为"道德，作为人类的精神活动，它是对可能世界的一种把握，道德所反映的不是实是而是应是"⑥。自我教育不仅要开拓人的视野，丰富人的经验，更要促使个体成为自己思维、情感、行为的询问者，如同海德格尔提出的，对于自我存在的询问，这本是人之为人的存在方式。⑦ 人以自己的精神生命为对象，"通过自我反思来实现自增，从而获得新的价值和生命"。⑧ 自我教育促使大学生在反思中不断提升对道德必然与道德自由关系的认识，在生活实践中辨识何者为是、何者为非、何者为善、何者为美，促使人做出趋于真善美的自觉选择，在指向人的未来的自我教育推动下，按照某种超越于现实的理想阶段去培养大学生，促使大学生去追求一种理想的精神境界与行为方式，实现道德能力向着内化阶段发展。在道德自由境界，自我教育的

---

① 冯友兰：《中国哲学简史》，商务印书馆 2007 年版，第 89 页。
② 王萍、任晓蛟：《基于境界论德育哲学的大学生自我修养意识培养》，《中南大学学报》（社会科学版）2011 年第 6 期。
③ 张楚廷：《教育哲学》，教育科学出版社 2006 年版，第 24 页。
④ 张楚廷：《教育哲学》，教育科学出版社 2006 年版，第 27 页。
⑤ [德] 格奥尔格·西美尔：《生命直观》，习承俊译，生活·读书·新知三联书店 2003 年版，第 16 页。
⑥ 鲁洁：《德育论著精要》，福建教育出版社 2016 年版，第 3 页。
⑦ 鲁洁：《道德教育的期待：人之自我超越》，《高等教育研究》2008 年第 9 期。
⑧ 宋欣雄：《批判与超越：张楚廷高等教育哲学的两大特质》，《江西社会科学》2019 年第 9 期。

· 143 ·

目的性将引导大学生走向更深层次的精神生存方式。

第二节 大学生道德能力内塑策略

已经确证了自我教育对道德能力内在养成的重要意义，那么如何通过自我教育实现个体道德能力的内在养成呢？自我教育视阈下的道德能力养成策略包含了正视自我、自我反思和自我激励三个基本环节，形成了一条方法链，互相联系又层层递进。首先通过自我评测，正视自身道德能力发展状况；其次通过价值澄清策略，促进大学生与自我对话，促发有效的自我反思；最后采用榜样示范方法，自我激励修正道德观念，实现大学生向上、向善的发展。

一 自我评测，检视道德能力发展状况

大学生道德能力自我评测能够帮助大学生客观认识和分析道德能力提升状况，从个体内部就其自身情况检视道德能力培育目标实现程度，帮助大学生认识到其在道德能力领域存在的问题和改进方向，吸引大学生回归教育实践活动。

（一）自我评测表的设计

以道德能力培育目标实现做参照，以布卢姆教育目标分类学做理论指导。道德能力自我测评表综合认知、情感、行为以及目标系列阶段性培育要求，按照各个领域实现的难易程度设计自我测评表。包括认知领域、情感领域和自我综合评测三个自测表。

1. 道德能力认知领域自我评测表

在认知领域，内容包含大学生道德能力培育目标，在道德知识抽象概括能力、道德推理和分析能力以及正确的道德判断三个方面需要具备的能力。认知过程维度依据掌握的不同程度设计了六个梯度，分别是记忆、理解、运用、分析、综合和创造。"记忆"是能力掌握的最低程度，是指能够回溯道德知识的内容并且保持内容的一致。"理解"是指大学生能够把关于道德的某种材料与其他材料联系起来，识别道德情境

中的道德交流。"运用"是指在道德情境中，大学生能够把学习的道德知识迁移到情境中，使用道德理论、观念等抽象概念。"分析"是指在道德情境中，大学生能够将交流分解成各种道德要素，清楚各种观念的层次以及观念之间的关系，清晰交流的内容，澄清价值顺序。"综合"是指能够根据自身在道德情境中的具体处境，在分析的基础上，组合出正确的道德判断，做出价值优先性判断。"创造"是根据道德理想，在道德情境中做出符合价值追求的、自由的道德决策，也是认知过程的最高维度（见表4-1）。

表4-1　　　　　　大学生道德能力认知领域自我测评

内容	认知过程维度					
	1. 记忆	2. 理解	3. 运用	4. 分析	5. 综合	6. 创造
A. 道德知识的抽象概括						
B. 道德推理和分析						
C. 正确的道德判断						

2. 道德能力情感领域自我评测表

在情感领域，内容包含大学生道德能力培育目标，在形成善的意愿以及向往讲道德、尊道德、守道德的生活两个方面的情感要求。情感过程维度依据对价值观内化的不同程度设计了接受、愿意、偏好、坚定、内化五个梯度。"接受"是指大学生能够感受到道德现象并能做出刺激反应，在对外界道德现象察觉的基础上，保持一种中立态度或保留判断，"接受"是情感领域的最低程度。"愿意"是指在道德情境中，大学生有自愿的想法，对道德行为表示服从和赞同，在讲道德的氛围中感到愉快、兴奋，具备这个情感程度的大学生更愿意把价值归于客体。"偏好"是指在道德冲突中，大学生能够抵制不情愿因素，对道德行为产生接受、愿意的态度，而且能够进行价值抽象，涵盖了自己、他人、社会的整体价值评价，形成价值观念，并在此过程中偏向持有讲道德、尊道德、守道德的价值，在适当情境中表现出一致的道德行为。"坚定"是指在大学生对道德信念具有高度的确定性,不仅大学生希望被别人认同,个体对道德信念达到追求它、寻找它的地步时,也会努力通过自身行为促成道德信念,并在道德冲突的时候能够牢固地坚持道德信念。"内化"是情感领域的最高维度,大学生在道德态度、道德行为、道德信念中形成一致性,就是愿意献身于社会主义的人生价值取向,内在信念与外在行为具有一致性,构成非常稳定且始终如一的人生观、价值观和世界观(见表4-2)。

表4-2　　　　大学生道德能力情感领域自我测评

内容	情感过程维度				
	1. 接受	2. 愿意	3. 偏好	4. 坚定	5. 内化
A. 善的意愿					
B. 向往讲道德、尊道德、守道德的生活					

3. 道德能力自我综合评测表

在综合评测方面,内容是指大学生道德能力发展阶段,依据道德能力发展目标序列,根据大学生道德能力发展程度,依次处于无律阶段、顺从阶段、认同阶段和内化阶段。需要注意的是,该综合表主要用于帮助大学生提升道德能力,发展自我培养意识,为客观评价道德能力发展提供一个参考标准,当大学生进行综合评测的时候,需要对照发展阶段了解其内涵定义并对照自身情况进行个体反思(见表4-3)。

表4-3　　　　大学生道德能力自我综合评测

内容	发展过程维度			
	1. 无律阶段	2. 顺从阶段	3. 认同阶段	4. 内化阶段
道德能力发展阶段				

4. 自我评测表使用方法

使用大学生道德能力自我评测表时，可以三表同时使用，也可以单独使用，借助大学生的自我发展评价视角，在个体内部就其自身的道德能力状况进行纵向比较，并且对纵向比较结果进行价值判断，以提供个体道德能力发展的内在认识依据，也为个体道德能力内在养成提供记录。自我评测表内容维度依据实践方式、主导开展自我评测的人的变化可以进行相应的调整，特别是以教师为主导开展道德实践活动时，自我评测表在内容维度方面可以精细到每一个活动所要达到的具体目标要求，也可根据道德情境的变化设置更为明确的内容。例如，大学生对道德概念掌握程度的自我评价，大学生对道德能力提升实践活动的自我情感评价，大学生对道德两难问题分析过程的自我评价等。需要注意的是，自我评测表受大学生对"过程维度"语词理解程度的影响，自我评价和他人使用测评表对同一名大学生进行评价时或许存在差别。因此，自我测评表更适于大学生在不同时间段内的自我纵向比较。此外，道德能力发展处于较高阶段时，大学生道德认知、情感领域也会相应处于较高程度。但自我测评表并不能完全代表大学生道德能力状况，除去自我视角还应该结合他者评价等多方面视角，自我测评主要用于个体自身成长的自我参照，目的是促进大学生自我反思，自我修正，该评测表不能作为大学生个体道德能力高低的唯一判断依据。

(二) 自我评测的实施

1. 以大学生为主体，教师为主导的自我教育与学校教育的融合

大学生道德能力自我评测可用于学校教育和自我教育结合使用。教师作为主导教学的主要力量，可以在课堂教学中使用大学生道德能力自我评测表。一方面，有利于教师的课堂教学组织，促进大学生由"要我学"向"我要学"的自我导向，提升大学生的学习兴趣。另一方面，不同时间记录的大学生道德能力自我评测表有利于帮助教师分析教学目标实现情况，掌握大学生个体道德能力发展自我评价，让教师在了解学生的基础上真正走进学生的内心。首先，教师应该根据教学需要，适当调整自我评测表，设置道德情境。在"过程维度"不变

的前提下，按照目标具体、导向正确、针对性强和简洁明了的原则，①设计符合教学内容的自我测评表。然后，在课堂教学活动的"引入"部分，用时10分钟左右引导大学生填写，可采用网络问卷的形式方便档案管理，教师需要说明测评内容，解释不同维度的语词含义，建议大学生客观评价。在此环节，教师应该防止给部分大学生增添心理压力而片面强调测评结果。最后，引导大学生把注意力放到对测评表的自我分析和反思方面，激发大学生重视自我成长。根据测评表具体内容可以调整使用间隔时间，针对同一内容的道德能力自我测评两次测评需要间隔较长时间，一年不超过两次。不建议频繁使用自我评测表检测活动或课程目标，道德能力发展是持续累积的结果，短时间内不会出现明显变化，自我评测的关键在于引发大学生的自我认知、自我反思并做出修正。辅导员可以在主题班会中使用该方法，"社会实践""主题团日活动"等教育实践活动中也可采用该方法。

2. 结合多种自我教育方法，激发大学生自我反思

自我评测并不是自我教育的目的，结合多种教育方法更有利于实现提升道德能力的目标。例如在课程教学中，可以采用"确立自我评价"的方法帮助大学生澄清自己的立场和观点。日本学者曾提出"道德课上的学习其实质就是反省自己、追问自己的一种学习。"②通过找出自我评价的立场和观点，对照自己与他人的自我评价，对照理想自我与现实自我的差别，思考现在的我是什么样，引发大学生对未来发展的思考。大学生们一起建立的可对照的自我评价，在确立自我评价立场的过程中，培养大学生道德情感，针对贴近大学生生活的道德事件或者道德冲突，反思自己的认知、情感是否合理和正当，借此反观自己的行为，培养自身道德判断能力。对照自己前后道德认知、道德情感、道德价值

---

① 方益权：《自我测评教学法在思想道德修养课中的运用》，《中国高教研究》2001年第4期。

② 郭雯霞：《一堂真实性评价的日本道德教学案例——从自我评价确立的角度》，《思想理论教育》2008年第4期。

观的变化，找到自己的道德困惑；客观地正视自己的道德局限，自觉地修养自己的道德行为。

二 自我反省，提升个体道德修养

反思自省是我国优秀传统文化中成就个人德性的重要方法。孔子提出"内省"概念，他认为："见贤思齐焉，见不贤而内自省也。"① 所谓"内省"，就是要从自身反思自己的德行。孟子认为"行有不得者反求诸己"，② 提出了"反省内求"的修养方法。王阳明则通过"致良知"强调观照人的内心，认为从内心求理，以求得良知。在西方"反思"这一概念也被广泛使用。洛克认为反思是指"人心对自己的活动所做的那种观察，有了这种观察我们才再理解有了这些活动的观念。"③ 斯宾诺莎提出反思是"认识什么是真观念"的方法。④ 康德将"反思"与"思考"等同，提出"在这种状况下，我们首先致力于发现我们在能够达到的概念的过程中所必备的主观条件"。⑤ 反思作为大学生与自我的对话，对提升个体道德能力有重要意义，不同时代的思想家也为大学生反思自省提供了诸多实践方法。

（一）反思自省法

大学生道德能力发展过程不单纯是道德知识的增长，还需要在实践活动中不断进行社会生活体验，需要克服由自身欲望和偏见造成的错误认知，通过正确的价值取向来破解不确定性。反思自省是大学生主动认识自我和自我剖析，学会在道德意义上分辨能做什么，不能做什么的个体内塑方法，⑥ 这个从"无知"到"良知"的发展过程，是大学生道

---

① 《论语·里仁》，张燕婴译注，中华书局2006年版，第183页。
② （清）焦循：《孟子正义》，中华书局2015年版，第446页。
③ [英] 洛克：《人类理解论》（上册），关文运译，商务印书馆1997年版，第69页。
④ [荷] 斯宾诺莎：《知性改进论》，贺麟译，商务印书馆1986年版，第50页。
⑤ [德] 康德：《纯粹理性批判》，韦卓民译，华中师范大学出版社1991年版，第316页。
⑥ 李茂森：《罗国杰道德修养论的基点》，《道德与文明》2016年第3期。

德能力内在养成的重要策略。

第一，养成自我省察的习惯。遇到道德冲突时，应该从自己的主观动机上寻找根源，① 反省自己的思想和行为，自我检查、检验，从自身中寻找造成矛盾的原因，找出自己的不足，而不是直接向他人进行道德诘难和否定。②《论语》记载曾子提出的"吾日三省吾身"，表明了随时反省自我言行的态度。孔子倡导"己欲立而立人，己欲达而达人"，③指的不是简单的利他或利己，而是要求人不要对他人造成伤害而要进行自我约束和控制。在伦理平等性的总体性关系中，施与受在不同情况下不是固定不变的，大学生应该形成一种"求诸己"的习惯，相对于要求别人践履道德准则，以自我伦理"优先"约束自己，检视自己做得如何，反思哪些做得不够。这个认识错误的过程就是一个思考的过程，为了找到深层次根源问题，对自我在心理上、意志层面上、行为习惯上进行深刻思考。

第二，创设促进自我反思的道德实践活动。反思是对道德实践活动中的行动反思，既是行动中的反思也是对行动的反思。④ 大学生在道德实践活动中遇到道德问题，在道德情境中进一步探究问题。恰当的道德实践活动能够促进大学生的自我反思能力。反思是一种思维方式，是在活动中体现出的"非规定性思维"，"不再以规定性、肯定性的思维方式，而是以非规定性和否定性的思维方式，来显示那些多样的、差异的、不规则的、非同一的理性的边缘"。⑤ 大学生处于价值观形成的关键时期，对自身与社会的关系、自己与他人的关系的理解需要在道德实践中通过正视自我和自我反思最终达到修正的目的。把促进大学生

---

① 傅琳凯、王柏棣：《论儒家自我修养方法的层次性》，《东北师大学报》（哲学社会科学版）2016 年第 1 期。

② 王中江：《"成就自身"的智慧：儒家的道德自主性和自我反思》，《齐鲁学刊》2019 年第 6 期。

③ 《论语·雍也》，张燕婴译注，中华书局 2006 年版，第 341 页。

④ 陈建斌、李芬芬：《哲学视野中行政人的自我反思及其价值》，《学术界》2013 年第 10 期。

⑤ 孙利天：《21 世纪哲学：体验的时代?》，《长白学刊》2001 年第 2 期。

"反思"的环节安排在教学、校园活动中,对大学生养成自我反思的习惯有很大益处。例如,在"思想道德与法治"等课程教学中,或者在校园文化活动中,采用交流对话等方式,帮助大学生自我反思。值得注意的是,发问和追问的方式是促进大学生自我反思非常有效的手段,在此过程中,主导者需要控制节奏,不宜给大学生过分压力从而产生排斥心理,发问后需要给予一定时间的思考空间,鼓励大学生分享思考结果。

(二)价值澄清法

道德能力的提升有赖于大学生自我反思习惯的养成,为了实现自我反思的实质性效果,许多学者围绕自我反思的具体方法和策略做了大量工作。其中"价值澄清"法多被用于促进个体检查并思考自己的生活和思想,[1] 强调尊重学生的主体意识,正视学生作为品德主体的现实存在,凭借独立思考形成自己的道德观点,提高道德思维能力和选择能力。[2] 价值澄清学派创始人拉斯认为:"教给学生一种评价的过程就是教给了他们一些终生受用的东西。"[3] 然而价值澄清理论是应时代召唤的产物,作为20世纪活跃于西方教育界的理论成果当然也存在一定的局限性。例如对传统道德灌输持全盘否定态度,在德育方法上采取放任态度,忽视核心价值观的引导,导致道德相对主义泛滥等问题突出。[4]

当我国大学生面临多元价值观冲击道德选择产生困惑时,我们需要从价值澄清理论中获取正反两方面的经验。如同美国学者威尔森所指出的:"正当中国教育工作者面临着文化与社会变迁现象横扫全国而竭尽全力,以便有效果地教导下一代良好的道德标准时,或许可以从美国过去的经验里、从他们的错误与成功中学习到有益于中国的教

---

[1] [美]路易斯·拉思斯:《价值与教学》,谭松贤译,浙江教育出版社2003年版,第49页。
[2] 易莉:《论美国道德教育的转向》,《教育评论》2011年第1期。
[3] 戚万学:《冲突与整合——20世纪西方道德教育理论》,山东教育出版社1995年版,第295页。
[4] 冯文全:《论拉斯的价值澄清德育思想及其启示》,《比较教育研究》2005年第1期。

训。"[1] 重视价值观培育就是帮助大学生用正确的价值标准来看待人生、社会以及自己的生活、生命，正确理解生命的价值，形成自己的道德信仰。因此，在坚持社会主义核心价值观引领，明确价值观教育主导内容的价值共识前提下，我们需要汲取价值澄清理论尊重学生主体，促进学生身心自由表达的主张。一方面，把澄清理论的方法和我国大学生实际情况相结合，改进高强度单向灌输可能诱发的问题，例如大学生表现言行不一或是"道德虚伪"等现象，"他的外部行为并不是内在情感的自然流露，他之所以能够做出一些浅表的道德行为，也许是由于他人在场所造成的压力，或处于自身印象管理的需要所致"。[2] 通过书写策略、价值清单罗列等方法锻炼大学生剖析自我、认识自我、自我反省的能力。另一方面，坚持双向互动与灌输的结合，[3] 坚持大学生自我教育等多种教育形式融合，进而推动个体能动性的提升道德能力。

1. 价值清单

价值清单以一种宽松的氛围和吸引人的方法，提供给大学生一系列问题，鼓励他们经过慎重思考后做出书面陈述，这些问题旨在促进大学生经历自我澄清，认真审视并评价问题。主题可以是大学生自己设定的道德相关问题，也可以是在教师主导下提前计划好，贴近大学生生活并且与道德能力培育相关的问题。主题设计需要把握几项原则：价值清单问题需要贴近大学生的实际道德生活，与大学生的实际行为相关；需要独立思考，自我审视；采用书面回答；问题设置避免"非此即彼"的选项，限制相关思考；价值清单可采用团体讨论或者个体分享的形式；对大学生的书面反思不能放任不管，需要采用恰当的方式帮助其思考价值取向，确定价值顺序，主导者可以采用书面评语提出有助于学生进一

---

[1] [美] 威尔森：《美国道德的教育危机的教训》，《国外社会科学》2000 年第 2 期。
[2] 曾钊新、涂争鸣：《心灵的碰撞——伦理社会学的虚与实》，湖南出版社 1993 年版，第 171 页。
[3] 陈宏建、李素梅：《价值澄清理论对我国高校德育的意义》，《思想政治教育研究》2015 年第 1 期。

步思考的评语,[①] 大学生可以根据理想自我和现实自我的差别思考未来发展方向,做出有益于修正自我的新要求;如有主导者参与讨论,主导者应强调书面反思不会"被批改"。[②] 关于道德能力提升,以"大学生助学金申报"为例,设计价值清单问题,如表4-4所示,主要包括九个问题,其中前四个问题旨在帮助大学生澄清道德公正问题;第五至第七个拓展问题帮助大学生澄清对个人与他人关系的理解;最后两个问题促进大学生澄清获得的启发以及梳理自我反思的内容。

表4-4　　　　　　　　大学生道德能力培育价值清单

步骤	内容
价值清单问题	事例:大学生助学金申报 (1) 你认为申报助学金的同学应该符合哪些标准? (2) 假如你的家庭情况比班上大多数同学都好,而你具备申报助学金的资格,你会申请吗?为什么? (3) 有同学为了申报助学金,故意"矮化"自己的家庭情况,对此你怎么看? (4) 当你发现不符合条件的同学获得了助学金,虽然助学金与你无关,你会选择"别管闲事"吗?为什么?还是会做些什么?为什么要这么做? (5) 当你看到破坏公平的行为时,你是什么感受? (6) 有人认为,人本质上是自私的;你务必谨言慎行;你最好为自己着想,而且不要"多管闲事",对此你有什么想法? (7) 有人认为,人必须团结一致,互相帮助,谁也不是一座孤岛,你应该帮助"那些有困难的人",对此你有什么想法? (8) 你意识到什么? (9) 如果你打算做出一些改变,那会是什么?假如你并不打算有所改变的话,请写上"无变化"。
价值澄清书面陈述	独立思考,书面陈述

2. 反思写作

反思写作适用于价值清单的价值澄清部分,也就是对价值清单问题

---

① 马娟:《价值澄清视角下的当代青年大学生自我责任意识培养》,《青年探索》2015年第2期。
② [美] 路易斯·拉思斯:《价值与教学》,谭松贤译,浙江教育出版社2003年版,第132页。

的书面回答。也可用于对实际生活中发生的道德事件的评论,摘选当前大学生关心的道德事件案例作为写作阅读材料。在仔细思考案例后,通过自我发问写下体会,可采用以下类似问题逐一阐述。"阅读后你有什么反应?文章支持什么?反对什么?你是否有过与他类似的经历?有没有你正在努力加以改变、改善的事情?"[1] 内容必须采用书面表述,这样更利于独立、慎重的思考。为了避免反思写作受其他因素的干扰,例如取悦教师或者其他同学,或者为了辩论立场忽视反思过程。教师可以通过单独交流或者书面交流的方式纠正、纠偏、启发大学生进一步审视自己的观点。

反思写作借由一个与自身独处的空间,促使大学生在文字叙述中与真实的自我道德观念交流,在亲历的同时动态生成。反思写作并不是价值澄清的结果,也不是总结呈现,而是道德直觉能力、道德判断能力和道德自我认识的实践。在纵向上表现为个体道德能力的发展过程,在横向上表现为个体道德能力各要素的构建结构,在序列上表现为感性价值、有用价值、生命价值和精神价值的上升秩序。[2] 这种方法需要有一定的自我反思能力和自我察觉敏感度,同时需要具备一定水平的文字表达能力,有一定的难度,比较适合进入高校学习的大学生,价值反思写作过程本身和作品都是对大学生道德能力发展的生动呈现。

三 自我激励,榜样示范

榜样示范是思想政治教育实践的常用方式,哲学家舍勒通过现象学本质阐明"榜样追随"是人格生成的重要时机,从而奠定了榜样教育的理论地位。[3] 榜样示范主要依靠个体间的差异性激发学习者的自我反

---

[1] [美]路易斯·拉思斯:《价值与教学》,谭松贤译,浙江教育出版社2003年版,第110页。

[2] 孙瑞玉:《舍勒价值伦理学中的"榜样追随"及其教育意蕴》,《教育研究》2020年第5期。

[3] 孙瑞玉:《舍勒价值伦理学中的"榜样追随"及其教育意蕴》,《教育研究》2020年第5期。

思和主观能动性，根据人的模仿心理机制这一客观条件，对榜样的观照走向自我反思、继而走向自我修正最终走向自我超越。榜样本身具有生动鲜明的形象，大学生通过接受榜样精神的感染、激励，促使自我道德行为动机得到激发和强化，从这个意义上来说，榜样示范对于大学生道德能力的内在养成有深刻的价值。在心理学家看来，模仿作为一种社会学习，不仅会使人原来潜在的行为倾向得到表现，而且会使人学习到新的原来没有的行为。然而，对于道德能力的养成，如果止于对其行为样式的模仿，那么榜样示范可能仅会作为举例的内容释放有效的价值，或者沦为形式。因为对于榜样的模仿只能是源于大学生渴望追求善的价值的内在需求，以及自觉自愿的内在动机。我们需要激发大学生从模范人物的行为中主动探寻其如何成为典范的过程，学习和领悟模范人物的具体行为样式中体现的道德精神，从榜样人物的示范中体察到价值和人格的统一，在道德实践过程中具有主动效仿模范人物的动力，进而提升自我的道德直觉能力、道德判断能力和道德践履能力，从而推动道德能力构建。因此，作为道德能力内塑途径的榜样示范，道德要求指向大学生自身，需要从大学生的认知、理解、情感和践行的视角，落脚在融合正确的自我理解、审慎的自我反思以及道德实践活动的自我教育中。

（一）榜样可亲，促成"榜样追随"原发动力

道德能力的养成需要有榜样，大学生愿意将某人作为榜样，是发自内心认同其所承载的价值意义。大学生经常面临的道德问题，常常是以现实生活为中心而展开的，尤其是那些经常使道德选择显得扑朔迷离的问题，例如如何处理友谊、利益、秩序、合作等问题。能否带动大学生自我反思、自我激励，关键在于以具体人或事作为范本是否能引发大学生在情感上产生佩服之意，在认知上表示认同后，是否愿意追随榜样内塑有价值的人格。榜样示范的道德力量本质上是一种非权力的影响力，启发大学生的对象应当是比那种带有自来职位、资历、利益等因素的强制性的影响效力更为广泛和持久的人。因此，榜样的选择一是要符合大学生的年龄特征，侧重于对榜样精神的抽象、

分析，①榜样信息的呈现方式也应该符合大学生的认知、情感特点。例如传播载体和表达内容的适宜性。二是要注重榜样信息的真实性，不能人为拔高或过度渲染，应该符合大学生的认知特点。曾钊新先生认为："值得我们仰慕和追求的范例，必然要以真实性为基础。"不能人为地去除榜样的缺点，拔高榜样的实质反而是榜样形象的毁灭。三是榜样贴近大学生的生活，无论从大学生内在心理发展的认同程度，还是外在榜样示范效能来说，榜样不能只有"高大全"的典型。大学生与榜样之间因为位势差的存在引发大学生的模仿和践行，榜样位势表现为其道德水准的优先性。一方面，位势差距过大，会导致大学生抱持"敬而远之"的态度；另一方面，如果缺乏明显的差别，也会丧失示范性。选择大学生身边的同学或者同龄人更能引发其内心的认同和情感共鸣，还需注意榜样在大学生群体中应该具有广泛认同，有群众基础。

（二）主动探寻，将自我引向道德上有价值的善的正轨

榜样是价值人格的统一，"用榜样一词所指的不是这个有皮肤有毛发的实际的人"，②康德认为："好的样板不应当充当典范，而应充当合乎义务的东西的可行性的证明。"③关于榜样的道德行为是与其人格及其内容上多元性所决定的，大学生对榜样效仿的过程，首先是对具有意义的榜样人物的具体行为进行抽象，找到行为内含的主导精神。具体行为只是其精神的外化，行为不是凭空出现的。对于大学生来说，榜样示范的自我教育，需要养成一种分析其成为典范过程的能力，知晓榜样成长的过程，理解在面临困境的时候，为什么做出如此选择的原因，将自我的选择与榜样的选择加以对比，形成精神上的鼓励和内在反思的动力。同时，榜样是一定社会生活条件的产物，受社会环境和面临具体情

---

① 戴锐：《榜样教育的有效性与科学化》，《教育研究》2002年第8期。
② [德]舍勒：《伦理学中的形式主义与质料的价值伦理学：为一门伦理学人格主义奠基的新尝试》，生活·读书·新知三联书店2004年版，第568页。
③ [德]康德：《道德形而上学》（注释本），张荣、李秋零译，中国人民大学出版社2013年版，第253页。

境的影响,榜样的行为可能呈现多元性,也有其不完美的一面。榜样是在诸行为的进行中动态生成的统一的人格形式,彰显的是人格价值。"我应该朝向本己的观念的爱的秩序、观念的价值本质去存在和自身生成,而这一人格生成的时机在于:自身价值感受和榜样跟随。"① 通过这些具有人格感召力的榜样事例,激发大学生主动思考,正确的自我理解,理性的自我说服,将个体引向可以获取善的荣誉的正轨。这种主动寻找个体间差异性的方法是大学生从榜样示范的途径获取提升道德能力内在修养的重要手段。

(三) 主体体验,在实践中形成自觉的道德情感认同

大学生已经具备洞察能力,在实践活动中如果能真正体验榜样在道德情境中做出正确选择并付诸行动的心理变化,驱动大学生认同榜样的价值选择,将由此产生一种内在模仿的动力。这种模仿动力是在认同基础上的一种自觉的行为,"任何强迫模仿的企图,都会引起抵制或冷淡的态度"。② 榜样示范的实现依赖于大学生在实践体验中,建立在情感认同基础之上的主动将榜样视为学习的对象,并由心理上的认同,发展为情感上的认同,继而促发道德的行为。③ 对榜样的模仿,是大学生内心世界向善的道德渴望,也是自身向往美好人格的道德需要,自我价值认同与实现的追求。亚里士多德认为"道德的德性同感情与实践相关,而感情与实践中存在着过度、不及与适度",④"而在适当的时间、适当的场合、对于适当的人、处于适当的原因、以适当的方式感受这些感情,就既是适度的又是最好的"。⑤ 在实践

---

① 张任之:《质料先天与人格生成——对舍勒现象学的质料价值伦理学的重构》,商务印书馆2014年版,第60页。
② [英]沛西·能:《教育原理》,王承绪、赵端瑛译,人民教育出版社2005年版,第168页。
③ 李秀娟:《传统道德文化现代践行的榜样示范》,《中南大学学报》(社会科学版)2012年第1期。
④ [古希腊]亚里士多德:《尼各马可伦理学》,廖申白译,商务印书馆2003年版,第48页。
⑤ [古希腊]亚里士多德:《尼各马可伦理学》,廖申白译,商务印书馆2003年版,第48页。

活动中，创设道德情境，通过大学生丰富的情感体验，提升其对道德榜样所呈现的道德品质的辨识力，使其更为正确地观察道德榜样，产生情感上的共鸣与依恋。① 提升道德践履能力，促成道德能力的内在养成。

  自我教育是大学生道德能力内在养成的主要路径，通过内塑策略的分析为培育目标的实现提供了多样的手段。需要注意的是，个体道德能力的内在养成需要外在环境刺激，需要实践活动载体，道德能力培育的高效发挥需要自我教育、学校教育等多类别融合。接下来，研究将会对学校教育路径以及实践活动路径做深入的讨论。

---

① 张彦、胡俊：《品格教育中榜样示范的问题与回应——以亚里士多德美德论为考量视角》，《道德与文明》2020 年第 3 期。

第 五 章
大学生道德能力课程教学模式探索

习近平总书记强调："要用好课堂教学这个主渠道，思想政治理论课要坚持在改进中加强，提升思想政治教育亲和力和针对性，满足学生成长发展需求和期待，其他各门课都要守好一段渠、种好责任田，使各类课程与思想政治理论课同向同行，形成协同效应。"[1] 正是课程教学道德价值意蕴的存在及其实现，才使得立德树人教育根本任务的实现有依托、能实践。大学生在教师有意识、有计划、有方法、有载体的课程教学双向互动中，个体道德能力得以发展，借由思政课程的教学提升大学生的道德品质，实际上是学校培育大学生道德能力的主要路径。

第一节　课程教学对大学生道德能力培育的作用

教学作为人类一种特殊的文化传递的实践活动，教学过程需要做出是非判断和价值判断，"它应使大学生具备高尚的品德和人格，成为'担当民族复兴大任的时代新人'。"[2]

一　课程教学本身具有道德性

课程教学作为实现道德教育最基本的途径，理应包含道德教育的全

---
[1]　《习近平谈治国理政》第 2 卷，外文出版社 2017 年版，第 378 页。
[2]　陈秉公：《"学习习近平总书记在学校思想政治理论课教师座谈会上的重要讲话"笔谈》，《福建师范大学学报》（哲学社会科学版）2019 年第 4 期。

部内涵。在说到教育的时候，我们一般不称之为"好教育""有意义的教育"，当然也没有"坏教育""有害的教育"。对教育的称谓已经承认了其是好的，有益的。单独来看，"教"是否包含善意是不确定的，把"教"和"育"联系起来，成为具有价值的内容、产生有益影响、包含善的目的的教，谓之"教育"。① 知识的学习及能力的提升，就像健身运动和竞技运动一样，唯有包含善的意图和有价值的内容，才能称为"教育"。"教"从内容上说是个道德中立的概念，从方式和手段上却是一个道德概念。麦克莱伦（J. MaClellan）指出，"没有道德性的'教'（如训练、灌输、建立条件反射等），是'教'的'赝品'；有道德性的'教'，才是'教'的'真品'。"② 在实际教学活动中，教学并不是一种价值中立或无救的技术性活动，课程教学是肯定和承认这种影响或活动在内容上是有价值的，在方式上是合乎道德的，至少在道德上是在可以接受的前提下展开的实践活动。同时，教学作为一种实践活动，教学对象是人，指向大学生全面而自由的发展，赫尔巴特认为："教育性教学"乃是培养学生道德性格的关键所在，旨在引发学生的多方面兴趣来培养他们的思想范围，进而达成德行的养成。③ 无论是教学的过程还是教学的目的，都是"通过与文化和实践的交往，实现完整人格培养的过程"。④ 因此，课程教学本身就是关于道德的实践，具有道德性，与大学生道德能力培育目标一致。

二 思政课程肩负立德树人的重责

习近平总书记强调："思想政治理论课是落实立德树人根本任务的

---

① 黄向阳：《德育原理》，华东师范大学出版社2000年版，第21—30页。
② [美]詹姆斯·麦克莱伦：《教育哲学》，宋少云、陈平译，生活·读书·新知三联书店1988年版，第44页。
③ 刘凤、刘铁芳：《经典教学的教育性探究：从赫尔巴特看经典教学的意义及实践路径》，《全球教育展望》2020年第7期。
④ 王飞、丁邦平：《苏联教学论与美国课程论：在中国的误读与误解》，《比较教育研究》2013年第1期。

关键课程"，① 思想政治理论课作为高等学校必修课，肩负大学生马克思主义理论教育，世界观、人生观、价值观培养的任务。以"思想道德修养与法律基础"（以下简称"基础"）课为主的大学生道德教育课程，以"理想信念教育为核心，以爱国主义教育为重点，以思想道德建设为基础，以大学生全面发展为目标。"② 对于大学生树立社会主义、共产主义的理想和信念，培养正确的道德观以及重视个体道德修养的提升有重要作用。在提升道德认知方面，"基础"课涵盖大学生社会公德教育、大学生职业道德教育以及大学生家庭美德教育。以为人民服务为核心、以集体主义为原则的社会主义道德教育，培养大学生正确处理个人、集体、国家三者之间的利益，实施社会主义核心价值观教育。在提升道德情感方面，道德能力发展是在不同的道德情境中做出主体性选择的过程，道德情境首先是道德情景。"基础"课教学通过课程系统、教学系统、校园文化系统等多方面手段创设了多种道德情景，包括个人、个人与他人、个人与群体、个人与社会等丰富的情景讨论，在不同的道德情景中，个体做出道德判断的过程就是个体主体性表达的过程，从而实现道德能力的提升。在实现道德实践方面，"马克思主义不是书斋的学问，而是来自于实践、归之于实践、用于指导实践"③ 的理论。课程通过系统讲授马克思主义道德观的生成逻辑、理论内涵和时代价值，使大学生在社会交往和公共生活中自觉践行社会主义现代文明的道德规范，构建起大学生科学的世界观、人生观和价值观。④

三 思政课程激活课程知识的道德价值

习近平总书记指出："要坚持价值性和知识性相统一，寓价值观引

---

① 《习近平谈治国理政》第3卷，外文出版社2020年版，第329页。
② 《中共中央、国务院关于进一步加强和改进大学生思想政治教育的意见》，《人民日报》2004年10月15日第1版。
③ 习近平：《在纪念马克思诞辰200周年大会上的讲话》，《人民日报》2018年5月5日第1版。
④ 鲁君、杨文选：《在"思想道德修养与法律基础"课中加强学生品德修养的几个着力点》，《思想理论教育导刊》2019年第12期。

导于知识传授之中。"[1] 2020 年 5 月,教育部颁布的《高等学校课程思政建设指导纲要》明确指出,"必须将价值塑造、知识传授和能力培养三者融为一体、不可割裂。全面推进课程思政建设,就是要寓价值观引导于知识传授和能力培养之中,帮助学生塑造正确的世界观、人生观和价值观。"[2] 知识的形成源于人的物质、情感、精神价值的需要并受制于人类社会的价值秩序;[3] 价值判断虽然具有主观性,却仍需要客观知识为支持和验证。[4] 知识与道德的关系不能只停留在知识何以推动个体道德升华的讨论中,更应该关注如何组织和呈现知识的道德价值,进一步来说,课程教学促进课程知识道德价值的觉醒是课程教学功能的实现,课程教学也因此成为大学生道德能力培育的主要途径。通过教师预先设计、组织、实践等环节,课程教学促进大学生对知识的领悟,"事实上,知识不仅是为人生赖以可能的社会关系的建构提供智力的工具,同时也为这种社会关系的正当性提供辩护"。[5] 在知识的引导下理解知识所蕴含的道德价值,领悟知识所成就的人生在何种意义上才算有价值,或者在何种意义上才应该被倡导,课程教学推进大学生对道德价值的内化。根据前文所述,大学生道德能力是以个体内在发展为尺度,道德价值作为课程知识的内隐价值并在教学实践中不断被挖掘,大学生道德能力培养需要在发挥大学生主观能动性的过程中促进其内在道德能力养成。在课程实践中,教学运作的每一个要素都是课程知识道德价值得以最大限度发挥的前提。例如,教师道德能力发展水平、课堂组织、教科书的选用、课程评价导向等。课程教学从认知、选择和关系等多个角度促进大学生对道德的理解、认同和内化。

---

[1] 《习近平谈治国理政》第 3 卷,外文出版社 2020 年版,第 330—331 页。
[2] 《教育部关于印发〈高等学校课程思政建设指导纲要的通知〉》, http://www.moe. gov.cn/srcsite/A08/s7056/202006/t20200603_462437.html. 2020 - 08 - 01,2020 年 6 月 28 日。
[3] 胡术恒:《论课程思政中知识传授与价值引领的融合——基于罗素教育目的观的分析》,《思想政治教育研究》2020 年第 2 期。
[4] 董雅华:《论思想政治教育中的知识性与价值性》,《贵州社会科学》2017 年第 2 期。
[5] 石中英:《教育哲学》,北京师范大学出版社 2015 年版,第 113 页。

四　教师通过课程教学主导大学生道德能力发展

个体道德能力的发展是大学生内部和外部共同作用的结果，外因是变化的条件。教学是大学生在教师指导下的一种学习活动，它是由教师"教"与学生"学"共同构成的一种双边活动过程，[①] 教师作为教学活动的组织者、实施者和管理者，决定着教学进程、教学内容和教学方式。教师的主导作用贯穿整个教学过程，即课程的主导思想、主要内容、评价方法等。又因为教师在知识结构、社会认知、道德发展、职业责任等方面比大学生有更全面的体验，故而形成权威感和示范效应，特别是在价值引导、思想疏导、行动督导方面都发挥至关重要的作用。在课程教学中，教师主要是通过调动大学生自主参与到课堂教学中进行自我教育，教师不断协调道德能力培育各要素之间的关系，促成教师的意识活动、实践活动和大学生的意识活动、实践活动的充分展开，促成教育者和受教育者之间产生物质、精神和语言的交往互动，其中教师发挥主导的能动性施教，保证道德能力培育活动沿着特定方向运行，激发大学生的道德能力主体性，"离开了学生的主动性，教师的主导作用就失去它的主要内涵，失去了它的对象和归宿"。[②] 离开了外在主导力量，大学生的道德能力发展可能是低效的、盲目的，甚至会偏离方向。[③]

第二节　思政课程：基于"思想道德与法治"课程的道德能力培育模式探索

为了适应新时代背景下培养担当民族复兴大任的时代新人的任务，

[①] 冯文全：《对"教师是主导，学生是主体"命题的多学科视角的审视》，《教育研究》2007年第10期。
[②] 胡德海：《教育学原理》，甘肃教育出版社1998年版，第412页。
[③] 蒲清平、何丽玲：《思想政治理论课要坚持主导性和主体性相统一》，《思想教育研究》2019年第11期。

"基础"课对青年大学生道德品质培育的新要求,是以实现正确的道德认知—自觉的道德养成—积极的道德实践为具体培育目标的。为了全面提升思政课教学质量,国家要求"加大思政课教研力度,开展思政课教学重点难点问题和教学方法改革创新等研究"。①

　　"思想道德与法治"课是高校实施道德教育的重要途径,也是高等学校思想政治理论课课程体系的重要组成部分。党的十八大以来,以习近平同志为核心的党中央高度重视思政课建设,做出一系列重大决策部署。习近平总书记在学校思想政治理论课教师座谈会上指出:"思政课是落实立德树人根本任务的'关键'课程",②"要积极改革教学方法,创新教学艺术,注重发挥教与学两个积极性,推广富有吸引力感染力的多种教学方法"。③ 2019年8月中共中央、国务院印发《关于深化新时代学校思想政治理论课改革创新的若干意见》,文中指出:"落实新时代思政课改革创新要求,不断增强思政课的思想性、理论性和亲和力、针对性,注重推动思政课建设内涵式发展,全面提升学生思想政治理论素养,实现知、情、意、行的统一"。④ 思政课要坚持理论性、科学性和适应性。一是要适应学生需求,思政课建设要有操作性,就要进入大学生的生活世界,了解他们关注的对象和具体感受,观察大学生现有困惑和问题,积极创新方式方法。二是要适应现实要求,紧跟时代脉搏,观照现实问题,以透彻深刻的思想深度和丰富多样的内容形

---

　　① 中华人民共和国教育部:《中共中央办公厅　国务院办公厅印发关于深化新时代学校思想政治理论课改革创新的若干意见》,http：//www.moe.gov.cn/jyb_xxgk/moe_1777/moe_1778/201908/t20190815_394663.html,2019年12月12日。

　　② 中华人民共和国教育部:《用新时代中国特色社会主义思想铸魂育人　贯彻党的教育方针落实立德树人根本任务》,http：//www.moe.gov.cn/jyb_xwfb/gzdt_gzdt/201903/t20190318_373973.html,2019年12月12日。

　　③ 中华人民共和国教育部:《用新时代中国特色社会主义思想铸魂育人　贯彻党的教育方针落实立德树人根本任务》,http：//www.moe.gov.cn/jyb_xwfb/gzdt_gzdt/201903/t20190318_373973.html,2019年12月12日。

　　④ 中华人民共和国教育部:《中共中央办公厅　国务院办公厅印发关于深化新时代学校思想政治理论课改革创新的若干意见》,http：//www.moe.gov.cn/jyb_xxgk/moe_1777/moe_1778/201908/t20190815_394663.html,2019年12月12日。

式回应实际难题。思政课改革势在必行，如何在遵循大学生成长规律，遵循教育规律的同时，立足中国实际，提出适合我国大学生的本土化道德能力教学模式是提升"思政"课实效性的策略之一。

一 "道德困境讨论"模式教学设计[①]

笔者于2018年在云南某高校开展了为期一个学期的"基础"课"困境讨论"模式教学实验，在两个实验班中开展"困境讨论"教学模式，以"大学生价值观""网络道德"为主题编写困境故事两则，引导学生进行90分钟的讨论，课堂充分体现了以"学生"为主体的理念，大学生道德能力培育效果明显。

（一）"困境讨论法"模式的程序

确定主题编制道德困境故事，组织学生进行90分钟的讨论，具体过程如下。

第一阶段：编制道德困境故事。此阶段还未正式进入90分钟教学时间，为准备阶段，教师可以根据教学主题，提前编制道德困境故事，一个主题一个故事。笔者根据大学生实际道德困境，编制半真实道德困境故事"综合测评风波"：A同学是学生会的干部，深受老师和同学欢迎，B同学是A同学的老乡，他们从初中开始就是好朋友还一起考入远离家乡的同一所大学。B同学在参加综合测评时，发现如果多一个参加活动的证明就能多加一分，有了这一分就能拿到奖学金，B同学家里突然遭遇变故，急需要用钱，于是B同学向A同学提出请求，希望A同学利用职务之便帮助B同学开一份假证明。如果你是A同学的话，面对B同学的苦苦哀求以及老师和同学对你的信任，你会选择开证明吗？

第二阶段：呈现道德困境故事。从此阶段开始进入90分钟教学时间，教师采用陈述或是纸质阅读的方式引导大学生理解"综合测评风波"故事里A同学和B同学存在的道德困境。虽然困境故事是根据大学生或将面对的真实情境改编而成的，但是每位同学对故事内容的理解

[①] 唐艳婷：《提升大学生道德能力的德育课程探索》，《江苏高教》2019年第8期。

存在差异，对故事关注的重点可能存在偏差，此时需要教师引导大学生关注故事原意，引导大学生形成思考的氛围，在故事呈现之后，需要给出大学生思考的时间，会出现一段静默期。

第三阶段：第一次表决，分组讨论。进入该阶段，教师可以选择两位同学担任助教，全程参与管理并记录讨论观点，选择助教的方式以学生自愿为主。通过一段时间的静默，大学生在自我审视中会逐渐澄清自己的想法，教师给出明确口令，引导全班同学做出表决，以举手的方式做出选择。"如果你是 A 同学，你会选择开证明还是不开证明？"部分同学面临选择会难以做出决定，教师需要给予一定压力让其做出选择，请助教分别清点两方选择的人数。需要注意的是，对于无法做出选择没有明确表达观点的同学，教师需要再次给出压力直至每一位同学都做出选择。教师与助教配合清点双方人数并写在黑板的两端。接下来，教师引导大学生根据自己的选择调换座位，形成选择同一个结果的同学坐在一起的形式，双方分坐在教室的两端。双方人数因困境故事不同会形成不同的局面，就"综合测评风波"故事来说，双方会形成有悬殊的选择结果，选择"开证明"的同学占多数。此时，教师指导双方同学组成不多于四人，不少于三人的小组，在双方内部形成的多个小组中展开讨论。讨论过程中，教师和助教需要引导同学们找出支持自己观点的依据，倾听其他同学的发言内容。

第四阶段：双方交替发言，全体讨论。双方内部小组讨论结束后，接下来就在选择"开证明"与"不开证明"之间进行公开讨论，双方按照"乒乓球"原则交替发言。教师鼓励大学生说明做出该决定的原因，创设平等对话的氛围，引发大学生阐明自己这么选择的原因，尽量打消同学们担心自己观点对错的顾虑，教师需要保持态度中立不对同学们的发言内容做价值评判。此时，讨论会非常激烈，教师需要提醒同学们注意，这个过程不是在辩论，不需要采用"我方观点"和"你方观点"等字眼，讨论的重点在于"你为什么做出这个选择"。此阶段，教师需透过学生的发言，发现大学生道德能力发展所处阶段，并让学生接触比自己所处阶段更高一级的道德认知水平，建立道德情感联结，产生道德气氛。助教需要提炼双方观点，逐条记录在黑板上，便于下一阶段的开展。

第五阶段：选择能说服自己的其他观点，进行第二次表决。此阶段教师需要组织学生仔细考虑黑板上记录的观点，引导大学生思考与自己不同的观点，引发学生将自己的想法与讨论中出现的不同的意见进行整合，分享能够说服或者自己比较赞同的观点以及原因。此后做出第二次表决，让学生再次审视自我道德认知和道德情感并最终做出判断，在选择前给予充分的时间独立思考，反思讨论内容。

第六阶段：总结阶段。此阶段非常重要，教师在给予同学充分反思的时间前提下，向同学发问："这堂课你从中学会了什么？""这堂课你有什么收获？"同学们分享个人收获后，教师可以根据困境故事的主题提出相关概念，布置参考书目，就"综合测评风波"故事而言，总结阶段教师可以引出"道德"与"法律"的概念，指出道德认知、道德情感和道德行为的关系（如表 5-1 所示）。

表 5-1　　　　　　"道德困境讨论"模式指导过程

时间	教师指导过程	内容	注意事项
0—5 分钟	陈述"道德困境"故事内容；两名学生担任助教；营造讨论氛围	让学生知道故事内容；让学生充分展示个人情绪	一个主题一个故事；教师要关注同学的反应
5—10 分钟	引导学生关注困境故事核心冲突；留出 1 分钟让学生独自安静思考	让学生表达自己的情绪	提醒同学一会儿还有时间可以讨论
10—12 分钟	组织学生做出选择（赞同还是反对）；请助教把表决结果写在黑板上	学生第一次表决	提醒犹豫不决的学生做出表决，不能弃权
12—20 分钟	根据学生表决结果（赞成和反对）把学生安排到教室的两边；在双方内部让同学组成3—4人小组；小组内部讨论找出支持他们观点的依据；助教配合	分成赞成和反对两方，在两方内部组成多个小组，通过小组讨论找出论据	小组成员不少于 3 人，不多于 4 人

续表

时间	教师指导过程	内容	注意事项
20—50 分钟	组织赞成和反对两方讨论,陈述讨论规则：所有观点都可以说不用考虑对错；赞成和反对两方轮流发表观点；安排助教把双方观点写在黑板上	赞成和反对两方轮流发表观点	当出现违背讨论规则的情况时教师需要立刻阻止
50—67 分钟	把自己的观点和他人的观点相互推敲（特别是对方观点），思考与自己想法不同的各种意见，分享能够说服或者自己比较赞同的观点以及原因。	鼓励分享	鼓励小组讨论 鼓励少数派发表观点
67—70 分钟	组织学生表决：你赞成困境故事中的主人公的做法还是反对？结果写在黑板上	学生第二次表决	表决前留出思考时间
70—90 分钟	学生反馈，教师总结，引出道德概念，布置参考书目	你从中学会了什么？教师反馈讨论过程	记录反馈内容

二 "道德困境讨论"模式理论背景

21世纪以来，国际道德教育研究一直把目光聚焦在公民教育、价值观教育、道德情感等主题上，研究显示，关于青少年道德发展的实证研究是国际道德教育的研究热点和前沿，特别是致力于分析道德来源、道德判断、道德能力测量等问题的道德基础理论，正是由于这些方法的使用和改进，使得许多国家的道德教育在短短的几十年里取得了很大的进展。

"基础"课道德能力"困境讨论"教学模式是基于德国道德心理学专家乔治·林德（Georg Lind）提出的康斯坦茨道德困境讨论法（Konstanz Method of Dilemma Discussion，简称KMDD），KMDD旨在促进主体道德能力提升，帮助个体减少其内在道德原则与日常行为之间产生的缝隙。采用讨论的形式引发个体对道德认知、道德情感和道德行为关系的反思，反对采用强制或欺骗的手段来实施道德教育，达到促进人们解决道德问题和道德冲突的能力。林德主张道德需要教授而且能够教授，灌输的方法对于受教育者道德观念的改进有一定效果，但并没有明显促进受教育者道德能力的发展，道德能力在本质上是一种寻找和解决道德冲突的方式。① KMDD 的目的是通过各种手段达到最佳的道德学习氛围。为此，林德认为首先是要选择一个适当的两难故事，然后在组织 KMDD 研讨活动时应该设置一些可供选择的有挑战的阶段，在讨论形式上采用交替的方式让个体形成自我节制。KMDD 是在继承柯尔伯格道德教育理念基础上进一步改良的成果。仅强调道德认知发展不能代表个体道德能力的发展，在 KMDD 模式中，林德强调了个体会在讨论中使他们察觉自己的道德情感，并把这些情感变成话语，② 道德认知和道德情感在课程教学中都获得发展的方法改进了柯尔伯格过分强调道德认知能力的局限性。KMDD 模式在不同文化背景的教学中运行良好，具有超越文化背景的普适性。但事实上，各国学者在运用 KMDD 教学时，总是基于本国道德教育的实际做出一系列的调整，特别是对于道德困境故事的编写，即为贴近本国实际做出的研究发展。课程是文化、知识、育人、环境集于一体的信息载体，KMDD 与中国大学生实际情况有一定差异，在前人引进 KMDD 走入中国课堂的基础上，笔者立足中国实际，考虑国情、教情、学情等因素对困境故事、创设情境、推理形式以及教学阶段等方面做了本土化改良。

三 "道德困境讨论"模式实施效果

（一）"基础"课实验量化结果分析

笔者于 2018 年秋季学期在云南省某高校一年级中开展"道德困境讨论"教学模式实验，A 教师在"基础"课教学中对两个实验班分别

---

① 唐艳婷：《提升大学生道德能力的德育课程探索》，《江苏高教》2019 年第 8 期。
② ［德］格奥尔格·林德：《怎样教授道德才有效——德育心理学家给教师的建议》，杨韶刚、陈金凤、康蕾译，中国轻工业出版社 2018 年版，第 144 页。

开展"道德困境讨论"教学模式，实验 1 班为艺术专业学生共 76 人，实验 2 班为各专业学生共 72 人。B 教师保持以往教学方法在两个对照班级上"基础"课，对照 1 班为艺术专业学生 68 人，对照 2 班为生物专业学生 70 人。为排除干扰项，实验 1 班与对照 1 班是同一个学院同一个专业学生。分别于 2018 年 9 月和 2019 年 1 月在四个班级中前后两次进行道德能力测验（MCT）。如表 5-2 所示，实验 1 班与实验 2 班 C 分数均有明显提升，对照 1 班与对照 2 班 C 分数没有明显变化，对比四个班级期末考试卷面成绩，[①] 同一学院同一专业的实验 1 班与对照 1 班平均分相似，实验 1 班略高对照 1 班 0.03 分。全校 4331 名一年级学生"基础"课期末考试卷面平均分为 66.33 分，四个班级均低于全校平均分，成绩分布与入校时文化课录取成绩相当。可见，两次"道德困境讨论"教学对大学生道德能力提升有明显效果，达到了预期效果。道德困境故事是依据大学生日常生活编制，在占用四个课时（每个课时 45 分钟）的基础上，并未导致大学生"基础"课成绩异常。

表 5-2　　　"道德困境讨论"教学模式实验对照

班级	教师	专业	实验前 有效问卷	实验前 C 分数	实验后 有效问卷	实验后 C 分数	期末考试卷面成绩平均分
实验 1 班	A 教师	艺术	65	23.81	74	25.33	60.27
实验 2 班	A 教师	各专业	51	23.62	69	26.19	64.23
对照 1 班	B 教师	艺术	44	23.21	46	22.86	60.24
对照 2 班	B 教师	生物	57	25.28	62	25.42	64.75
						全校平均分	66.33 分

（二）"基础"课实验访谈结果分析

以面对面和计算机辅助两种访谈形式，对参与实验的其中 21 名大学生进行单独访谈，A 教师记录实验感受，通过转录语义分析出结构框

[①] 期末考试采用闭卷机考形式。

架编写问卷再对148名所有参与实验的大学生调研,最终形成提升大学生道德能力教学模式在"基础"课实施的研究结果。

1. 实现教学主体的翻转

参与实验的学生中96.37%的学生表示喜欢"道德困境讨论"模式,其中51.82%的学生表示非常喜欢,98.44%的同学认为课堂气氛好,能够充分调动积极性参与课堂学习,97.23%的同学希望再参与此类讨论。"道德困境讨论"教学模式在90分钟的教学时间内吸引了同学的注意力,充分调动了学生学习的积极性,营造了良好的学习氛围,激发了参与者对道德知识学习的兴趣,特别是有了深入思考和平等交流的时间,面对自己较为熟悉的道德故事,使参与者把道德知识单一传导的过程转变为带入个人情感、态度加以思考表达的过程,让大学生对"道德""价值观"这类较为"抽象"的词汇有直接体验,切实体会德性需要对人的意义,经由同学们的对话互动产生价值共识和价值认同,从而激发了对真理求知的欲望。[1] 在课堂中学会辩证的视角思考问题,能够反思自己固有的思维方式,可以更加客观地看待人和事,把个体放在社会这个群体中考虑道德问题。最终把书本上的道德知识和生活中的道德问题结合起来,在实际生活中践行道德理念,实现了道德主体性。

学生访谈实录:

问:这学期的"基础"课结束了,你有什么感受?

答:我很喜欢,和以往的政治课不太一样的感觉,课堂气氛比较好,老师知识面比较广,不过大学的课程我还需要适应,好像没有明确要考什么,考试前有点慌。

问:关于"开不开证明"的那个讨论,你有什么感受?

学生A:很喜欢,其实我们原来也有类似的讨论,只是放在正课上还是第一次,那个案例太难选了,那天晚上我们宿舍的同学还争论了好久,虽然没有什么结果,不过我更加坚定了我的选择,做人还是要有

---

[1] 唐艳婷:《提升大学生道德能力的德育课程探索》,《江苏高教》2019年第8期。

原则。

学生 B：全班参与度高，充分调动个人积极性，引发深刻思考。让我知道人观点的多样性，从道德行为和道德选择为基础的道德评判的复杂性，尊重别人观点，等等，受益颇多。

学生 C：这种形式很好，以前学习道德知识，还没等老师说什么我都知道他要说什么了。

问：能不能谈谈你的收获？

学生 A：嗯，收获很多。首先是我原来以为大家都会和我一样的观点，通过讨论我发现每个人的选择不一定一样，要学会换位思考，多角度看问题，辩证地看问题，这种思考方式比较重要。然后我好像对自己的行为会开始反思了，对自己的道德水平有了更加清晰的认知，"己所不欲勿施于人"，理解、宽容，要检查自己的言行，特别是对道德的定义愿意深入地想一想了。最后，做事除了感性还要有理性，要明辨是非，处理事情沟通也比较重要。突然发现，社会治理挺难的，不同的人有不同的想法。

学生 B：对道德困境的思考，是我认为思修课最具特色和激发深入思考的教学模式。虽然以前也有看到过类似的道德问题，但从来没有像在思修课上那样对其进行深入认真的思考，这不仅仅让我感受到了人与人之间观点的差异，更是让我更加深刻地认识自己，从一个特别的角度思考自己，思考问题。然后不得不说的是，其中最难也最考验人的环节是让我们作出选择的环节。

问：你生活中遇到过类似的道德困境吗？

答：肯定有啊。

问：你曾经有做出过违背你自己原则的事情吗？比如你知道是不道德的但还是做了？

答：有，在小学受人煽动偷拿小卖部几毛钱的小吃，她说小卖部的价格就是坑人的，我们拿的那一点也只是在拿回自己应该得到的，然后确实拿了，后来觉得自己的行为是偷不是拿回自己应该得的，也劝其一起停止。

问：遇到困境的时候哪些因素会影响你的判断呢？

答：原因很多，看情况而定。人情、利益、舆论都会影响我的判断，我有过给同学走后门的行为，原因是她跟我关系比较好，我不想伤了同学之间的和气，而且我妈成天告诫我关系很重要一定要注重维护，嗯，家庭教育也挺重要的。

问：通过我们的课程学习，如果再遇到类似的选择，你会怎么办呢？

答：思路会比较清晰，违法的事情肯定不做，然后要考虑自己、他人还有社会，因为道德关系到社会上的方方面面，那天课堂上同学说的他们家县城的事儿对我触动挺大的，[①] 社会主义核心价值观要好好学习一下，嗯，人人都应该学习。

2. 实现教师能力的翻转

实现教师能力由"单向输出"向"双向互动"的转换。[②] 在"道德困境讨论"模式里，教师是推动讨论有效进行的组织者和引导者，教师"单向输出"的时间在"道德困境讨论"模式中比较少，但这不意味着教育者角色的弱化，反而考验着教育者的内在理论素养和外在组织能力，透过教师的有效组织保证大学生是在"学、思、言"的互动过程中实现道德能力发展。教师在教学过程中通过观察大学生言行了解学生的思想、价值观状态，知道学生的道德知识学习起点和道德学习动态，特别是对那些被低估的"坏学生"或者平时较少参与课堂活动的"隐形学生"，"道德困境讨论"教学会让教师找到一条切入这类学生思想的通道。"双向互动"还有利于教师充分意识到"基础"课需要做好准备，在理念上意识到与大学生平等交流的重要性；在知识储备上需要随时应对大学生提出的各种疑惑和疑问，教师需要用知识真理的力量帮助学生剖析困惑；在生活中做好学生的表率，知行合一，言传身教。困

[①] 讨论中有同学认为不能为了偏袒自己的好友而破坏规矩，要遵守规则．例如她认为她们家所在的县城发展缓慢大家都是熟人办事得靠"关系"，这种环境不利于发展必须得转变。

[②] 唐艳婷：《提升大学生道德能力的德育课程探索》，《江苏高教》2019年第8期。

境讨论面向全体学生，所有人都会从提升道德能力中获益，并非只针对"好"学生和"好"班级。

教师访谈实录：

问：为什么会采用"道德困境"模式？

答：我一直在做大学生道德能力方面的研究，对"道德困境"讨论模式比较熟悉，研究生阶段我的专业是课程与教学论，对教学法很感兴趣，这次又是第一次承担"基础"课教学任务，所以想好好上课与同学们多多交流。

问：实施"道德困境"讨论模式之后，有什么感受？

答：感觉很好，超出我的预期。90分钟每一位同学的注意力都很集中，同学们表现出很高的参与热情，这对老师来说也是一种肯定和鼓励，在这种氛围下我的思维比较活跃。说实话，孩子们讲的内容对我启发很大，而且让我发现了同学们不同的一面，平常低着头不说话的同学在课堂上也都做了分享，讲的内容让我刮目相看。这种讨论的氛围很利于思考，也让我更加清楚班上同学对事物的看法，也才能更加科学地安排教学内容和进度。

问：上课过程中有没有什么印象深刻的事情？

答：有。我所带的两个班级入校成绩不算高，特别是艺术专业的同学在平时讲授专业知识的时候明显感觉到内容要与其他班级有所区别，他们整体自律性不太好，有时还需要提醒课堂纪律。这一次讨论课，艺术专业的同学非常积极，发言内容很打动人，我看到了同学们身上闪光的地方，那种善良、执着的部分有显现出来，正能量充斥在班级中，我想这堂课很有温度。还有一位同学印象也比较深刻，他平时上课比较冷漠几乎不参与发言，这次讨论课他特别积极，好几次迫不及待地举手，最后谈收获时他说："原本以为价值观的形成是自己的事情，根本不需要学习也没法学习，现在意识到价值观很重要，不仅是自己管好自己，还要把自己放在整个群体中去思考问题。"讨论课结束后同学们意犹未尽，下课还接着讨论，有些同学主动与我联系希望谈一谈自己的困惑，还给我提供了案例，让我编写下一个故事。

问：使用该教学模式有什么收获？

答：有，从自己的角度来说，督促我提升专业知识，备课要深刻广泛，特别是要结合教学对象的专业，同学们的思想很深邃，并不是表面显现出来的应答式的表现，可以给予更多更深刻的内容，要想在讨论中有效引导大家，知识干货是第一位的。还有一个认识就是更加平等地看待每一位学生，并不会以"好"学生和"差"学生来区分，因为在讨论中看到了他们更多方面。从教学来说，困境故事非常难编写，因为我一直担任辅导员工作，对大学生非常了解，熟悉他们的困境，但是编写困境故事并不能完全真实，需要贴合理论意义，模式流程还需要改进，更适合咱们的大学生。例如：同学们希望有总结环节，期待老师给出结论。从同学角度来说，我感觉他们学习更有热情了，对知识表现出渴望，上次我推荐的参考书目罗国杰先生的《伦理学》，有同学还写了读后感。

3. 实现学习方式的翻转

大学生"基础"课学习方式发生了翻转。第一，参与课程的每一位同学都在讨论中被激发了学习的欲望，由被动的"听"转换成了主动的"学"，经由课程教授非常明显地唤起了大学生想要学习道德理论知识的积极性，促进大学生的合作协调能力，透过大学生在课堂上的观点表达引发所有学生审视自身关于道德原则的理解和运用，提升道德认知能力和道德情感能力并最终外化为行动准则。第二，教学中留有充分的时间让大学生对道德问题以及道德情境进行反思，在反思中不断提出新的问题，又在阐述中发现不足，循环往复中达到教育之根本目的。第三，把道德知识单一传导的过程转变为带入个人情感、态度的过程，经由同学之间的对话互动产生价值共识和价值认同，从而从心灵深处去接受和实践价值信念。第四，学习方式的翻转还体现在学习场域的转换，对学生环境和学生的学习动机影响很大，从教室走向室外，从现实走向虚拟，学生们利用课余时间，在互联网平台收集资料，使"基础"课堂逐渐丰富起来。①

---

① 唐艳婷：《提升大学生道德能力的德育课程探索》，《江苏高教》2019 年第 8 期。

四 "道德困境讨论"模式教学反思

(一) 困境故事的质量

困境故事是有效进行道德能力"道德困境讨论"模式的重要教学内容,困境故事的质量会影响教学模式在大学生身上引起预期变化的效果,"专业兴趣甚至成员的智力都是需要考虑的因素……要注意他们的知识和情绪差异"。[①] 困境故事首先是要与大学生相关,是要围绕大学生或将面临的道德情境编制的"半真实"故事,道德困境故事也是结合我国实际的创新点,教育者可以围绕大学生道德能力培育的相关内容编制,包括网络道德情境、公共道德情境、家庭道德情境和职业道德情境等,一个主题一个道德困境故事。困境故事篇幅短小,便于短时间内阐释,故事内容需要明显的矛盾冲突,所谓"困境"是指在道德故事中无论大学生做出何种选择都要违背一些道德原则,无论大学生做出何种选择都会比较犹豫。故事素材可以选择贴合学生日常的情形,编制的内容尽量"半真实","施尔夫和希克观察一个教养院团体对真实和假设两难问题进行道德讨论,发现团体成员更关心假设两难问题,而不是他们对自己所处的教养院真实两难问题的判断"。[②] 这样做的目的是鼓励大学生在"半真实"的困境故事中更能放松地参与讨论并且发表观点,使大学生在与别人观点的碰撞中引发道德认知失衡,实现价值探索,在情境中检验学生的认知和情感选择。需要创作故事主角的名字,结局应该以一个明确的赞成或反对的决定结束。

教育者可以根据自身角色和社会经验创设道德情境,笔者持续两年观察大学生日常生活面临的道德问题,依据大学生道德能力培育内容,编制"综合测评风波"等涉及大学生网络道德能力、职业道德能力、公共道德能力、家庭道德能力的困境故事,通过两年的"基础"课、

[①] [美]威廉·F.斯通:《政治心理学》,胡杰译,黑龙江人民出版社1997年版,第270页。

[②] [美]劳伦斯·柯尔伯格:《道德教育的哲学》,魏贤超、柯森译,浙江教育出版社2000年版,第172页。

班会、社会实践等探索，道德困境故事运行良好。

"综合测评风波"：A同学是学生会的干部，深受老师和同学欢迎，B同学是A同学的老乡，他们从初中开始就是好朋友还一起考入远离家乡的同一所大学。B同学在参加综合测评时，发现如果多一个参加活动的证明就能多加一分，有了这一分就能拿到奖学金，B同学家里突然遭遇变故，急需要用钱，于是B同学向A同学提出请求，希望A同学利用职务之便帮助B同学开一份假证明。如果你是A同学的话，面对B同学的苦苦哀求以及老师和同学对你的信任，你会选择开证明吗？

"小明的毕业选择"：小明是信息科学专业大四的学生，因为家庭条件不好小明一边打工一边参加毕业面试，还要完成毕业论文。有一天，舍友小鑫找到小明，小鑫告诉小明，自己忙着出国，毕业论文还没有做最后的调试，实在没有时间了，想让小明帮着自己处理一下，小鑫家庭条件比较好已经联系好国外的大学继续深造，并且答应修改论文给小明一些报酬。小明答应了小鑫，在修改论文的过程中，小明发现小鑫论文里有一个十分有价值的算法，小明利用这个算法编写了一个程序提供给了一家有名的公司，小明假称这是自己的发现，这家公司联系小明表示愿意提供高薪聘用他并且要买下算法的专利权。面对即将出国的小鑫以及知名公司抛出的橄榄枝，你会选择和公司签约吗？

（二）实践反思

以提升大学生道德能力为目标的"道德困境"讨论模式在"基础"课中的实验，从受教育者、教育者双方以及实证结果来看取得了预期效果，大学生对"基础"课比较满意，受教育者道德能力有一定程度的提升。在教学步骤方面，建议在模式的最后阶段需要加入教师总结部分，结合实验结果来看，教师可以在最后部分进行适当总结，引入道德概念讲解效果很好，结尾部分可以布置学生阅读参考书目，能够更好地提升大学生对道德的思考。"道德困境讨论"模式的教学过程，教师应该把重心放在引导学生关注道德冲突的推理过程，辨析学生解决道德冲突时的推理思路；检查他思维方式中前后矛盾和不合适性；找出解决这些矛盾和不合适性的方法，目的在于帮助学生体验能够引起下一阶段的更大和更合适的意识与那种类型的冲突。该模式强调的讨论是在良好道德气氛下进行的讨论而不是辩论，在表达观点的过程中避免使用"你方观点""我方观点"等此类词汇，一旦出现教师要尽快阻止，如果无法因为观点不同而形成两个讨论的小组时，例如大部分学生选择同一个观点，不要终止讨论也不要中途换故事（选择更感兴趣的故事），更不要为自己编写的真实困境故事而感到自责，这种局面的产生本是就是创造了一种无压力的良好的讨论氛围，形成一个讲故事的轻松环境，对于有效的道德推理是有促进效果的。

  在教学过程中，教师要留有适当的思考时间给学生，例如，在两次表决前，可留出 5 分钟的时间独立思考你为什么这么做？刚刚的那些观点对我有什么影响？这种反馈环节是教师评估学生参与程度和提升教师自身能力的重要手段，不要因为讨论过于热烈删减这部分内容。"道德困境"讨论实施人数在 40 人左右比较合适，既能充分表达自己的观点，也能形成一定规模的对立两方，采用混班的方式提升效果更明显，不同年级的大学生道德能力发展不相同，高年级 C 分数高于低年级学生，混合教学可引发不同阶段的大学生充分交流，形成良好的思考氛围。教师使用"道德困境讨论"模式时，不能任意缩短或者延长模式时间，不能割裂教学阶段或者分隔出某个讨论环节放到传统的教学模式下，通常讲授配合的讨论法是对知识的呈现，无法展现出产生道德行为的认知、情感、判断统一的过程，也就是说完整的 90 分钟的讨论是保证实现真正的道德认知的前提。每个班级每年讨论至多两次效果最佳，"道德困境讨论"模式是德育课众多教学方式中的一种，能够补充讲授式、问题导入式等方法的不足，依据"基础"课教学目标、教学对象、教学内容采用多种方法组合应用效果明显。对于我国大学生而言，"分享能够说服或者自己比较赞同的观点"的这个阶段很难进行，大学生对与自己观点不相符的言论普遍表现出比较排斥的状态，甚至出现敌对情绪，在第二次投票选择自己的立场时，很多同学是报着不愿更改自己观点的固执情绪（无论对错）而做出的最终选择，分析其中原因，大学生在日常生活中参与此类讲述自身观点的机会太少，对多种观点碰撞而形成自己的思考的形式还不能适应。此外，希望有统一答案的惯性思维在大一学生中非常明显。

第三节　课程思政：道德能力课程教学通用要则探索

"道德困境讨论"模式不仅可以在"思政课程"中加以运用，在其他课程中也能发挥道德能力培育功能。在课程实践中，教学运作的每一个要素都使得课程知识的道德价值得以最大限度的发挥，通过探索"道德困境讨论"模式通用要则，实现"课程思政"道德能力培育功能。

一　整合不同角色的教学者

大学生道德能力培育课程模式的运用是面向所有教育者，也就是说凡是有益于开展道德讨论的场域都可采用此模式而不受限于"基础"课。道德能力教育者包括了所有教育实践活动的组织者、发动者和实施者。不同学科的教师在整个课程培育模式中发挥主导性作用，这种主导性体现在教育者在组织"道德困境讨论"模式中所具有的组织功能、调控功能，促使"道德困境讨论"模式发挥提升大学生道德能力的教育功能。从组织、调控课程模式的角度而言，教育者是组织、实施教学模式的主体。因此，道德能力课程模式的有效开展对教育者的要求，集中体现为教育者道德能力培育主体性的要求。马克思曾说："我的对象只能是我的一种本质力量的确证……任何一个对象对我的意义恰好都以我的感觉所及的程度为限"。[①] 教育者具备怎样的"本质力量"决定了教育者在多大的程度和范围内将何种事物作为自己的对象来看待并予以

---

① 《马克思恩格斯全集》第 3 卷，人民出版社 2016 年版，第 305 页。

作用。教育者的"本质力量"决定着道德能力培育课程模式的有效性，教育者能否以及在何种程度上理解和把握道德能力培育课程模式内容并按照自己的理解予以合乎教育规律的重组，能否将整个培育模式的客观进程作为自己理解与作用的对象给予调控和推进，对于课程模式的收效起着最主要的所用。

（一）教育者的道德权威

与传统教育不同，在道德能力培育中教育者行政权威和学术权威等教育者的权威能力被消解，道德权威成为教育者道德能力的重要考察指标。"我们应当以丰富的精神生活给孩子做出榜样。只有在这种条件下，我们在道德上才有权利来教育学生。"① 教育者因为参与了大学生道德建设这一重要事业，其自身的道德修养、人格魅力成为学生们乐于交流的重要条件，在情感上与教育对象达成共鸣。"当孩子们满怀希望注视着你，十分信任你的时候，你就是他们真正的教师、教导者和生活的导师，你就是权威、真理的化身、朋友和同志。"② 在道德能力培育模式中，受教育者对教育者的信任来自教育者自身的道德能力，道德权威是影响两者互相渗透、创造的重要保障。

（二）提升道德能力培育意识

教育者需要意识到教育者在大学生道德能力培育中的作用和地位，对道德活动的性质和价值有深刻的体悟，从教育者的角度认识到道德能力的培育是重要的，正如乌申斯所说："不管教育者或者教师如何把他的最深刻的道德信念隐藏得怎样深，只要这些信念在他内心存在着，那么，这些信念也可能表现在加在儿童身上的那些影响上……并且这些信念愈是隐蔽，则它的影响作用愈是有力。" 教育者要不断提高自己对道德能力培育意识的高度，上升到自觉、自愿的个体主体意识。道德能力教学模式需要依靠教育者激发、激活大学生对于道德问题的思考并能通

---

① ［苏］瓦·阿·苏霍姆林斯基：《培养集体的方法》，安徽大学苏联问题研究所译，安徽教育出版社1983年版，第202页。

② ［苏］瓦·阿·苏霍姆林斯基：《培养集体的方法》，安徽大学苏联问题研究所译，安徽教育出版社1983年版，第202页。

过语言表达出来,教学模式六个阶段的顺利开展需要教育者具备组织能力,为了实现道德能力发展理念,就要教育者具备实践能力,为了让学生充分进入情境中思考困境选择,教育者需要时刻鼓励大学生提出问题和发表观点,需要掌握对群体和个体的教学方法,特别是同一位同学多次举手发言时,需要教师掌握让每一位同学都能参与讨论的技巧。当讨论向着违反规则方向发展的时候,例如双方出现敌对情绪或是出现"侮辱人格"等错误做法时,教育者要立刻制止并且引导讨论顺着程序进行,需要注意制止分寸,采用手势等温和方式善意提醒以免造成与学生对立的不利于讨论的氛围。[1]

（三）充分了解教育对象

在道德能力教学模式的实践中,困境故事编制的质量直接关系到"道德困境讨论"模式能否卓有成效地进行,在讨论活动中,道德能力教学模式的感染力和针对性来自教育者对大学生的思想状况、生活状况、道德问题的了解程度,特别是对于此类品德塑造活动,教育者的人格魅力能够成为助推教学效果的手段。当促进者是一个真实的人,同学生建立关系时没有一种装腔作势或者一种假面具,这个时候,他更能富有成效。无论是"基础"课教师还是其他教育者,无论承担何种课程,走进大学生的生活,回归关于大学生作为人的成长,探寻大学生遇到的实际道德问题都是教育者实施有效教学的前提。在"道德困境讨论"模式实施过程中,教育者应该信任自己的学生,尽可能克制住自己,不要对学生进行点评,学会应对学生的情感和内隐的知识,特别是当大学生面对道德问题表现出比较明显的道德情感时,教育者要明确道德情感是道德能力的一部分,大学生对自身道德情感的察觉也是道德能力提升的重要环节。

（四）具备深厚宽泛的道德理论素质

"道德困境讨论"模式是遵循大学生道德能力发展所固有的内在逻辑而设计的,其所要实现的教学目的需要教育者按照道德能力发展教育

---

[1] 唐艳婷:《提升大学生道德能力的德育课程探索》,《江苏高教》2019年第8期。

活动规律来实施，教育者掌握识别大学生道德能力发展阶段的能力，从而能够及时调整自己的教学方案，才能达到教学效果，因而教育者需要通晓道德心理学、道德教育学理论以及善于在实际中应用。[①] 教师能够捕捉大学生外在表征所暗藏的道德能力实况，教师具备判断个体道德水平的知识储备，能够识别大学生在面临道德问题时采用的他律阶段或者自律阶段表征，利用相关理论推动大学生道德能力发展。"双向互动"过程中，教育者未能提前预知学生发问的内容，大学生对讨论产生的有关道德的相关问题渴望在课堂上得到教师的回答，这就对教师的理论素养提出了考验，道德理论如何说"透"，教师如何"以理服人"，不仅决定了提升大学生道德能力水平的效果，还决定了大学生汲取怎样的道德理念从而形成了何种价值观。马克思曾批判《未来》杂志的那些社会改良派不是教育者，原因是"他们什么也没有弄清楚，只是造成了极度的混乱……这些教育者的首要原则就是拿自己没有学会的东西教给别人"。[②] 教师只有做好了充分的理论准备，才能在讨论过程中展现人格魅力，展现理论魅力，从而推动道德能力讨论向着更高一级方向发展。

（五）具备道德能力培育实践能力

在实践活动中教育者的道德能力也会在情境的变化中发生动态变化，教育者的主观能动性也将会得到表达，僵化、固态、简单的教育者的角色在道德能力培育中是不存在的。因此，第一，教育者需要具备研判自身与受教育者道德能力水平的方法，掌握提升道德能力的有效策略。第二，教育者在实践过程中的主控和引导作用非常关键，一个理想的道德能力教育场景是教育者能够根据受教育者的道德能力水平，调配出适合受教育者的教育情境和教学模式，使受教育者的道德能力主体性得以发展。第三，能从实践活动的"终点"反思道德能力提升效果。

[①] 苏共中央直属社会科学院心理学和教育学教研组编：《党的工作中的社会心理学和教育学》，史民德、何得霖译，广西人民出版社1986年版，第1页。

[②] 《马克思恩格斯选集》第3卷，人民出版社2012年版，第739页。

实践的"终点"教育者需要归纳道德能力提升的效果，从形式上看，教育者与受教育者的关系又"回归"到了最初的状态，但这种"回归"实际上是在新物质基础上的一次飞跃，具体表现为教育者对实践活动中受教育者反馈的反思性。

二 联通不同学科的课程知识

课程知识是从知识海洋中经过严格筛选并被赋予"法定性"特质的知识类型，不同课程虽然涉及不同领域的知识，但是"这些知识与道德之间都存在深层次的关联，这就是为什么在知识研究领域和道德研究领域中总会有不经意牵连彼此的根由所在"，① 这也是"课程"能够成为"思政"载体的根由所在。知识在不同的情境中有不同的形态，江畅教授梳理文献总结出"知识本质上是对某一对象及其价值的正确意识；是认识活动的产物，具有相对独立性；通常是以命题形式存在的；常常是可以证明的；是工具，是中性的"。② 并不是所有的知识都能称之为道德知识，但也不是除了道德知识这类知识之外，其他领域的知识就与道德不相关。道德知识不是一种平面化的由不同内容的知识拼接起来的集合，而是一个内外结构、分层意义交织组成的立体结构，道德知识与知识的关系也并非类属的关系，道德知识是藏于知识的表层符号，蕴含对世界的解释与描述的深层次结构。③

第一，道德知识具有价值性。道德知识之所以区别于一般知识是在于其本质是价值认识，一个人认为什么是善的、什么是恶的，做出什么样的行为是符合善的定义的，道德知识影响着我们对人、社会、世界的基本看法和态度。道德能力发展是建立在对事物善恶价值认识的基础上，反过来道德知识的价值性又影响个体在处理不同境遇时所表现出来

---

① 张铭凯：《论立德树人与课程知识的道德价值实现》，《西北师大学报》（社会科学版）2020 年第 3 期。
② 江畅：《德性论》，人民出版社 2011 年版，第 179—181 页。
③ 孙彩平：《知识·道德·生活——道德教育的知识论基础》，《教育研究与实验》2012 年第 3 期。

的自我认知和道德行为等。

第二,道德知识具有实践性。道德知识是人类认识道德这一社会现象的成果,是不断变化发展的与人的社会生活高度相关的实践结果。伦理道德的根基在于它首先是人的现实存在方式、生活方式、实践方式之一,而不是仅仅发生于人们观念中的东西,它必然与人类的社会生活实践相联系,并由此从人类的社会生活实践当中强有力地产生出来。"道德的范畴虽然是思维抽象的产物,但绝不是教条的",① 道德是一种具体的历史范畴,是在一定的社会历史条件下产生的,受社会生产方式的制约。道德知识与多样的社会生活和社会活动紧密联系,因时代背景、文化背景、社会背景的差别,道德知识存在一定的差异。道德秩序必然存在于人的现实生活实践之中,并且与任何社会生活的现实一道,也就是说,伦理道德总是在具体的社会生活现实中"内生"的。道德知识也是关于如何行动的知识,是付诸实践的知识。从道德起源来看,人类在社会生活中形成了各不相同的社会关系,其中就包括人与人、社会和自然的各种伦理关系,与人类社会相伴而生的道德知识,是随着人类道德实践而不断发展的。② 道德知识是人类在道德实践中进行道德认识的结果。

第三,道德知识具有规范性。道德作为调节群体行为的外在习俗以及指导个体行为的内在品格,均是以行为规范的形式表现出来的,虽然"规范"只是价值世界的一部分,价值世界还存在于人的主观精神的判断活动之中,但人的自由发展需要道德规范守护。一方面,自然与精神之间存在一种摩擦,有盲目的生理本能冲动,道德规范在"人类本性中感性和理性、动物本能和人类理智之间的对立冲突及其统一"③ 有重要意义。另一方面,个体与群体之间存在一种张力。道德规范在调节人际关系的过程中实现了人的自我完善和自我发展,道德知识是道德规范

---

① 朱小蔓:《关注心灵成长的教育》,北京师范大学出版社2012年版,第88页。
② 陈思宇等:《机器人可以教知识无法培育价值观吗》,《中国电化教育》2019年第2期。
③ 费洪喜:《论道德的起源及本质》,《齐鲁学刊》1995年第5期。

的载体。同时，道德知识还具有历史性。历史上不同的伦理学家对道德的理解和诠释不一定相同，他们在不同的历史背景下，根据自己的哲学观提出了对道德的理解，不同的历史背景、不同的文化都会影响对道德的理解，因此对道德知识的认识应该看到其历史性这一特征。道德知识体现道德规律。黑格尔在《逻辑学》一书中指出："规律就是本质的关系。"列宁在阅读这一书时批注："规律就是关系，本质的关系或本质之间搞关系"，指出"规律是现象中同一的东西，是现象中巩固的东西。"[1] 正确的道德知识反映和体现了道德现象本身固有的、普遍的、本质的、必然的联系。

第四，道德知识具有情感性。道德理性和道德情感被视为道德行为发展的两个方面，道德知识被认为是道德理性的范畴，难免使人将道德知识与道德情感分离开来。实际上，道德知识不同于强调客观的科学知识，它是一种主客观融合的知识，其内部天然就包含了情感要素。从道德知识起源来看，人类在社会生活中形成了各不相同的社会关系，其中就包括人与人、社会和自然的各种伦理关系，道德知识包含了人际交往过程中共同的情感体验。从道德知识的结构来看，知识除了被视为一种文字符号的表层结构以外，其内在结构是"人类世界关于世界认识所达到的程度或状态"，意义则指"知识内具的促进人的思想、精神和能力发展的力量"。[2] 道德知识是建立稳定、牢固的道德情感的关键，一个人并非出于对事物的正确认识，仅在主观意愿的基础上一时冲动做出利好行为，通常不被认为是道德的。

三 组合不同场域的培育方法

（一）道德语言的运用

语言是形成师生、生生互动的桥梁，"道德语言是与人的德性具有

---

[1]《列宁全集》第55卷，人民出版社1990年版，第128页。
[2] 郭元祥：《知识的性质、结构与深度教学》，《课程·教材·教法》2009年第11期。

本质关联的语言和语言行为"。① 大学生从道德语言中获取教育者和其他讨论成员的道德意义，"每种语言都有属于某个人类群体的概念和想象方式的完整体系"。② 道德语言组织结构会起到引发主体道德情感、道德意志等方面的变化，教育者采用匹配大学生道德能力发展阶段的道德语言，能有效促进大学生道德思维在道德冲突中的推理，更利于教育者与大学生道德情感交融。

  在不同场域下恰当运用道德对话方法也能达到提升大学生道德能力的作用，让教育者与大学生，大学生与大学生之间处于同等地位进行道德交流，通过阐述道德观点与倾听，审视自身道德原则，让"人作为一个完整的声音进入对话，他不是仅以自己的思想，还以自己全部个性参与对话"。③ 平等对话促进了多方道德观点的交流碰撞，参与者在心理上处于平等状态，形成活跃的外在气氛，在道德对话与交流过程中，发现道德自我，认识道德自我，带来了道德价值的重构。④ 教育者作为教学活动的组织者和实施者，根据大学生道德能力发展阶段的特点匹配适合的道德语言促进教育对象道德能力的发展。处于他律阶段的教育对象，其特征是服从于外在道德原则和道德规范，道德判断依据更多是考虑自己的利益，面对处于此阶段的大学生，教育者可以适当采用道德劝勉的方式，以弱化的道德命令的形式对受教育提出合适的道德要求。例如在"综合测评风波"讨论中，有学生认为"不占便宜是傻的表现"，还有同学对别人的道德观点回以耻笑或者恶言相向的态度。亚里士多德曾说："人如果轻率地出口任何性质的恶言，他就离恶性不远了"。⑤ 面对此类大学生，教育者应该采用适当的道德劝勉语言，在推动良好讨论氛围的同时，给予讨论群体以向着更高阶段发展的可能。对于道德能力

---

① 杨国荣：《道德与语言》，《学术月刊》2001年第2期。
② ［德］威廉·冯·洪特堡：《论人类语言结构的差异及其对人类精神发展的影响》，姚小平译，商务印书馆1997年版，第71页。
③ 钱中文主编：《巴赫金全集》第4卷，白春仁等译，河北教育出版社2009年版，第340页。
④ 黄富峰：《论道德语言在德育中的重要作用》，《教育科学》2006年第1期。
⑤ ［古希腊］亚里士多德：《政治学》，吴寿彭译，商务印书馆1965年版，第403页。

发展处于自律阶段的大学生,道德交流更多采用平等性、开放性的对话形式,在交流的过程中达到认同的目的。道德语言的运用使"道德行为者与普遍原则之间的矛盾通过所有成员的对话得到解决",① 导向主体间的认同,"认同归于彼此信任、理解、真理和真诚的认可",② 教育者带有情感的道德语言采用道德对话是教学模式有效开展的重要因素。

(二)道德气氛的营造

课程教学还应该创造适合的道德的气氛。"道德困境讨论"模式是大学生道德认知、道德情感共同作用于道德冲突的推理过程,教学模式是面向大学生群体展开的,每一位大学生发表观点的时候即代表个体也是群体中的一员,大学生面对道德冲突时的道德判断和道德选择与团体道德气氛相关,大学生群体将会形成"集体的信任和积极参与团体的规范,这种规范基于一种团体感或一种凝聚性的价值感"。③ 参与"道德困境讨论"的大学生群体发表个人观点时会向着道德能力发展的更高一阶段靠拢,这个结果在前述大学生道德能力状况调查分析中也得到印证,从根本上说"建设更高阶段的集体规范和团体观念,将会更好地促进学生的道德行为"。④

大学生实际的道德能力不仅仅是个人的稳定特征的产物,而且是个体的能力与情境的道德特征以及群体相互作用的结果。施尔夫和希克以教养院看守团体为研究对象,发现团员在团体讨论中的判断有别于离开团体或回到单人房间时作决定的方式。为了检验这些观察现象,施尔夫设计了相关测试量表,通过实测发现团队成员在群体氛围下,做出比自己实际所处道德发展阶段更低阶段的推理是受团体环境的影响,选择的某些内容混淆了气氛层次和个人道德发展层次。施尔

---

① 李义胜:《论教师的道德语言》,《中国教育学刊》2012年第3期。
② [德]哈贝马斯:《交往与社会进化》,张博树译,重庆出版社1989年版,第3页。
③ [美]劳伦斯·柯尔伯格:《道德教育的哲学》,魏贤超、柯森译,浙江教育出版社2000年版,第168页。
④ [美]劳伦斯·柯尔伯格:《道德教育的哲学》,魏贤超、柯森译,浙江教育出版社2000年版,第168页。

夫和希克把"个体在其中作出道德决定的社会情境称为'道德气氛'（moral atmosphere）"。[1] 实验进一步证明，个体受不同团体道德气氛的影响，做出真实两难抉择的方式可能会与之原本所处道德发展阶段呈现上升或下降的不同结果，也就是说团体中处于领先阶段的集体规范会促进个人发展阶段较低的个体发展，反之亦然。[2] 教师在开展"道德困境讨论"模式教学时应该考虑道德气氛对大学生道德理念形成的影响，道德气氛是大学生情感体验和价值判断的导火索，在价值信念形成过程中，气氛所孕育的情感体验有时比逻辑思维更能引发讨论，不能满足主体情感体验的认知过程很难做出肯定和合作的价值判断与道德行为。[3] 因此，教师组织实施"道德困境讨论"教学模式过程中，应该形成道德能力发展更高阶段的集体道德规范，涂尔干也在《道德教育》一书中指出，课堂或学校团体会产生集体规范。通过建设更高阶段的集体规范和团体观念，就会更好地促进学生的道德行为。具体来说教师可以采用不同专业、不同年级的混班教学方式，在教学班内形成道德能力发展处于不同阶段的梯队，为处于不同道德能力发展阶段的教育对象提供有益的道德气氛。

---

[1] ［美］劳伦斯·柯尔伯格：《道德教育的哲学》，魏贤超、柯森译，浙江教育出版社2000年版，第177—179页。

[2] ［美］劳伦斯·柯尔伯格：《道德教育的哲学》，魏贤超、柯森译，浙江教育出版社2000年版，第175页。

[3] ［美］劳伦斯·柯尔伯格：《道德教育的哲学》，魏贤超、柯森译，浙江教育出版社2000年版，第175页。

第 六 章
大学生道德能力实践载体探究

"如果离开人们的实践活动，离开他们的多种多样的实际行为，而孤立地研究道德意识的本质、特征、结构的话，显然是不可能完全地理解它们。"①"道德根本上是实践"的本质决定了实践性是道德能力培育的主要特征。在培育活动中实现了大学生道德能力学校培育与自我养成的结合，促成大学生道德能力的提升。活动主要是指由高校有计划、有组织实施的各种外部活动，如社会实践、志愿者服务、合作劳动、校园文化活动、第二课堂建设等。在教育者的引导下激发大学生主动、自觉参与培育活动从而提升大学生的道德践履能力，进而提升道德能力。

第一节 活动载体：社会实践活动培育道德能力

大学生社会实践是在现实生活和生产劳动中实施教育实践活动的一种方式。党和国家历来高度重视高校实践育人工作，先后发布《中共中央、国务院关于进一步加强和改进大学生思想政治教育的意见》《关于进一步加强和改进大学生社会实践的意见》《关于加强和改进新形势下高校思想政治工作的意见》《高校思想政治工作质量提升工程实施纲要》等重要文件，明确指出社会实践在思想政治教育中的重要地位。

---

① ［苏］C. 阿尼西莫夫：《道德是人的活动的一个方面》，转引自戚万学《道德教学的实践目的论》，《山东师大学报》（人文社会科学版）2001 年第 1 期。

"国内外大学生发展领域的研究和管理实践表明,作为一种重要的社会性参与,社会实践活动对大学生的道德水平发展有促进作用。"[1] 当大学生直面社会道德情境,参与社会生活,承担社会角色,个体道德判断能力、道德选择能力会在反思中不断得以发展,进而促进道德能力的提升,参与社会实践活动是大学生道德能力提升的重要途径。

一 社会实践活动蕴含道德能力培育价值

马克思指出:"作为确定的人,现实的人,你就有规定,就有使命,就有任务",[2] "这个任务是由于你的需要及其现存世界的联系而产生的"。[3] 大学生的道德认识的发生、发展、检验和归宿都离不开社会实践,全部的认识活动都是在实践的基础上进行的,在社会实践活动中大学生道德能力培育得以实现。

(一)增进道德冲突体验,增强社会责任感

道德能力培育的效果只能在将大学生个体的"社会生活尤其是政治、道德生活的直接经验与这一社会文化中的思想政治道德智慧相结合的形式中才能取得"。[4] 社会实践让大学生走入社会,了解国情、民情,理解当代中国,关心国家和社会的发展和变化,学会思考人与人、人与社会、人与世界关系,探寻个体的价值,从而找准自己的定位。有效推动了大学生对道德概念的理解、认同和内化。在社会活动中,大学生面对道德冲突的机会更多、更真实,可以检验自己的道德知识的运用,体察个体道德能力的发展程度,通过独立思考,形成对个人、社会和国家的责任感,形成强烈的使命感,树立正确的价值观,担负起时代重担。

(二)组建学习群体,提升群体道德能力

"人们不懂得怎样教学生们进行合作学习是令人困惑不解的,其原

---

[1] 李湘萍、梁显平:《大学生志愿活动参与对其道德发展影响的实证研究》,《复旦教育论坛》2019年第6期。
[2] 《马克思恩格斯全集》第3卷,人民出版社2016年版,第329页。
[3] 《马克思恩格斯全集》第3卷,人民出版社2016年版,第329页。
[4] 檀传宝:《学校道德教育原理》,教育科学出版社2000年版,第133页。

因大概在于人们自身没有从学校教育和社会生活中获得有关的知识。"[1]在社会实践中,经常会采用社会调研等小组合作的方式来共同完成调查目标。在群体活动中,增加了大学生合作的机会,特别是在共同面对道德情境时,提供了群体间平等交流的机会,在互相倾听对方意见做出决策的过程中,课堂由教室转向户外,相对宽松和自由,大学生由被动听取转到主动探寻答案,采用合理的观点说服同伴,又在反思中学会从多种视角去审视和感受不同的观点,处于不同道德能力发展阶段的大学生们互相影响,以一种主动探究的学习方式在不断提升个体道德能力的同时达到提升群体道德能力的目标。

(三) 联通道德发展空间,培养道德创造能力

社会实践拓展了大学生的学习空间,促进大学生的关联性学习,"注重密切联系社会背景、学习经验以及加强知识之间的内在联系,从而增强知识的可理解性,增进实践知识之于主体发展的现实意义。"[2]在这种关联性的沉浸式学习中,组成道德能力的各要素得以联通。同时社会实践内含隐性培育,通过环境、文化等对大学生产生影响,在引导、渲染和熏陶的过程中让大学生感受道德知识的价值。在道德认知、道德情感和道德行为的三重维度中,大学生道德能力得以充分建构,并且道德创造能力,即道德能力的高级形式得以在社会情境中获得验证和发挥,为提高大学生的综合素养和大学生的全面发展提供广阔空间。

二 活动实施设计

社会实践活动涉及范围很广,形式多样,其中承载道德能力培育因素,能为培育者所运用,且培育者能与大学生在这些活动中产生相互作用的活动形式即为适用于道德能力培育的活动载体。

(一) 志愿服务活动

志愿服务是大学生参与的旨在为他人、为社区、为组织、为社会提

---

[1] [美] 霍德:《学习型学校的变革:共同学习,共同领导》,胡咏梅译,中国轻工业出版社2004年版,第14页。

[2] 郭元祥:《知识的性质、结构与深度教学》,《课程·教材·教法》2009年第11期。

供的各类无偿服务的志愿性质活动。① 首先，大学生志愿活动是建立在个体自主选择、自愿的基础之上，这既是志愿服务活动的组织原则，也是大学生作为一个独立的社会人所具有的基本权利。② 道德因素是志愿服务的核心所在，正因为如此，在志愿活动中大学生依托自己的知识、技能服务社会，促进社会公益事业发展，提高公共事务效能，在此过程中个体道德认知能力、道德情感能力和道德实践能力得到明显提升，已有研究显示，志愿活动对大学生道德发展有显著的积极影响，③ 服务性学习等利他实践活动，会显著地促进大学生的道德及整个精神层面的发展。受内部动机驱动作用影响，大学生能在志愿服务中不断提升个体道德自觉性和主动性，参与目的也是出于对他人、社会的关爱，有利于大学生在实践中培养道德价值观，提升道德认知能力。其次，大学生在参与志愿服务中帮助他人走出困境，在实践中体验服务的价值和快乐，感受社会的丰富性，自身收获一种正向的道德体验，这种互助体验使他们形成乐于助人、甘于奉献的情感倾向，道德意志也在一次又一次的磨炼中变得坚韧，对待困境中的人和事的看法，特别是态度会发生变化，更能包容与宽待他人，更有愿意帮助他人的情感动力。志愿服务为大学生道德能力提升提供了可选择的多种实践活动。诸如每年寒暑假开展的大学生"三下乡"社会实践，活动类别丰富，可选择范围较宽。还有由高校共青团组建的相关社团，为大学生提供持续性志愿服务平台，经由高校筛选定点服务，帮助大学生形成助人习惯。较长期的志愿活动包括专门为大学生设置的"三支一扶"计划、大学生村干部、研究生支教团等项目，能让大学生为基层建设贡献自己的力量。结合课程开展的实践类活动也是当前志愿服务同课程结合的一项新举措，为大学生道德意识增强、道德责任强化提供了多种实践途径。志愿服务彰显大学生的志

---

① 李湘平、梁显平：《大学生志愿活动参与对其道德发展影响的实证研究》，《复旦教育论坛》2019 年第 6 期。

② 张晓红：《正确解读大学生志愿服务》，《人民论坛》2018 年第 19 期。

③ 李湘平、梁显平：《大学生志愿活动参与对其道德发展影响的实证研究》，《复旦教育论坛》2019 年第 6 期。

愿精神,《新时代公民道德建设实施纲要》指出:"要弘扬雷锋精神和奉献、友爱、互助、进步的志愿精神"。[①] 志愿精神蕴含主动性、自愿性、实践性和利他性,展现了一种积极的、向上的世界观、人生观和价值观。有学者对个体参与志愿活动的动机进行研究,结果表明,个体道德规范深刻影响到他们的志愿决策。在志愿服务中,大学生触摸到社会的各个方面,道德意志得到锤炼,个体主观能动性得到表达,经由大学生群体示范,显示出大学生的精神风貌,影响受助者,感染周围人,形成互助向善的社会风尚。需要注意的是,对现有参与志愿活动的学生群体的调查结果显示,参与志愿活动的人群存在"精英"群体现象,也就是积极参与志愿服务的学生集中于学习成绩好的学生、学生干部等群体。既然参与志愿服务活动已经被证明对大学生道德能力发展有明显促进作用,那么高校社会实践改革应该向着促使所有大学生完成志愿活动的方向去努力,这也是当前高校积极探索志愿活动课程化的原因所在。

(二) 劳动生产活动

"劳动不仅是经济的范畴,而且是道德的范畴",[②] 劳动生产活动是大学生道德能力提升的有效活动载体。教育与生产劳动相结合是马克思主义教育思想的一条重要原理,马克思主义认为,未来教育就是生产劳动同智育和体育相结合,"教劳结合"是教育的规律,也是人全面发展的必然途径。[③] 列宁发展了马克思关于教育与劳动结合的思想,他认为:"没有年轻一代的教育和生成劳动的结合,未来社会的理想是不能想象的。"[④] 习近平总书记在 2018 年全国教育大会上提出:"教育引导学生崇尚劳动、尊重劳动,懂得劳动最光荣、劳动最崇高、

[①] 《中共中央 国务院印发新时代公民道德建设实施纲要》,《人民日报》2019 年 10 月 28 日第 5 期。
[②] 吴式颖等编:《马卡连柯教育文集》下卷,人民教育出版社 2005 年版,第 179 页。
[③] 李岩:《大学生社会实践的哲学基础》,《中国青年政治学院学报》2004 年第 4 期。
[④] 《列宁教育文集》,中共中央马克思恩格斯列宁斯大林著作编译室译,人民教育出版社 1984 年版,第 40 页。

劳动最伟大、劳动最美丽的道理，长大后能够辛勤劳动、诚实劳动、创造性劳动。"① 在道德能力培育中，仅仅传授道德知识和道德的规范是不够的，需要有情感体验和实际生活经历，劳动教育对于大学生形成道德体验和道德情感有重要作用，因为劳动本身就是一个身心共同参与的过程，这些情绪和体验促成了大学生道德的需要和道德信念的产生。在劳动活动中，引导大学生充分认识劳动的价值，培养尊重劳动者、珍惜劳动成果的情感态度，塑造诚实劳动的优良品德，涵养创造劳动的青春气魄。② 劳动生产活动可以内嵌在现有大学生培养方案中。从必修课程来看，参与实习实训是大学生直接参与专业相关的生产劳动的直接途径，既可以通过职业实习，了解职业生涯或将面临的困境，提升职业道德能力，认准职业发展路径，也可以从实习实训中，获得最朴素的劳动价值观念。从活动组织来看，思政课程的实践部分，高校社团设置以及寒暑假"三下乡"活动都可设计专门的主题，让大学生深入农村参与劳动，获得直接体验。

三 活动实施考量

为了达到在社会实践活动中实现道德能力培育目标的目的，提升社会实践活动的有效性，研究发现"角色承担"以及"反馈性指导"等因素会影响道德能力培育效果。

（一）实践过程中的角色承担

社会实践把学习课堂转向更广阔的社会生活，氛围相对宽松自由，在进行社会实践活动时，特别是在学习过程中，"角色承担"能够明显促进大学生道德能力发展。"道德判断和推理的基础就是承担他人角色或采取他人观点的能力，没有这种角色承担能力，道德推理的发展就没有可能。"③ 所谓角色承担，并不是要求大学生在社会实践活动中进行

---

① 习近平：《坚持中国特色社会主义教育发展道路 培养德智体美劳全面发展的社会主义建设者和接班人》，《人民日报》2018年9月11日第1版。

② 王丽荣、卢惠璋：《论新时代大学生劳动教育的价值意蕴》，《高教探索》2020年第7期。

③ 郭本禹：《道德认知发展与道德教育——科尔伯格的理论与实践》，福建教育出版社2005年版，第93页。

简单的角色扮演。角色是"与人们的某种社会地位、身份相一致的一整套义务规范和行为模式,是人们对具有特定身份的人的行为期望。"①通过创造一种可以让大学生承担某种责任的环境,让大学生有机会在学校、社会、同伴团队中承担起具有特定身份的人的职责,有机会将所学的知识放在真实生活中进行测试,按照角色要求的规范和态度行事。例如近年来大学生士兵和退伍大学生群体成了校园中一道亮丽的风景线,这种较长时间的角色承担实践,完成了大学生对"军人情节"的真实体验,增加了自己的社会阅历,增强了自我完善和为社会服务的情感倾向,提升了个体志愿服务动力。"具有军营生涯的大学生在自我约束、服从命令、减少以自我为中心等方面得以明显提升。"② 再如,大学生"三下乡"社会实践设置了大学生政务实习专项活动、"青年观察家"改革开放40周年调研活动以及国情社情观察团专项活动。这些专项活动明确了大学生角色承担内容。类似的角色承担在社会实践活动中发挥着重要作用,柯尔伯格在解释角色承担理论时认为"比一般认知激励更为重要的因素是一般的社会经验和社会激励",③角色承担能为大学生带来各种新的社会经验和体验,使他们不断深入地意识到他人的观点和社会的期待。体察他人的态度,置身于他人的位置,设身处地从他人的角度看待问题,既理解他人的思想和情感,又增进大学生对社会角色及其原有角色的理解。"角色承担阶段在逻辑阶段和道德阶段之间起着一种桥梁作用,没有逻辑阶段的提高就没有新的角色承担阶段和道德阶段的提高;同样地,没有角色承担阶段的提高,也就没有新的道德的阶段的提高。"④ 因此,社会实践活动要想获得高质量的道德能力培育效

---

① 邱德亮:《论角色承担理论在思想教育中的意义》,《外国教育研究》2006年第10期。
② 刘素贞:《大学生入伍的发展趋势及其德育价值探析》,《思想理论教育》2013年第15期。
③ [美]劳伦斯·科尔伯格:《道德教育的哲学》,浙江教育出版社2003年版,第127页。
④ 郭本禹:《道德认知发展与道德教育——科尔伯格的理论与实践》,福建教育出版社2005年版,第93页。

果,角色承担的创设和引导是关键因素。

(二) 实践中获得指导性反馈

角色承担还需要足够的指导性反馈来帮助大学生意识到活动成功或失败的原因,即在大学生参与社会实践过程中,道德判断和道德决策必须伴有有效的建议等相关支持反馈的信息。大学生社会实践涵盖的相关活动,无论活动场所是在校外还是在校内,是依托互联网还是实地举行,都是由高校筛选,培育者设计、创设,有组织、有管理实施的教育内容,带有鲜明的目的性和道德能力培育目标性。在活动实施过程中,培育者得全程参与并给予大学生最及时的指导性反馈。从道德情感方面来看,针对我国大学生的一项研究发现,在线记录、分享和反馈积极事件2周能够显著提升反馈提供者和接受者双方的积极情感。[1] 为了引起大学生在道德情感方面的共情,构建自己同他人情感体验的普遍联系,[2] 培育者需要在大学生产生情感体验的时候给予关注并积极与当事人进行互动,在产生积极情感体验的时候给予正向反馈,能够引发大学生心理韧性的提升。当大学生产生负向道德情感体验时,培育应该给予及时开导,帮助大学生探明真实原因。在道德认知方面,在面对真实道德情境时,大学生拥有机会检验自己的道德知识的运用能力,做出道德判断和道德决策。但是由于环境的复杂性和大学生处于不同的道德能力发展阶段,大学生做出决策的过程也许非常艰难,甚至会做出错误的决策,培育者需要及时提供反馈信息,帮助大学生分析产生错误决策的原因,陈述判断依据,引起大学生自我反思。指导性反馈不仅提供给学生反应正误的信息,而且还应该提供给学生错误反应的原因及改进方向。在道德行为方面,在社会实践过程中,特别是群体生活中,大学生有时候会做出与自己道德判断不一致的行为,培育者在观察培育对象行为的同时需要进行平等交流,了解其做出行为的理由,给予大学生正确示

---

[1] 李杨、樊富珉:《记录、分享和反馈积极事件对大学生积极情感的影响》,《中国临床心理学杂志》2018年第1期。

[2] 付丽莎、李杨、樊富珉:《积极反馈对沟通双方积极情感的影响:积极共情的调节作用》,《中国临床心理学杂志》2020年第3期。

范，鼓励其向着道德能力认同、道德能力内化的更高发展阶段提升。指导性反馈是一种师生之间的信息交流活动，培育者提供的反馈信息会被大学生接受或者拒绝，培育者需要关注大学生如何接受反馈信息并判断下一步的指导方法，此外，指导性反馈需要伴随实践活动的开展而进行，并不局限于完成活动之后进行。

第二节　文化载体：校园文化培育道德能力

文化的核心问题就是价值问题，"文化是在社会实践基础上人的各种创造。在创造中，理性把现实可能性和人的需要结合起来，形成理想；并通过实践使理想化为现实"。[1] 大学作为一种肩负人才培养、科学研究、服务社会、文化传承与创新职能的特殊机构，文化是大学的灵魂，积淀着师生共同的精神追求。校园文化作为一种附属于大学文化的亚文化现象是伴随现代大学的出现而产生的，它以大学里的师生员工为作用主体，以与校园生活相关的信息为主要作用内容，[2] "反映人们在价值取向、思维方式、生活方式和行为规范方面有别于其他社会群体的一种精神氛围和团体意识"，[3] 文化在校园内得以传播、传承和创造。营造一个积极向上、健康合理的校园文化氛围能为大学生的学习和发展创造良好的条件，[4] 能促进大学生道德水平的提高，校园文化建设是大学生道德能力培育的重要载体。

一　育道德能力于校园网络文化中

当代大学生成长于网络时代，网络已然成为他们学习与生活不可缺

---

[1] 冯契：《冯契文集第三卷人的自由和真善美》，华东师范大学出版社2016年版，第73页。
[2] 赵继颖、孙立军、许静波：《高校校园网络文化建设对策研究》，《思想政治教育研究》2014年第5期。
[3] 潘懋元主编：《新编高等教育学》，北京师范大学出版社2009年版，第596页。
[4] 周安、杭祝洪、吴兴龙：《论大学校园文化与思想政治教育的有机融合》，《黑龙江高教研究》2017年第8期。

少的工具,在"互联网+"的时代背景下,校园网络文化是校园文化在网络环境下的新发展,骆郁廷认为校园网络文化是文化交流的新载体,是学生发展的新平台,是大学德育的新渠道,还是学校文化软实力的新拓展。[①] 虚拟平台实现了主体间交往,展现了大学生的独特性和自由性,参与方式以开放性和大众性为特征,这些特征也给校园文化传播带来了新变化,突破了时空限制,融合了社会多元文化的特点,对高校师生的价值取向、交往方式、认识模式和思维方式等方面都带来了重要影响。由此在思想上冲击大学生的理想信念,虚拟世界充斥着良莠不齐的信息,尤其对那些道德判断能力较弱的大学生带来较大冲击,在学习生活上触发了一系列弱化道德观念的不良行为,在缺少道德约束的网络平台中,网络道德失范、网络欺诈等行为屡屡出现在大学生身上。沉溺于网络游戏导致学业受阻、人际交往疏离、融入社会困难等现象也时有发生。一方面,校园网络文化因其传播特征冲击着大学生的道德观念和价值取向,似乎给道德能力培育带来了一定难度。另一方面,网络文化具有资源共享以及平等交互性等特点,实现了校园文化与网络文化的相互对接,已有研究证明,网络文化对校园文化有显著的正向影响,网络文化为校园文化建设提供了新的技术支持以及文化形态。有利于构建以学生为主体且能满足学生自主选择的道德能力培育模式。因此,我们需要挖掘校园网络文化的道德因素,找准道德能力培育与其融合的关键点,育大学生道德能力于校园网络文化建设中。

(一)依托校园网络文化形态,创设校园网络道德氛围

网络环境打破了由物理环境、标识象征、人文氛围等现实空间承载的校园文化形态,催生了由高校官方网站、微博、微信公众号、短视频网站等网络虚拟空间,及其承载的以文字、图片、视频、动漫等多元形式表达的校园网络文化形态,特别是以"微文化"为代表的短视频文化形态,因其时长较"短",运行技术门槛较"低",大学生在手指滑动的"微传播"之中,发挥了短视频的"微关注"效应,形成了强力

[①] 骆郁廷:《校园网络文化的发展与创新》,《思想政治教育研究》2011年第1期。

吸引大学生的短视频文化。[1] 以"抖音"为例的短视频平台吸引了越来越多的大学生用户，"2018年12月，抖音的月活跃用户规模达3.61亿，同比增长达557.6%，抖音飙升为最强爆款短视频。"[2] 各大高校为了提升校园抖音文化价值引领，顺势入驻"抖音"平台。在这种校园网络文化形态的变迁背景下，恰恰需要利用网络文化形态创设校园网络道德氛围，转化大学生们渴望另类表达的需求，展现他们渴望实现个人抱负与人生理想的个人价值，遏制被夸大扭曲、价值导向不明、内容随意的即兴表演包围的短视频发展势头。一是开发吸引师生关注的网络文化产品。从形式来看，以图片、动漫、视频等网络文化形式，吸引师生关心社会热点并就社会热点展开讨论，从中发现大学生的思想动态、道德观念，及时给予指导性反馈，特别是当大学生遇到困惑时，他们希望透过网络评议获得一种支持，校园网络文化建设需要给予及时的指导性反馈。例如，当热点事件讨论出现了观点鲜明且价值主导不同的回复时，大学生一方面困惑"为什么每个人的想法会如此不同"，另一方面他们也为自己如何选择感到焦虑。网络文化建设以吸引师生关注的文化形态围绕热点展开深入的观点剖析，把深刻的思想刻画在网络文化产品中，不刻意迎合部分大学生的浅显化需求，盲目追求关注度，从价值导向高度创设正向引导氛围。让道德问题在校园网络文化中形成讨论氛围，使大学生产生参与解决社会问题、道德问题的欲望。在主题选择方面，针对师生关心的社会公德、个人私德、职业道德、家庭美德等领域的话题，结合社会热点事件，开展相关主题创作活动。例如"明大德、守公德、严私德"等主题短视频创作，"辨是非、判正误"等主题短视频创作。[3] 二是创设常态化校园网络文化精品活动。针对网络空间盛行的亚文化现象，结合"网络节日"等契机，依托团委、院级学生组织以及团支部等多层级联动，策划开展贴近师生生活的校园网络文化活

---

[1] 崔海英：《校园抖音文化的现象审思与教育引导》，《思想理论教育》2019年第6期。
[2] QuestMobile研究院：《Quest Mobile中国移动互联网2018年度报告》，http：//www.questmobile.com.cn/research/report-new/30，2020年3月4日。
[3] 崔海英：《校园抖音文化的现象审思与教育引导》，《思想理论教育》2019年第6期。

动。充分挖掘校园网络文化育人资源，结合学校实际，推出满足学生实际需求，促进大学生全面发展的精品网络活动。例如，以"向上向善，崇尚道德"为主题的线上团日活动，"随手拍身边的好人好事"为主题的线上互动活动等。三是加强校园网络制度文化的建设，高校应该建立健全与网络有关的各种规则制度、组织机构与管理方式，建立网络安全专家咨询机构，还应该设立具体的行为准则、行为引导等培养师生利用网络获取信息，进行信息交流等的行为习惯和行为方式，[1] 促使师生在网络环境管理自治性的特征下，保障高校网络的安全运行前提下，形成一套网络交往方式、行为方式以及思维方式的良性转变，具备良好的网络信息素养，[2] 有利于形成正向的网络道德氛围，提升道德判断能力和道德运用能力。

（二）依托校园网络传播矩阵，提升核心价值观影响力

校园网络因其传播媒介特性，网络文化传播主体不是固定的，校园里的每个人都能成为传播主体，每个人的不同视角又可能成为不同的传播内容。既体现了师生员工共同参与、共享和建设发展的网络文化特点，也体现不同主体之间相互交流、互相促进、平等互动的优势所在。然而，这种去主体性的特征使得道德能力培育的主导内容成为一种间接发生的信息，价值引领在主导、组织及主体等方面的显性地位出现弱化。因此，让道德能力培育的内容渗透在活动中，以隐性教育的方式蕴藏于校园网络传播矩阵中显得尤为关键。《关于进一步加强和改进新形势下高校宣传思想工作的意见》指出："要打造示范性思想理论教育资源网站、学生主题教育网站和网络互动社区，推进辅导员博客、思想政治理论课教师博客、校务微博、校园微信公众账号等网络新媒体建设。"[3] 依托校园网络

---

[1] 黄燕：《高校网络文化的育人功能及其实现路径探析》，《思想理论教育》2018年第9期。

[2] 张红艳、陈雅俐：《基于三层次结构框架的高校网络文化建设路径研究》，《中国电化教育》2019年第10期。

[3] 中共中央办公厅、国务院办公厅印发：《关于进一步加强和改进新形势下高校宣传思想工作的意见》，http://news.xinhuanet.com/2015-01/19/c_1114051345.htm，2020年3月4日。

传播矩阵,第一,要在传播平台数量上实现网络覆盖,也就是鼓励职能部门、院系、学生组织、教师、辅导员、员工等创建服务于核心价值观导向的网络平台,实现网络传播矩阵的布局。第二,灵活融入大学生喜闻乐见、访问量较高的网络平台,选取其中受欢迎且有培育意义的栏目或内容插播到网络传播矩阵中。第三,动员教师、学工干部、后勤员工等所有参与校园建设活动的教育者,开设涵养社会主义核心价值观的生动载体,选树典型,提升价值观影响力。同时,在自媒体阵地中关注学生动态,特别是心理、思想动态变化,发现大学生的实际困难和困惑。第四,依托"三维三阶段一体"道德能力培育模式的建构,打通组织、管理等中介结构,实现道德能力培育的线上"三全育人"。

二 育道德能力于校园文化品牌建设中

大学生置身于校园文化之中,其思想认识、道德观念也潜移默化地受到校园文化的影响,[①] 校园文化平台是校园文化的具体承载形式,蕴含丰富的道德能力培育资源。

(一)激发学生社团创造力

高校学生社团是由大学生们依据自己的兴趣爱好组成的群众性学生组织,为满足大学生心理需求、社交需要、个体发展提供了思想交流、人际交往的重要场域。在长期的发展过程中,社团成员所共生、共享、传递的价值取向和行为方式体现了校园文化的重要实践形式。[②] 学生社团在凝聚青年、引领青年大学生成长成才方面发挥着重要作用。通过建设高校学生社团,激发其内在活力,引导大学生进行朋辈教育,实现自我省思,促发大学生富有活力的开展创造性实践活动。学生社团种类繁多,包括理论学习、创新创业、志愿公益、人文社科、文化艺术等类别,丰富了校园文化活动。如何在丰富的社团中找到道德能力培育的结

---

① 刘海春:《论朋辈教育和高校校园文化建设的耦合与运用》,《高教探索》2015 年第 2 期。
② 陆凯、杨连生:《高校学生社团文化建设的影响因素与提升路径》,《中国高等教育》2018 年第 13 期。

合点呢？第一，加强社团内部建设，增强指导力量，明确价值主导。指导教师的专业性、投入程度和指导理念直接影响社团的发展前景，以追求共同的价值理想指导大学生自我约束，共同奋斗。在此基础上，完善社团管理，促使社团规划、指导、培训和评价等制度不断完善，形成科学的管理理念，为提升社团文化提供良好环境。只有在价值导向明确的前提下，大学生才能形成向上向善的氛围。第二，开展富有成效的社团活动。道德能力培育是内嵌在社团活动中的大学生实践，需要激发大学生的主观能动性，从而形成有创造力和传承担当的学生社团。通过和社会机构、企业、团体等单位的衔接，给大学生呈现社会、职业、公共环境下可能存在的道德冲突，提供反思机会，通过朋辈讨论，发现正确处理道德冲突的方式与方法，提升个体道德能力发展，内化道德观念。依托社团举办的相关比赛，提升人才培养质量，创新校企合作模式，增加企业人才储备，通过实践活动加强大学生与社会接轨程度，强调大学生的责任意识，提升学习动力。第三，深挖社团道德因素，激发创造活力。不同的社团有不同的主题，依托大学不同的专业，社团主旨也有所区别。在不同的学科领域中，社团文化蕴含着丰富的道德知识，通过挖掘道德因素，激发大学生道德创造能力。例如文学社、青年科技协会、艺术团、志愿者团队、信息技术社团、生态社团等，营造"人人皆是教育之人，时时皆是教育之机，处处皆是教育之地"[1]的社团活动氛围。

"民族非遗"研究社里的故事

云南省具有得天独厚的少数民族资源，笔者曾创建校级"民族非遗"研究社团，通过举办系列活动，挖掘其中道德因素，提升社员们的道德能力。邀请校内外知名民俗学专家，为大学生讲授"我与非遗的故事"；邀请"非遗传承人"进入校园，为大学生们展示非遗文化；鼓励大学生带着思考走出学校，回乡探寻故乡的非遗文化。授课内容受

---

[1] 王帅：《高校校园文化活动过程设计探究》，《学校党建与思想教育》2017年第19期。

到了大学生的欢迎,一名人类学专家分享了自己家乡的变化,他说"每个周末我都要开车60公里回乡下看看,我热爱我的民族文化,我想念当地的民俗,我害怕有一天他们会不见了,我迫不及待地想记录下来,分享给全世界"。专家们对专业的热爱以及对自己家乡的深情打动了参与活动的每一位大学生。一方面,大学生们从他们曾以为的"土文化"当中看到了民族魅力和传承精神,激发大学生忠于追寻理想,克服现实困难,磨炼自身意志的品质。另一方面,诸如经济发展与非遗传承的种种矛盾考验着大学生们的价值选择和判断,在社员的激烈讨论中,结合当地老百姓的经济发展瓶颈,经由指导教师的深入分析,大学生们意识到个人与社会的关系,自我发展与国家发展的关系,意识到新时代大学生肩负的责任和使命。在活动实践中完成了大学生道德认知、道德情感和道德实践的结合,在冲突情境中检验大学生道德观念的运用和践行。活动激发了大学生的兴趣,能够充分调动大学生的积极性,同时,社团活动和社会实践活动形成系列精品活动,真正实现了"全员、全方位、全员"育人。

(二)提升校园文化活动感召力

校园文化活动历来是高校思想政治教育的重要渠道,并以其实践性、渗透性和潜隐性等特点补充了课程教学在实践育人方面的不足,校园文化活动是由主导者精心设计和组织引导的以学生为主体、以校园为基础,以营造精神环境和文化氛围为手段,以促进大学生全面发展为目的,全员参与的一系列活动,其实质是通过活动的开展达到育人之目的。[①] 在"大思政"的新格局下,校园文化活动需要全员参与,融合专业课教育、思政课教育等途径,并且在已有的育人功能中提升活动质量,秉持传承与创新相结合的理念,育道德能力于校园文化活动中。

1. 建设品牌活动

校园文化活动在形式多样的前提下应该注重对活动的总结和凝练,

[①] 迟淑清:《论蕴含于高校校园文化活动中的隐性思想政治教育》,《黑龙江高教研究》2014年第2期。

选拔出价值导向明确、育人效果明显、受到大学生欢迎的活动，树立精品意识，注重品牌活动建设。第一，明确主题引导，优化前瞻设计。校园文化活动的核心是育人，活动的创设应该具有明确的引导主题，活动设计方作为活动的实施者和组织者需要具有前瞻意识，积极探索汇集思想性、时代性、科学性为一体的活动内容和形式。第二，着眼长效，突出特色。校园文化活动需要具备一定的数量供大学生选择，但活动质量是建设品牌活动的关键，一部分可持续性不高的校园活动淡化了育人价值，造成师生双重疲劳，要突出学校特色，开发与校本课程相结合的校园文化活动形成品牌校园，着眼长效育人机制。第三，构建长效机制，做好平台搭建。品牌活动的创建需要有充足的人力资源保障和物资保障，指导教师除了动员校内相关教职员工的参与外，可以邀请校外辅导员，还可以和各大企业、各类媒体合作，参与校园文化活动建设，为大学生步入社会创造良好的氛围。第四，传承与创新结合，形成有效反馈通道。校园文化活动的核心是大学生，应该发挥大学生的主观能动性，听取大学生参与校园文化活动的意见和建议，及时形成反馈机制，在传承已有精品活动的同时，创造新的活动内容和广泛吸引大学生的活动形式。

"大道问学"学术节品牌活动

依托学院专业特色，结合学风建设、诚信教育、科研素质培养等主题，由学院团委牵头创办"大道问学"学术节。以"大道问学"学术答辩为主要活动，下设4个子活动，包括"大师面对面""退休教师的班会""为你读师"网络版以及"走进校园，校史讲解"等活动。活动围绕大学生成长成才创设吸引大学生参与的精品活动。开展三年形成了覆盖云南省多所高校的品牌活动，特别是"大道问学"学术答辩活动吸引了"华为学术竞赛"项目支持。邀请校内外知名专家担任学术答辩专家，现场进行的学术答辩，展现了大学生的学养，激励更多的大学生热爱学习，刻苦钻研。通过"大师面对面""退休教师的班会"和"为你读师"线上活动展现专家们刻苦求学的精神和专心科研的专注力，充分发挥了"特聘教授"在学术育人方面的价值，专家们分享自己的求学经历，与同学们畅谈人生感悟，内容虽然未涉及专业知识，但其蕴含的示范价值感染了参与的大学生，同学们透过"大师"们平凡且枯燥的求学经历，体会到了创造的成就感，感受到了自我成就的幸福感，在科学训练中，大学生明晰学术规范，养成诚实守信的学术品格，自觉培育和践行道德观念，外化为道德行为。

2. 创新活动内容

校园文化活动主题应该契合大学生成长成才的实际需要，根据大学生道德发展阶段设置不同年级、不同专业、不同环境下不同内容的活动。例如大一新生刚刚入校，可以辅助"理想信念"教育的"第一课"课程教学，开展"校园游园"或者"了解学校历史"等校园文化活动，促进大学生对新环境的认知，通过与校园历史对话，正确认识大学生涯与自己的关系，明确学习目标，提升个人情感动力。此外还可以设置与高年级学生的对话等活动，由在年龄、态度、价值观方面较为接近的群体在轻松愉快的氛围中进行知识、技能的培育，激发大学新生不断完善自己的欲望，丰富自己的知识体系，开拓学术视野。"朋辈群体更好地提供了个体间交流各种社会信息、看法的平台，其成员间可以平等自由地探讨自己对社会的看法，增加了个体社会经验和社会思考力。"[1] 围绕大二、大三学生可以开展贴合学风建设、心理健康教育、文体竞赛、科技创新等主题活动，活动以研讨沙龙、文艺展演、志愿活动等形式展开，引导大学生把精力放到学习上，向优秀典型靠近，梳理正确的世界观、人生观、价值观。对于大四的毕业生，可以开展求职辅导、模拟招聘会等有利于提升求职技能的活动。通过和校外企业的对接，开展富有创造性的校企合作项目，诸如"华为大学生公益项目"等。

---

[1] 边社辉、王湃、郑建辉：《朋辈教育在高校思想政治工作中的应用实践》，《中国环境管理干部学院学报》2012年第2期。

第三节 组织载体:"三全育人"体系培育道德能力

进入新时代,习近平总书记对加强高校立德树人工作提出了一系列新思想、新观点和新论述,明确了高校"培养什么人、如何培养人以及为谁培养人"这个根本性问题,强调"要坚持把立德树人作为中心环节,把思想政治教育工作贯穿教育教学全过程,实现全程育人、全方位育人"。[①] 2018年5月,教育部办公厅印发《关于开展"三全育人"综合改革试点工作的通知》,要求各地分类开展"三全育人"改革试点工作,着力构建一体化育人体系,"三全育人"体系是从国家层面全面实施的一项有利于高校立德树人任务的重要举措。

一 道德能力培育与"三全育人"体系的内在关联

(一)培育方向一致

1. 育"德"为目标,提升大学生素养

"三全育人"其目标是育人之"德"。习近平总书记指出:"我国高等教育肩负着培养德智体美全面发展的社会主义事业建设者和接班人的重大任务……高校立身之本在于立德树人,"[②] 必须坚持不断提高学生的"思想水平、政治觉悟、道德品质、文化素养,让学生成为德才兼备、全面发展的人才"。[③] 在此背景下,"三全育人"所要育的"德"是政治思想、道德和心理品质的总称,是要在教育实践活动中不断提升大学生的道德素质和精神世界,在思想观念层面培养大学生树立正确的

[①] 习近平:《习近平在全国高校思想政治工作会议上强调 把思想政治工作贯穿教育教学全过程 开创我国高等教育事业发展新局面》,《人民日报》2016年12月9日第5版。

[②] 习近平:《把思想政治工作贯穿教育教学全过程开创我国高等教育事业发展新局面》,《人民日报》2016年12月9日第1版。

[③] 习近平:《把思想政治工作贯穿教育教学全过程开创我国高等教育事业发展新局面》,《人民日报》2016年12月9日第1版。

世界观、人生观和价值观，培养大学生掌握正确看待世界、社会、个人的立场和观点，培养大学生如何正确选择人生的价值。大学生道德能力培育与"三全育人"体系目标一致，围绕实现高校立德树人根本任务，提升大学生道德素养。

2. 育"人"为目的，提升大学生能力

"三全育人"其目的是育"人"为本。教育的本质是培养人，为此，深入研究当代大学生个性心理特征以及发生发展规律必不可少，探讨提升大学生能力以及训练科学思维方法的途径，在以人的自由全面发展的教育价值追求的基础上，推动大学生人格养成、知识学习、心理健康和能力培养的融合发展。"三全育人"体系的构建是以探究大学生成长规律为基础的，其"以人为本"，以"发展为本"的理念与大学生道德能力培育完全一致，都是在遵循大学生心理发生发展的科学基础上提出有效提升大学生能力的切实方案。

3. "培育"为核心，提升高校育人能力。

"三全育人"体系搭建是高校全面提高人才培养能力的核心要义。首先是整合育人资源，"全员"涵盖高校育人的各类主体；"全程"涵盖高校育人的完整过程；"全方位"涵盖高校育人的各种途径和载体。涉及教学、科研、管理、服务等工作领域的育人力量，统筹"学生—学术—学校"为一体的教育主体参与要素。其次是协同创新发挥作用。《高校思想政治工作质量提升工程实施纲要》强调"坚持协同联动"，提出了"十大育人体系"。包括教学、科研、资助、心理等方方面面，各个子系统之间通过相互协作形成空间和功能上的有序结构。高校作为统筹各方面的总指挥，如何整合协调各种资源能体现出高校的育人能力。大学生道德能力培育是高校实施"三全育人"实现立德树人根本任务的一个途径，为提升高校育人能力提供可实施的具体方法，其效能发挥是一致的。

（二）两者互为补充

1. 道德能力培育途径打破"三全育人"体系现有困境

目前高校"三全育人"体系距离"时时有育人、处处有育人、事事有育人"的良好局面还有一定差距,既有高校体制机制改革的问题,也有认识实践方式方法的问题,从深层次来看"全员""全程""全方位"内部和三者之间出现断裂是当前"三全育人"体系存在的主要困境。从"三全育人"体系的内部设置来看。就"全员"而言,无论是任课教师还是管理服务人员,无论是思政课教师还是专业课教师都应该参与到"育人"这项工作中,然而教师、学者、行政人员、后勤人员等高校从业人员对"育人"理念的理解有差异,对"育人"方法的把握参差不齐。此外,在人人都有麦克风的网络时代,人人都能当"主播",让参与高校建设的人都意识到自身具有大学生思想观念正向引导的主体责任非常困难。就"全过程"而言,大学生道德观念发展在时间维度中始终处于动态变化的过程,任何人的个人、社会和世界的观点和立场不是先天的,而是在后天的学习中量变和质变的统一形成发展,高校对大学生培养是在以往学习基础上的延续,而在校期间的培育也是缓慢且连续的过程,参与大学生培育的各方力量需要在日积月累的努力下方能实现因果变化,如何让道德教育连续不断裂,防止某些环节"疏漏"或被"放任"也显得非常困难。就"全方位"而言,人的全面发展包括了德智体美劳等方面,唯"分数论"、唯"智育"论的一维要素论的教育弊端已然显现出来,重视"智育"忽视"德育"的做法在高等教育设计中已然站不住脚,但如何把德育与智育联系起来,如何打通课堂内与课堂外,方式方法的探寻亟待解决。从"三全育人"体系的外部设置来看,如何打通"全员""全过程"与"全方面"三者之间的通道,不仅是对高校认识实践方式方法的考验,也是对高校体制机制改革的考验。综上所述,"三全育人"体系存在"员"角色缺位,"过程"链条断裂,"方位"重心偏移等现实问题,需要在实践中运用科学方法打通外部、内部的通道,把"全员""全过程"与"全方位"真正联系起来,发挥立德树人之功能,大学生道德能力培育途径为解决这些问题提供有效策略。

2. "三全育人"体系为大学生道德能力培育提供平台

教育能够影响大学生道德能力发展,经由前文理论和实证研究证实大学生道德能力发展遵循个体心理发生发展规律且受教育影响明显，不同教育情境下个体道德能力发展速度不一致也使得教学效果有差别，我国大学生道德能力现状不容乐观，"三全育人"体系的搭建为大学生道德能力培育从制度上提供宏观实践的可能，为道德能力培育实施提供可依附的框架和政策。同时大学生道德能力培育需要实施载体，大学生道德发展是一个连续的过程，道德能力提升需要通过"困境讨论""社会角色承担"等教学活动的展开而实现，大学生社会实践、校园文化活动等都是道德能力提升的有效载体。道德能力发展与个体认知能力有关，这证明大学生"德育"与"智育"并不是无关的两个部分，道德能力的提升包含了认知、践行等多方面变化，是"德育"与"智育"共同发展的例证。"三全育人"体系能全面覆盖校园外、校园内、线上、线下等载体，为大学生道德能力提升提供丰富多样的平台。大学生道德能力培育需要实施主体，实验证实"困境讨论"等模式能有效提高大学生道德能力水平，这类活动需要有"育人"理念的实施主体，"三全育人"体系为提升大学生道德能力提供素养过硬的教育者，反过来，参与道德能力培育的教育者们也都会获得一定程度的道德素质提升，两者相互促进，互为依靠。

二 协同论视阈下"三全育人"体系培育道德能力的实现机制

（一）"三全育人"体系培育道德能力的协同模型初构

"三维三阶段一体"模式是在协同理论基础上，在高校"三全育人"体系中搭建的系统。协同论由德国物理学家赫尔曼·哈肯于20世纪70年代首次提出。其主要观点是"系统内部的各个子系统之间通过相互协作，自发形成时间、空间和功能上的有序结构，每个子系统内部又由多个要素组成，要素、子系统、系统以及外部环境之间存在着复杂的非线性交互作用，促使整个系统形成单个子系统不具备的新的结构和功能，协同理论由序参量、开放效应和自组织原理等一系列概念和原理组成。"[①] 道

---

① [德]赫尔曼·哈肯：《协同学：大自然构成的奥秘》，凌复华译，上海译文出版社2005年版，第84页。

德能力培育系统内部包含道德能力教育者、道德能力教育形式和道德能力教育空间三个子系统,通过协同配合实现单个子系统不具备的新的效能,达到提升大学生道德能力的目的。

整合高校人员、形式和空间资源形成大学生道德能力培育"三维"立体框架(如图 6-1 所示),X 坐标代表高校参与道德能力培育的教育者,按照递进层次依次是教师、校内其他人员、校外指导者。教师是指思政课教师、辅导员等思政工作者、专业课和通识课教师。Y 坐标代表实施道德能力培育的教育方式,依照递进关系分别是第一课堂、第二课堂、校外其他实践活动。第二课堂是"在学校教学计划所规定的教学活动(即第一课堂)之外,组织和引导学生开展的课外活动。包括知识性的、艺术性的、文艺性的、公益性的等等。"① 校外其他实践活动是指除了第一课堂和第二课堂之外,大学生参与的由学校组织的校外

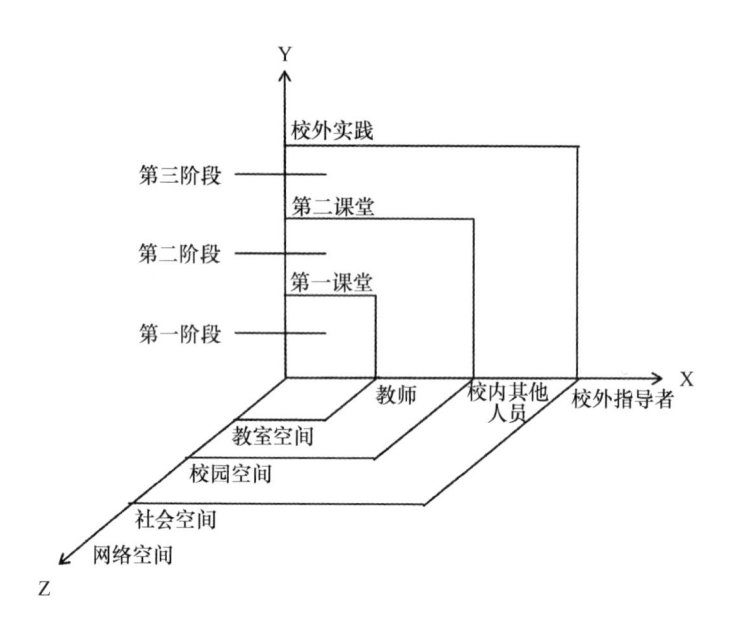

图 6-1 "三维三阶段一体"模式

---

① 冯刚:《改革开放以来高校思想政治教育发展史》,人民出版社 2018 年版,第 208 页。

实践活动。Z坐标代表开展道德能力培育的教育空间，依次是教室空间、校园空间、社会空间和网络空间。校园空间包括宿舍和校园内所有场域。三个维度覆盖了大学生在校期间高校组织管理教育教学的方方面面。

"三阶段"是在"三维"框架下建构的大学生道德能力发展层次，在各维度要素依次递进的关系中形成三个阶段。第一阶段以第一课堂教学为主体，以教室为主要场域，以教师为主力形成的大学生道德能力教学培育途径。第二阶段以第二课堂实践为主体，以校园空间为主要场域，以高校所有人员都参与的大学生道德能力校内实践培育途径。第三阶段以校外实践活动为主体，以校外空间和网络空间为主要场域，以校外指导者主要参与的大学生道德能力培育实践创新途径。相对来说第一阶段属于高校思想政治教育常规阵地，是大学生必须参与且必须完成的教育教学活动，人员、形式、场域容易规划和控制。第二阶段属于高校思想政治教育管理自主性、灵活性、渗透性突出的部分，与高校团学组织、社团活动、校园文化建设等领域密切相关，强调实践活动和实践体验，道德能力培育成效与活动内容和组织效力相关。第三阶段属于高校思想政治教育向社会延伸部分，教育者视野广阔，时空开放，参与程度与大学生内生动力成正比，涉及社会实践、志愿服务等实践活动。三个阶段是依据大学生道德能力培育组织管理难易程度以及场景、投入、参与时长等因素划分，不代表在实际操作中每个阶段的"三个维度"都需要捆绑运行。

"一体"是指对大学生道德能力培育是教育者、教育形式和教育空间三个维度合力形成的闭环，在连续转换的"三维"组合下，促使大学生道德能力获得不间断培育。当X取值为教师的时候，Y坐标和Z坐标可以跨层次、跨领域、跨部门组合。例如：教师在网络空间开展第一课堂道德能力培育教学；教师在校外空间开展第一课堂道德能力培育实践教学。同理当Y取值为第二课堂教学形式的时候，X坐标和Z坐标可以形成不同的组合。例如：校外指导者在校园内开展第二课堂道德能力培育教学；后勤工作人员开展道德能力培育校园实践活动等。不同组合打破不同主体间的壁垒，贡献资源，共享价值，形成大学生道德能力协同发展的局面，使大学生道德能力培育"三维三阶段一体"模式真正涵盖高校课程、科研、实践、文化、网络、心理、管理、服务、资助、组织"十大"育人体系。

（二）"三全育人"体系培育道德能力的协同效应实现

协同理论指出："在系统内部的若干子系统中，序参量支配了其他状态的变量，决定了系统的整体结构和功能"，也就是说序参量是系统运行的关键因素。在"三维三阶段一体"模式中序参量包括三个关键变量，一是教育者对大学生道德能力培育的理念；二是我国大学生道德能力的发生发展特点；三是教育者掌握的大学生道德能力培育方法，这三者对"三维三阶段一体"模式起决定性作用。协同论同时指出："其他对系统有影响但未构成决定因素的变量为状态变量。"① 分析该模式状态变量包括大学生道德能力培育过程中高校教育资源、高校制度政策、校外空间拓展等要素。通过状态变量在各子系统的调试，教育者形成价值共识，根据大学生内在发生规律形成有效的培育方法，协同发挥模式功能。

教育者、教育形式和教育空间是道德能力的三个子系统，协同理论认为"子系统在开放的环境下聚集，到达某个临界点时通过相互协作来提升系统的整体效应，产生 1＋1＞2 的效果"，② 也就是说要想各个子系统发挥超过单个子系统叠加的效能，"三维三阶段一体"模式需要在开放的环境下实施。对教育者子系统来说，也就是模式中 X 坐标，一方面是承担教育者角色的人选要多样，不仅是思政课教师、辅导员、班主任和任课教师，还应该包括行政人员、宿管、图书管理员、食堂服务人员等，更应该延伸至校外，通过计划和非计划等办法让社会人员担任教育者的角色。对教育形式子系统来说，也就是 Y 坐标，在教育者

---

① ［德］哈肯：《协同学导论》，张纪岳、郭治安译，西北大学出版社1981年版，第188页。
② 张睿：《协同论视域下高校"三全育人"实施的机理与路径》，《思想理论教育》2020年第1期。

认同提升大学生道德能力理念的前提下,应该让教育者在教学内容和教学方法的设计上融入自己的体会和经验,形成开放的讨论氛围,采取自主、个性化的教育形式。对教育空间子系统来说,也就是 Z 坐标,线上、线下、教室、校园乃至校外等空间都是与教育者和教育形式相对应的,形成为内容而服务的灵活开放式空间。此外,协同理论认为"系统在没有外部信息流和物质流的影响下,内部各成员协同合作,自发形成新的时间、空间和功能的有序结构。"[1]"三维三阶段一体"模式的构建目标是在没有外力干预的情况下,各子系统能够向着大学生道德能力培育的方向自主行动,推动大学生道德能力发展。

大学生道德能力培育组织载体,是在"三全育人"体系中形成的教育者、教育形式和教育空间三者协同发挥效能的整体形式。在此过程中,通过活动载体、文化载体等多种形式的合力作用形成灵活而开放的培育空间;创设自主、个性化的讨论氛围。多种角色的教育者可以通过课程教学、课外活动以及校外实践等形式发挥协同效能,大学生在个体道德能力发展的过程中,在外在引导和内在修养不断作用下实现了个体道德能力的提升。

---

[1] 张睿:《协同论视域下高校"三全育人"实施的机理与路径》,《思想理论教育》2020 年第 1 期。

附　　录

一　"道德困境讨论"课堂实录

案例:"综合测评风波":X同学是学生会的干部,深受老师和同学欢迎,Y同学是X同学的老乡,他们从初中开始就是好朋友还一起考入远离家乡的同一所大学。Y同学在参加综合测评时,发现如果多一个参加活动的证明就能多加一分,有了这一分就能拿到奖学金,Y同学家里突然遭遇变故,急需要用钱,于是Y同学向X同学提出请求,希望X同学利用职务之便帮助Y同学开一份假证明。如果你是X同学的话,面对Y同学的苦苦哀求以及老师和同学对你的信任,你会选择开证明吗?

(一)大学生讨论观点实录

1. 赞成开证明的同学

赞成的同学A:因为我和X一起考上大学,我了解其家庭有困难,我刚好有职权可以帮助到他,之前也有提到他是学习成绩比较好的同学,就差这么一分。如果我开这个证明能够帮助到他,让他以后能更好地面对自己的学习、改善家庭情况,这时我不开这个证明反而显得不道德。

赞成的同学B:首先,他的家里有重大变故,对家里的影响非常大,比如说天灾人祸之类的。他是我从高中就一起的同学,我挺能理解他是什么人。我相信他是已经想过其他办法从其他渠道借钱,但是就差这么几千，就可以救人之类的解决他家里的问题。换位思考的话，如果我是这位同学，我已经想尽办法了，各种途径都找过了，没办法就差这几千块，就这么一分，我觉得我还是会去帮助他。

赞成的同学 C：并不是说拿过奖学金的人，含金量就高，很多同学现在随便搞个东西拿去参加比赛就能获取什么优秀或者什么奖之类的，这类情况在综测上加四五分，但并不代表你的综合能力、含金量就高。但为什么他们就能拿到呢？他现在急需钱的情况下，我为什么就不能打破这个规则。

赞成的同学 D：从你是一个人出发来评判这件事，去评判事情，再考虑规则，因此想要帮他。反对的同学他们可能就比较理性化一些。事物的运转脱离不开感性，拉关系这个事情打个比方，你在教室里坐着吹空调或暖气读书，我在外面拉关系做着生意，我们都为此付出了努力。有些时候需要感性一些，太理性会机械化，像机器人一样。

赞成的同学 E：中国是人情社会，中国人更看重人际交往。情景中不是道德问题，属于特殊情况，我们的法规也是需要适用于实际情况，更何况涉及个人的规则，可以根据特殊情况做出调整。

赞成的同学 F：有可能有好几个人都存在这种情况，这只是这些当中的一个人，为什么他就公平了呢？现在的情景未触及法律，我能帮他。有法律的约束不会发生。

2. 不赞成开证明的同学

不赞成的同学 A：如果我们是好朋友，他来找我开这个证明，以朋友的角度我要帮他。但是他以朋友的角度上考虑的话，他就不会来找我开假证明。因为他明明知道我这样做会违背很多东西，但他还是来找我了，也就是说他是在利用而不是把我当朋友。此外，老师给予 X 的权利，是为了服务同学，而不是说服务自己。不能说因为是朋友，就用权力开假证明。还有一个观点是，授人以鱼不如授人以渔，用开假证明的方式让他获得奖学金，下一次遇到问题，他就不会想着用自己的能力去解决，而是用同样的方式找人帮他，这样对他影响不好，对自己也不好。

不赞成的同学 B：假如说我开了假证明，让他拿到了这笔奖学金，这对其他同学是不公平的。因为并不是所有申请奖学金的同学都是家境很好的，也许也有突然间遭遇贫困的学生，我让我的同学、我的朋友拿到了这笔奖学金，然后把他的名额挤掉了，那以后看到他，我会觉得心里很不安。我很受老师、同学的信任，开假证明根本就是辜负了他们的信任。

不赞成的同学 C：当你违背了职责开了假证明，也就是说你把原本足够优秀可以获得奖学金的同学推下去了，假设你就是那位足够优秀可以获得奖学金的同学，你也不会这样做。所以如果开了假证明，从法律角度就是违背了法律，如果用朋友感情站在道德的制高点来说你是对的话，你就是一个反向的不公平，是不公平的根源。

不赞成的同学 D：首先我是个学生会干部，干部是什么？是手上有权利的人。很多人觉得人情社会很好，但你是社会主义的接班人，是祖国未来的花朵，不应该做出一些改变吗？我家就是在一个很小的城镇，我爸想升职，怎么办？就只能去送礼，不送礼就得送钱，不送钱就什么都没有。因为你帮我，他帮她，外来的人根本就没有机会获得提升的空间，这个城镇也只会因为没有能力的人就他们彼此之间认识的人有交际。我是学生会长，咱们哥俩好，我现在任命你为副会长可不可以？规则制定出来是干什么的，是用来遵守的嘛，对不对？没人遵守的规则制定出来干吗，那直接看人情好了，人情第一位。那我觉得就没有规则可言了。

不赞成的同学 E：违背规则、危害国家秩序，是为不忠，陷朋友于不义的境地。从当下的规则来说，违背规则就是危害社会。还有就是原则性的问题，如果每一个人都想着我可以破坏这个原则，为别人带来利益或者为我自己争取一些利益，这个原则就会慢慢无效，就会丧失这个原则制定之初怀有的初衷。这也是会导致官僚作风里腐败现象发生的原因，是腐败滋生的根源，是人情关系的根深蒂固。所以我觉得我们需要做出一些改变，这样的改变可以让一个组织更有效的运转，让人们之间的关系变得更加和谐。

不赞成的同学F：一分的差距在结果上让人感觉是非常小的，但是事实上它构成的影响并不小，为此付出的努力可能要比别人多得多，如果你把这一分给了你的朋友，让另外一个本来可以靠自己的努力获取奖学金的同学失去了这个机会，他又会有怎样的失望、崩溃。

（二）大学生课堂收获分享实录

1. 人际交往和规则之间的界限值得深思。

2. 道德原则问题上思想出现了徘徊，在今后生活中遇到类似情况会从多个角度综合考虑问题，坚守法律准线，明确道德概念，提升道德素养。

3. 要用辩证的思维去看待问题，透过现象去看本质，沟通很重要。

4. 更加坚定了自己的选择，理性很重要。

5. 顾全大局，不能感情用事。

6. 人际关系与道德权衡，道德的含义不是表面上我所理解的无底线的"善"，在不触及底线时当然应该尽可能帮助别人，但是法律和道德的关系很值得讨论和深思。

7. 引发了我对制定规则的思考，规则也是由人制定的，规则也不能是一成不变的。

8. 自己认为是对的，在别人眼里不一定就是对的，每个人都是独立的个体，不能仅从自己的角度去考虑问题。

9. 从不同角度，具体问题具体分析，实事求是，对别人道德行为的界定有了新的认识，道德并不是我们想象的那么简单，关系到个人与他人，个人与社会。

10. 我觉得我们应该加强社会主义核心价值观教育，社会向着真、善、美的方向发展真好。

11. 我觉得每个同学都很善良，都在想办法帮助别人，我今天很感动，我看到了平常看不到的同学的另一面。

12. 不仅要认识到道德的价值，还需要提升自己能力去做个有道德的人。

参考文献

《马克思恩格斯全集》第2卷，人民出版社2005年版。
《马克思恩格斯文集》第1卷，人民出版社2009年版。
《马克思恩格斯文集》第2卷，人民出版社2009年版。
《马克思恩格斯文集》第8卷，人民出版社2009年版。
《马克思恩格斯文集》第9卷，人民出版社2009年版。
《马克思恩格斯选集》第1卷，人民出版社2012年版。
《马克思恩格斯选集》第3卷，人民出版社2012年版。
《马克思恩格斯选集》第4卷，人民出版社2012年版。
《马克思恩格斯全集》第3卷，人民出版社2016年版。
《马克思恩格斯全集》第22卷，人民出版社2016年版。
《马克思恩格斯全集》第25卷，人民出版社2016年版。
《马克思恩格斯全集》第40卷，人民出版社2016年版。
《马克思恩格斯全集》第42卷，人民出版社2016年版。
《马克思恩格斯全集》第46卷（上），人民出版社2016年版。
《列宁教育文集》，人民教育出版社1984年版。
《列宁全集》第55卷，人民出版社1990年版。
《列宁全集》第55卷，人民出版社1990年版。
《毛泽东选集》第1卷，人民出版社1991年版。
《习近平关于社会主义文化建设论述摘编》，中央文献出版社2017
　年版。
《习近平总书记教育重要论述讲义》，高等教育出版社2020年版。

参考文献

习近平：《高举中国特色社会主义伟大旗帜　为全面建设社会主义现代化国家而团结奋斗——在中国共产党第二十次全国代表大会上的报告》，人民出版社 2022 年版。

《习近平谈治国理政》第 1 卷，外文出版社 2014 年版。

《习近平谈治国理政》第 2 卷，外文出版社 2017 年版。

《习近平谈治国理政》第 3 卷，外文出版社 2020 年版。

《习近平谈治国理政》第 4 卷，外文出版社 2022 年版。

《在纪念五四运动 100 周年大会上的讲话》，人民出版社 2019 年版。

《深入学习习近平关于教育的重要论述》，人民出版社 2019 年版。

《论语·雍也》，张燕婴译注，中华书局 2006 年版。

《论语·子张第十九》，张燕婴译注，中华书局 2006 年版。

《论语·阳货第十七》，张燕婴译注，中华书局 2006 年版。

《论语·公冶长第五》，张燕婴译注，中华书局 2006 年版。

《论语·学而第一》，张燕婴译注，中华书局 2006 年版。

《论语·子罕第九》，张燕婴译注，中华书局 2006 年版。

《论语·里仁》，张燕婴译注，中华书局 2006 年版。

《荀子·修身第二》，安小兰译注，中华书局 2007 年版。

（汉）董仲舒撰，苏兴义证：《春秋繁露义证》卷第十《深察名号第三十五》，中华书局 2015 年版。

（汉）班固：《汉书》卷五十六《董仲舒传》，中华书局 1975 年版。

（汉）刘向撰，向宗鲁校正：《说苑校正·卷二十·反质篇》，中华书局 1987 年版。

（汉）刘向撰，向宗鲁校正：《说苑校正·卷三·建本篇》，中华书局 1987 年版。

（后晋）刘昫：《旧唐书·列传一百一十·李翱传》，中华书局 1975 年版。

（唐）韩愈撰，阎琦校注：《韩昌黎文集注释》卷一《原性篇》，三秦出版社 2004 年版。

（宋）朱熹：《四书章句集注》《孟子集注》卷十一《告子章句上》，中华书局 2012 年版。

（宋）朱熹撰，朱杰人、严佐之、刘永翔主编：《朱子全书》第十四册《朱子语类·卷九·学三·论知行》，上海古籍出版社、安徽教育出版社 2002 年版。

（宋）朱熹撰，朱杰人、严佐之、刘永翔主编：《朱子全书》第十四册《朱子语类·卷十三·学七·力行》，上海古籍出版社、安徽教育出版社 2002 年版。

（宋）朱熹：《四书章句集注》《孟子集注》卷十一《告子章句上》，中华书局 2012 年版。

（宋）黎靖德编：《朱子语类》，凤凰出版社 2013 年版。

（宋）黎靖德编：《朱子语类》卷十二《告子下》，转引自张立文《朱熹思想研究》，中国社会科学出版社 1994 年版。

（清）焦循：《孟子正义》，中华书局 2015 年版。

（清）焦循：《孟子正义》卷二十二《告子章句上》，中华书局 2015 年版。

（清）焦循：《孟子正义》卷二十六《尽心章句上》，中华书局 2015 年版。

（清）焦循：《孟子正义》卷七《公孙丑章句下》，中华书局 2015 年版。

（清）王先谦：《荀子集解》卷二《荣辱篇第四》，中华书局 2013 年版。

（清）王先谦：《荀子集解》卷十六《正名篇第二十二》，中华书局 2013 年版。

（清）王先谦：《荀子集解》卷四《儒效篇第八》，中华书局 2013 年版。

（清）王先谦：《荀子集解》卷十六《正名篇第二十二》，中华书局 2013 年版。

（清）苏舆撰，钟哲点校：《春秋繁露义证》卷第十《实性第三十六》，中华书局 2015 年版。

蔡志良、蔡应妹：《道德能力论》，中国社会科学出版社 2008 年版。

仓道来：《思想政治教育学》，北京大学出版社 2004 年版。

陈秉公：《思想政治教育学》，吉林大学出版社 1992 年版。

陈力丹：《舆论学——舆论导向研究》，中国广播电视出版社 1999 年版。

陈荣捷：《王阳明传习录详注集评下·黄修易录》，台湾学生书局 1983 年版。

陈荣捷：《王阳明传习录详注集评下·答顾东桥书》，台湾学生书局 1983 年版。

冯友兰：《三松堂全集第四卷》，河南人民出版社 1986 年版。

冯友兰：《中国哲学简史》，商务印书馆 2007 年版。

冯契：《哲学大辞典》，上海辞书出版社 1992 年版。

冯契：《冯契文集第三卷人的自由和真善美》，华东师范大学出版社 2016 年版。

冯增俊：《当代国际教育发展》，华东师范大学出版社 2002 年版。

冯刚：《改革开放以来高校思想政治教育发展史》，人民出版社 2018 年版。

郭湛：《人活动的效率》，人民出版社 1990 年版。

郭本禹：《道德认知发展与道德教育——科尔伯格的理论与实践》，福建教育出版社 2005 年版。

黄希庭：《心理学导论》，人民教育出版社 1991 年版。

黄钊：《中国古代德育思想史论》（上），中国社会科学出版社 2011 年版。

黄向阳：《德育原理》，华东师范大学出版社 2000 年版。

贺照田：《西方现代性的曲折与展开》，吉林人民出版社 2002 年版。

韩庆祥：《建构能力社会——21 世纪中国人的发展图景》，广东教育出版社 2003 年版。

胡德海：《教育学原理》，甘肃教育出版社 1998 年版。

江畅：《德性论》，人民出版社 2011 年版。

罗国杰：《中国伦理学百科全书：伦理学原理卷》，吉林人民出版社 1993 年版。

李孝忠：《能力心理学》，陕西人民教育出版社 1985 年版。

李家莲：《道德的情感之源——弗兰西斯·哈奇森道德情感思想研究》，浙江大学出版社2012年版。

刘晋伦：《能力与能力培养》，山东教育出版社2001年版。

鲁洁、王逢贤：《德育新论》，江苏教育出版社2002年版。

鲁洁：《德育论著精要》，福建教育出版社2016年版。

聂文军：《西方伦理学专题研究》，湖南师范大学出版社2007年版。

潘懋元主编：《新编高等教育学》，北京师范大学出版社2009年版。

石元康：《罗尔斯》，广西师范大学出版社2004年版。

陶行知：《陶行知全集》第2卷，湖南教育出版社1985年版。

檀传宝：《学校道德教育原理》，教育科学出版社2000年版。

唐汉卫：《现代美国道德教育研究》，山东人民出版社2010年版。

戚万学：《冲突与整合：20世纪西方道德教育理论》，山东教育出版社1995年版。

宋希仁：《西方伦理思想史》，中国人民大学出版社2004年版。

沈壮海：《思想政治教育有效性研究》，武汉大学出版社2016年版。

石中英：《教育哲学》，北京师范大学出版社2015年版。

魏英敏：《新伦理学教程》，北京大学出版社1993年版。

徐向东：《自我、他人与道德——道德哲学导论》（下），商务印书馆2007年版。

徐向东：《道德哲学与实践理性》，商务印书馆2006年版。

肖雪慧：《守望良知》，辽宁人民出版社1998年版。

王海明：《新伦理学》，商务印书馆2001年版。

王立仁：《德育价值论》，中国社会科学出版社2004年版。

杨国荣：《伦理与存在——道德哲学研究》，上海人民出版社2002年版。

杨韶刚：《西方道德心理学的新发展》，上海教育出版社2007年版。

郑晓江：《生命教育演讲录》，江西人民出版社2008年版。

朱贻庭：《伦理学大辞典》，上海辞书出版社2002年版。

朱智贤：《心理学大词典》，北京师范大学出版社1989年版。

佐斌主编：《大学生心理发展》，高等教育出版社 2004 年版。

张澍军：《高校学生思想政治教育载体研究》，北京出版社 1999 年版。

张澍军：《学科重要理论探索——我的 18 个思想政治教育见识见解》，中国人民大学出版社 2018 年版。

朱小蔓：《关注心灵成长的教育》，北京师范大学出版社 2012 年版。

张楚廷：《教育哲学》，教育科学出版社 2006 年版。

曾钊新、涂争鸣：《心灵的碰撞——伦理社会学的虚与实》，湖南出版社 1993 年版。

张任之：《质料先天与人格生成——对舍勒现象学的质料价值伦理学的重构》，商务印书馆 2014 年版。

［德］恩格斯：《路德维希·费尔巴哈和德国古典哲学的终结》，中共中央马克思恩格斯列宁斯大林著作编译局编译，人民出版社 2018 年版。

［德］弗里德里希·包尔生：《伦理学体系》，何怀宏、廖申白译，中国社会科学出版社 1988 年版。

［德］格奥尔格·林德：《怎样教授道德才有效——德育心理学家给教师的建议》，杨韶刚、陈金凤、康蕾译，中国轻工业出版社 2018 年版。

［德］格奥尔格·西美尔：《生命直观》，习承俊译，生活·读书·新知三联书店 2003 年版。

［德］哈贝马斯：《交往与社会进化》，张博树译，重庆出版社 1989 年版。

［德］赫尔曼·哈肯：《协同学：大自然构成的奥秘》，凌复华译，上海译文出版社 2005 年版。

［德］赫尔曼·哈肯：《协同学导论》，张纪岳、郭治安译，西北大学出版社 1981 年版。

［德］黑格尔：《精神现象学》（上卷），贺麟、王玖兴译，商务印书馆 1962 年版。

［德］康德：《纯粹理性批判》，韦卓民译，华中师范大学出版社 1991 年版。

［德］康德：《道德形而上学》（注释本），张荣、李秋零译，中国人民大学出版社 2013 年版。

［德］康德：《康德著作全集》第 6 卷，李秋零译，中国人民大学出版社 2007 年版。

［德］舍勒：《伦理学中的形式主义与质料的价值伦理学：为一门伦理学人格主义奠基的新尝试》，生活·读书·新知三联书店 2004 年版。

［德］威廉·冯·洪特堡：《论人类语言结构的差异及其对人类精神发展的影响》，姚小平译，商务印书馆 1997 年版。

［法］埃米尔·涂尔干：《教育思想的演进》，李康译，上海人民出版社 2003 年版。

［法］埃米尔·涂尔干：《社会分工论·序言》，渠东译，生活·读书·新知三联书店 2013 年版。

［法］爱弥儿·涂尔干：《道德教育》，陈光金译，上海人民出版社 2001 年版。

［古希腊］柏拉图：《柏拉图对话集》，王太庆译，商务印书馆 2004 年版。

［古希腊］柏拉图：《柏拉图全集》第 1 卷，王晓朝译，人民出版社 2017 年版。

［古希腊］亚里士多德：《尼各马可伦理学》，廖申白译，商务印书馆 2003 年版。

［古希腊］亚里士多德：《政治学》，颜一、秦典华译，中国人民大学出版社 2003 年版。

［荷］斯宾诺莎：《知性改进论》，贺麟译，商务印书馆 1986 年版。

［加］罗伯特·韦尔等编：《分析马克思主义新论》，鲁克俭译，中国人民大学出版社 2002 年版。

［美］布卢姆等：《教育目标分类学》第二分册（情感领域），施良方、张云高译，华东师范大学出版社 1988 年版。

［美］布卢姆：《教育目标分类学》第一分册（认知领域），罗黎辉、丁证霖、石伟平译，华东师范大学出版社 1986 年版。

［美］布卢姆：《教育目标分类学》第一分册（认知领域），罗黎辉译，华东师范大学出版社1986年版。

［美］杜威：《民主主义与教育》，王承绪译，人民教育出版社1990年版。

［美］杜威：《我们怎样思维——经验和教育》，姜文闵译，人民教育出版社1991年版。

［美］哈罗·辛普森：《教育目标分类学》第三分册（动作技能领域），施良方、唐晓杰译，华东师范大学出版社1989年版。

［美］霍德：《学习型学校的变革：共同学习，共同领导》，胡咏梅译，中国轻工业出版社2004年版。

［美］莱茵霍尔德·尼布尔：《道德的人与不道德的社会》，蒋庆等译，贵州人民出版社1998年版。

［美］劳伦斯·柯尔伯格：《道德教育的哲学》，魏贤超、柯森译，浙江教育出版社2000年版。

［美］劳伦斯·科尔伯格：《道德发展心理学——道德阶段的本质与确证》，郭本禹译，华东师范大学出版社2004年版。

［美］路易斯·拉思斯：《价值与教学》，谭松贤译，浙江教育出版社2003年版。

［美］罗尔斯：《正义论》，何怀宏译，中国社会科学出版社2003年版。

［美］赛瑞娜·潘琳：《阿伦特与现代性的挑战：人权现象学》，张云龙译，江苏人民出版社2012年版。

［美］托马斯·库恩：《科学革命的机构》，金吾伦、胡新和译，北京大学出版社2003年版。

［美］威廉·F. 斯通：《政治心理学》，胡杰译，黑龙江人民出版社1997年版。

［美］威廉·K. 弗兰：《善的求索——道德哲学导论》，黄伟合等译，辽宁人民出版社1987年版。

［美］詹姆斯·麦克莱伦：《教育哲学》，宋少云、陈平译，生活·读书·新知三联书店1988年版。

［瑞］皮亚杰等:《儿童心理学》,商务印书馆 1980 年版。

［瑞］皮亚杰:《儿童的道德判断》,傅统先、陆有铨译,山东教育出版社 1984 年版。

［瑞］皮亚杰:《发生认识论原理》,王宪钿译,商务印书馆 1981 年版。

［瑞］皮亚杰:《发生认识论原理》,王宪钿译,商务印书馆 1985 年版。

［瑞］皮亚杰:《生物学与认识》,尚新建译,生活·读书·新知三联书店 1989 年版。

［苏］安·谢·马卡连柯:《马卡连柯教育文集》下卷,吴式颖等编,人民教育出版社 2005 年版。

［苏］巴赫金:《巴赫金全集》第 4 卷,钱中文主编,白春仁等译,河北教育出版社 2009 年版。

［苏］马卡连柯:《马卡连柯全集》第 4 卷,耿济安等译,人民教育出版社 1957 年版。

［苏］苏霍姆林斯基:《给教师的建议》（下册）,杜殿坤译,教育科学出版社 1984 年版。

［苏］瓦·阿·苏霍姆林斯基:《培养集体的方法》,安徽大学苏联问题研究所译,安徽教育出版社 1983 年版。

［匈］卢卡奇:《历史与阶级意识》,杜章智译,商务印书馆 1992 年版。

［英］彼得斯:《道德发展与道德教育》,邬冬星译,浙江教育出版社 2000 年版。

［英］查尔斯·爱德华·斯皮尔曼:《人的能力：它们的性质与度量》,袁军译,浙江教育出版社 1999 年版。

［英］大卫·马什,格里·斯托克编:《政治科学的理论与方法》第 2 版,景跃进、张小劲译,中国人民大学出版社 2006 年版。

［英］哈奇森:《道德哲学体系》（上）,江畅译,浙江大学出版社 2010 年版。

［英］哈奇森:《论激情和感情的本性与表现以及对道德感官的阐明》,戴茂堂译,浙江大学出版社 2009 年版。

［英］理查德·麦尔文·黑尔:《道德语言》,万俊人译,商务印书馆

2005 年版。

[英] 洛克：《人类理解论》（上册），关文运译，商务印书馆 1997 年版。

[英] 沛西·能：《教育原理》，王承绪，赵端瑛译，人民教育出版社 2005 年版。

[英] 史蒂文·卢克斯：《道德相对主义》，陈锐译，中国法制出版社 2013 年版。

[英] 亚当·斯密：《道德情操论》，蒋自强译，商务印书馆 2012 年版。

班华：《德育的重要任务之一是培养道德能力》，《中小学德育》2017 年第 6 期。

崔海英：《校园抖音文化的现象审思与教育引导》，《思想理论教育》2019 年第 6 期。

曹志娟：《云南省高等教育梯度发展现状及其意义研究》，《教育教学论坛》2015 年第 13 期。

曹刚：《关于企业伦理委员会的伦理学思考》，《湖南社会科学》2008 年第 6 期。

程肇基：《论道德自由及其培养途径》，《道德与文明》2002 年第 5 期。

陈秉公：《"学习习近平总书记在学校思想政治理论课教师座谈会上的重要讲话"笔谈》，《福建师范大学学报》（哲学社会科学版）2019 年第 4 期。

陈建斌、李芬芬：《哲学视野中行政人的自我反思及其价值》，《学术界》2013 年第 10 期。

陈伟宏：《道德冷漠与道德能力的构建》，《道德与文明》2016 年第 5 期。

陈群志：《福柯"修身哲学"中的"自我关系"问题》，《杭州师范大学学报》（社会科学版）2019 年第 5 期。

陈勃、何丽青：《激发大学生道德自省的日常行为研究》，《黑龙江高教研究》2008 年第 10 期。

陈云恺：《应当重新认识和评价"教学做合一"》，《江西教育科研》

1998 年第 5 期。

陈曙光：《论"每个人自由全面发展"》，《北京大学学报》（哲学社会科学版）2019 年第 2 期。

陈思宇等：《机器人可以教知识无法培育价值观吗》，《中国电化教育》2019 年第 2 期。

陈宏建、李素梅：《价值澄清理论对我国高校德育的意义》，《思想政治教育研究》2015 年第 1 期。

程肇基：《论道德自由及其培养途径》，《道德与文明》2005 年第 5 期。

迟淑清：《论蕴含于高校校园文化活动中的隐性思想政治教育》，《黑龙江高教研究》2014 年第 2 期。

边社辉、王湃、郑建辉：《朋辈教育在高校思想政治工作中的应用实践》，《中国环境管理干部学院学报》2012 年第 2 期。

段慧兰、陈利华：《大学生道德自我发展现状调查报告》，《当代教育论坛》2009 年第 11 期。

董梅昊、佘双好：《新中国 70 年来思想政治理论课教学研究回顾与展望》，《思想理论教育导刊》2019 年第 10 期。

董雅华：《论思想政治教育中的知识性与价值性》，《贵州社会科学》2017 年第 2 期。

戴锐：《榜样教育的有效性与科学化》，《教育研究》2002 年第 8 期。

戴锐：《思想政治教育的公共化转型》，《马克思主义与现实》2013 年第 1 期。

范树成：《英国的 PSHE 课程探析》，《外国教育研究》2012 年第 7 期。

付丽莎、李杨、樊富珉：《积极反馈对沟通双方积极情感的影响：积极共情的调节作用》，《中国临床心理学杂志》2020 年第 3 期。

冯文全：《论拉斯的价值澄清德育思想及其启示》，《比较教育研究》2005 年第 1 期。

冯刚、高静毅：《思想政治理论课教学研究 2018 年度聚焦与展望》，《思想理论教育导刊》2019 年第 5 期。

樊浩：《道德哲学体系中的个体集体与实体》，《道德与文明》2006 年第 3 期。

傅琳凯、王柏棣：《论儒家自我修养方法的层次性》，《东北师大学报》（哲学社会科学版）2016 年第 1 期。

傅维利：《道德外烁的时代价值及教育策略》，《教育研究》2017 年第 8 期。

冯刚、高静毅：《思想政治理论课教学研究 2018 年度聚焦与展望》，《思想理论教育导刊》2019 年第 5 期。

冯文全：《对"教师是主导，学生是主体"命题的多学科视角的审视》，《教育研究》2007 年第 10 期。

费洪喜：《论道德的起源及本质》，《齐鲁学刊》1995 年第 5 期。

方益权：《自我测评教学法在思想道德修养课中的运用》，《中国高教研究》2001 年第 4 期。

段慧兰、陈利华：《大学生道德自我发展的问题及原因分析》，《湖南师范大学教育科学学报》2010 年第 6 期。

巩红新、吴增礼：《思想政治教育研究中的思辨与实证》，《思想教育研究》2018 年第 6 期。

龚天平、李茜：《论道德自信及其自我培育》，《湖南师范大学教育科学学报》2017 年第 5 期。

郭雯霞：《一堂真实性评价的日本道德教学案例——从自我评价确立的角度》，《思想理论教育》2008 年第 4 期。

郭本禹：《从他律道德到自律道德——科尔伯格的道德类型说评介》，《南京师大学报》1999 年第 5 期。

顾海根、李后黍：《上海地区青少年道德判断能力测验的编制及常模制定》，《心理科学》1997 年第 3 期。

郭元祥：《知识的性质、结构与深度教学》，《课程·教材·教法》2009 年第 11 期。

黄富峰：《论道德语言在德育中的重要作用》，《教育科学》2006 年第 1 期。

黄显中：《道德能力论》，《哲学动态》2014 年第 2 期。

黄学胜：《现代社会的道德危机及其出路：从康德、黑格尔到马克思》，《学术论坛》2016年第8期。

黄燕：《高校网络文化的育人功能及其实现路径探析》，《思想理论教育》2018年第9期。

洪明：《基于正义　建构共识——对大学生道德教育中道德相对主义的回应》，《高等教育研究》2019年第1期。

贺善侃：《论社会公德和个体道德的辩证关系》，《空军政治学院学报》1998年第4期。

胡朝兵、张大均：《国内外品德测评方法述评与展望》，《中国教育学刊》2008年第3期。

胡术恒：《论课程思政中知识传授与价值引领的融合——基于罗素教育目的观的分析》，《思想政治教育研究》2020年第2期。

侯惠勤：《马克思主义方法论的四大基本命题辨析》，《哲学研究》2010年第10期。

韩丽颖：《美国学校道德教育的发展进路》，《教育研究》2020年第2期。

呼和、彭庆红：《个体自我教育机理及其实现：以大学生社会实践为研究视角》，《中国青年研究》2017年第11期。

靳凤林：《新时代培育时代新人的逻辑进路》，《道德与文明》2020年第1期。

靳诺：《办好思想政治理论课——学习贯彻习近平总书记在学校思想政治理论课教师座谈会上的重要讲话精神》，《中国高校社会科学》2019年第3期。

蒋开天：《图式特质论——基于康德、皮亚杰图式学说的历史考察》，《中南大学学报》（社会科学版）2014年第2期。

蒋一之：《普遍道德语法述评》，《心理科学》2009年第2期。

鲁洁：《道德教育的期待：人之自我超越》，《高等教育研究》2008年第9期。

鲁君、杨文选：《在"思想道德修养与法律基础"课中加强学生品德修养的几个着力点》，《思想理论教育导刊》2019 年第 12 期。

骆郁廷：《校园网络文化的发展与创新》，《思想政治教育研究》2011 年第 1 期。

骆郁廷：《论思想政治教育学科核心竞争力》，《马克思主义理论学科研究》2019 年第 5 期。

廖小琴：《思想政治教育本质研究的几个问题》，《思想理论教育》2020 年第 6 期。

刘同舫：《思想政治理论课教学亟须解决的五个问题》，《思想理论教育导刊》2019 年第 7 期。

陆凯、杨连生：《高校学生社团文化建设的影响因素与提升路径》，《中国高等教育》2018 年第 13 期。

刘运喜：《大学德育应用自调节机制论析》，《现代大学教育》2009 年第 3 期。

刘凤、刘铁芳：《经典教学的教育性探究：从赫尔巴特看经典教学的意义及实践路径》，《全球教育展望》2020 年第 7 期。

刘海春：《论朋辈教育和高校校园文化建设的耦合与运用》，《高教探索》2015 年第 2 期。

刘鹏：《社会道德向个体道德的转化——兼论道德内化与个体道德生成的主体性》，《学习与实践》2012 年第 5 期。

刘晨、康秀云：《美国新品格教育的复归背景、目标转向与理论超越》，《外国教育研究》2017 年第 12 期。

刘晨：《美国新品格教育的核心理念、实践模式与发展趋向》，《教育科学研究》2020 年第 5 期。

刘素贞：《大学生入伍的发展趋势及其德育价值探析》，《思想理论教育》2013 年第 15 期。

刘霞、邱斌：《论国家治理能力现代化的伦理意蕴》，《伦理学研究》2017 年第 6 期。

李杨、樊富珉：《记录、分享和反馈积极事件对大学生积极情感的影响》，《中国临床心理学杂志》2018 年第 1 期。

李杨、李康平:《习近平德育思想探究》,《思想理论教育导刊》2018年第4期。

李金花:《莫让网络负面道德信息消解个体道德能力》,《人民论坛》2019年第5期。

李宏翰、温舒雯:《道德判断研究的历史、现状与展望》,《广西师范大学学报》(哲学社会科学版)2017年第4期。

李金鑫:《"道德能力"概念的知识谱系考察——从亚里士多德、黑格尔到罗尔斯》,《伦理学研究》2011年第1期。

李金鑫:《西方道德能力研究述评——兼评国内道德能力问题研究》,《上饶师范学院学报》2011年第2期。

李湘萍、梁显平:《大学生志愿活动参与对其道德发展影响的实证研究》,《复旦教育论坛》2019年第6期。

李秀娟:《传统道德文化现代践行的榜样示范》,《中南大学学报》(社会科学版)2012年第1期。

李茂森:《罗国杰道德修养论的基点》,《道德与文明》2016年第3期。

李太平:《20世纪西方道德教育理论的特点及其思想根源》,《比较教育研究》2003年第9期。

李伯黍、李正云:《道德发展:心理学、哲学、伦理学和教育学的思考》,《华东师范大学学报》(教育科学版)1996年第4期。

李伯黍、顾海根:《道德判断能力测验编制中的几个问题》,《上海教育科研》1994年第5期。

李湘平、梁显平:《大学生志愿活动参与对其道德发展影响的实证研究》,《复旦教育论坛》2019年第6期。

李义胜:《论教师的道德语言》,《中国教育学刊》2012年第3期。

李岩:《大学生社会实践的哲学基础》,《中国青年政治学院学报》2004年第4期。

罗明星:《"我"的道德与"你"的道德——主体交互中的道德教育》,《汉江论坛》2019年第12期。

罗小锋:《警惕大学生网络失范行为》,《中国国情国力》2004年第

11 期。

梁文涛：《论皮亚杰的活动教学观与素质教育》，《教育理论与实践》2000 年第 8 期。

梁修德：《信息活动主体承担道德责任的基本能力》，《图书馆理论与实践》2012 年第 6 期。

粟宝萍、熊春兰：《道德的自我评价和社会评价的统一》，《齐鲁学刊》2001 年第 2 期。

卢家楣等：《我国当代青少年情感素质现状调查》，《心理学报》2009 年第 12 期。

马奇柯：《社会公德、职业道德、家庭美德、个人品德关系论析》，《学术交流》2008 年第 2 期。

马娟：《价值澄清视角下的当代青年大学生自我责任意识培养》，《青年探索》2015 年第 2 期。

马金森：《作为学生自我塑造的高等教育》，《教育研究》2020 年第 1 期。

倪伟：《中学生宽恕风格的发展及其与道德判断能力的相关研究》，《南京师大学报》（社会科学版）2001 年第 2 期。

潘懋元：《改进高校德育工作的两个问题——〈社会主义市场经济与高等学校德育建设〉序》，《高等教育研究》1996 年第 2 期。

蒲清平、何丽玲：《思想政治理论课要坚持主导性和主体性相统一》，《思想教育研究》2019 年第 11 期。

彭红艳：《基于道德主体能力培养的大学生道德教育创新论析》，《思想理论教育导刊》2017 年第 5 期。

戚万学：《试论道德哲学对道德教育的贡献》，《教育研究》1994 年第 9 期。

冉昆玉：《"赞善的行恶人"：对一种道德困境的解构与重建》，《思想教育研究》2019 年第 6 期。

瑞文、韩秋红：《道德能力的新理论：超越自身的自我》，《东北师大学报》（哲学社会科学版）2017 年第 2 期。

宋欣雄：《批判与超越：张楚廷高等教育哲学的两大特质》，《江西社会科学》2019 年第 9 期。

苏海舟：《试论引导大学生自我教育的意义及途径》，《思想理论教育导刊》2010 年第 10 期。

时昕、卢佩言、李如齐：《大学生网络道德失范行为现状分析》，《学校党建与思想教育》2019 年第 16 期。

孙瑞玉：《舍勒价值伦理学中的"榜样追随"及其教育意蕴》，《教育研究》2020 年第 5 期。

孙利天：《21 世纪哲学：体验的时代?》，《长白学刊》2001 年第 2 期。

孙宏斌、陈晓斌：《当代大学生道德行为的现实分析》，《思想理论教育》2004 年第 11 期。

孙福胜：《马克思恩格斯人的能力理论探析》，《南昌大学学报》（人文社会科学版）2019 年第 2 期。

孙彩平：《知识·道德·生活——道德教育的知识论基础》，《教育研究与实验》2012 年第 3 期。

檀传宝：《对道德发展理论的三点理解》，《教育发展研究》1999 年第 12 期。

谭继舜、于斌、曹倩：《企业道德和能力对企业声誉评价的影响研究》，《科学学与科学技术管理》2017 年第 12 期。

唐艳婷：《提升大学生道德能力的德育课程探索》，《江苏高教》2019 年第 8 期。

唐芳贵、岑国桢：《德性自我意象、道德情绪与行为自我管理：对大学生的一项交叉滞后研究》，《心理科学》2011 年第 2 期。

王艳玲：《移动互联网时代自媒体舆论场的特点、效能与引导》，《天津师范大学学报》（社会科学版）2017 年第 3 期。

王平：《走向"整全人"的价值教育——兼论道德情感与价值的统一关系》，《教育研究》2018 年第 9 期。

王挺、肖三蓉、徐光兴：《人格特质、家庭环境对中学生道德判断能力的影响》，《心理科学》2011 年第 3 期。

王锋:《合作治理中的道德能力》,《学海》2017年第1期。

王丽荣、卢惠璋:《论新时代大学生劳动教育的价值意蕴》,《高教探索》2020年第7期。

王飞、丁邦平:《苏联教学论与美国课程论:在中国的误读与误解》,《比较教育研究》2013年第1期。

王萍、任晓蛟:《基于境界论德育哲学的大学生自我修养意识培养》,《中南大学学报》(社会科学版)2011年第6期。

王云强、郭本禹、吴慧红:《情绪状态对大学生道德判断能力的影响》,《心理科学》2007年第6期。

王英男:《青少年道德能力培养探析》,《齐齐哈尔师范高等专科学校学报》2013年第1期。

王端旭、赵君:《伦理型领导影响员工非伦理行为的中介机制研究》,《现代管理科学》2013年第6期。

王巍:《进化与伦理中的后达尔文式康德主义》,《哲学研究》2011年第7期。

王巍:《马克思道德概念的两种理解——基于〈共产党宣言〉的分析》,《江西社会科学》2016年第7期。

王彬:《大众文化对青少年一代的影响》,《青年研究》2001年第1期。

王帅:《高校校园文化活动过程设计探究》,《学校党建与思想教育》2017年第19期。

王中江:《"成就自身"的智慧:儒家的道德自主性和自我反思》,《齐鲁学刊》2019年第6期。

王霞:《浅释孟子的修身学说》,《管子学刊》2009年第1期。

邬强:《大学生诚信教育现状分析与对策研究》,《黑龙江高教研究》2008年第2期。

万时乐:《城市文明与市民个体道德能力的提升》,《学术论坛》2011年第11期。

吴瑾菁:《"道德"概念界定的学理争鸣》,《江西师范大学学报》(哲学社会科学版)2015年第1期。

吴萍娜：《刍议皮亚杰与儿童心理理论》，《福建论坛》（人文社会科学版）2007年（专刊）。

文艺文：《个体道德的发生与公民道德建设》，《道德与文明》2002年第3期。

魏雷东：《论社会转型期大学生道德自我教育》，《河南师范大学学报》（哲学社会科学版）2009年第2期。

屈培恒：《道德定义浅论》，《道德与文明》1987年第3期。

薛姣：《执法道德规则冲突及其能力评价与行为选择》，《理论与改革》2014年第4期。

徐向东：《进化伦理学与道德规范性》，《道德与文明》2016年第5期。

解本远：《为善去恶亦良知——对王阳明良知观念的整体性解读》，《中国哲学史》2014年第3期。

姚念龙、王鸿英：《首都大学生政治意识实证分析》，《中国青年研究》2014年第1期。

姚俊红：《价值澄清教育流派述评》，《外国教育研究》2004年第1期。

喻永红：《当代大学生道德价值观的构建》，《黑龙江高教研究》2004年第5期。

喻丰、许丽颖：《如何做出道德的人工智能体？——心理学的视角》，《全球传媒学刊》2018年第4期。

易小明、易岚：《道德概念的应然发展》，《齐鲁学刊》2013年第5期。

易莉：《论美国道德教育的转向》，《教育评论》2011年第1期。

杨国荣：《道德与语言》，《学术月刊》2001年第2期。

杨韶刚：《英国的PSHE情感教育模式评析》，《教育科学》2002年第1期。

杨冬艳：《论公共行政中的道德能力》，《伦理学研究》2014年第4期。

杨倩：《城乡少数民族高等教育机会差异研究——基于云南省五个少数民族的实证调查》，《青年探索》2014年第5期。

杨莉：《浅析孔子的自我修养思想》，《中共山西省委党校学报》2006年第2期。

闫少华:《论孔子修身正己思想的廉政意蕴》,《求索》2012年第9期。

周晓静、朱小蔓:《知识与道德教育》,《全球教育展望》2006年第6期。

周安、杭祝洪、吴兴龙:《论大学校园文化与思想政治教育的有机融合》,《黑龙江高教研究》2017年第8期。

张晓红:《正确解读大学生志愿服务》,《人民论坛》2018年第19期。

张铭凯:《论立德树人与课程知识的道德价值实现》,《西北师大学报》(社会科学版)2020年第3期。

张红艳、陈雅俐:《基于三层次结构框架的高校网络文化建设路径研究》,《中国电化教育》2019年第10期。

张曦:《道德能力与情感的首要性》,《哲学研究》2016年第5期。

张睿:《协同论视域下高校"三全育人"实施的机理与路径》,《思想理论教育》2020年第1期。

张静:《道德教育"困境讨论"模式在"思想道德修养与法律基础"课教学中的运用》,《思想教育研究》2018年第1期。

张瑜:《近10年来思想政治教育研究方法的新进展》,《思想教育研究》2019年第5期。

朱琳:《化解外烁困境:大学生网络行为的自觉内塑》,《安徽师范大学学报》(人文社会科学版)2020年第1期。

邹小婷:《皮亚杰发生认识论之哲学意蕴》《学术交流》2009年第5期。

郑永廷:《论社会意识形态与思想政治教育的内在联系》,《中国高校社会科学》2015年第6期。

郑根成、陈寿灿:《〈新时代公民道德建设实施纲要〉的新义解读——基于两个〈纲要〉比较的研究》,《浙江工商大学学报》2020年第3期。

赵达远、臧宏:《思想政治教育根本目标探究》,《思想教育研究》2017年第10期。

赵继颖、孙立军、许静波:《高校校园网络文化建设对策研究》,《思想政治教育研究》2014 年第 5 期。

赵达远等：《思想政治教育根本目标探究》，《思想教育研究》2017 年第 10 期。

庄康义：《道德判断评估的方法综述》，《上海教育科研》2003 年第 9 期。

曾钊新：《道德心理学譬画》，《湖南师大社会科学学报》1987 年第 3 期。

左高山：《论公共领域中的行政理性及其限度》，《马克思主义与现实》2011 年第 6 期。

［美］威尔森：《美国道德的教育危机的教训》，《国外社会科学》2000 年第 2 期。

［美］曼纽尔·韦拉斯贝斯：《商业伦理学中的道德推理：观念、理论与方法》，张霄译，《江海学刊》2018 年第 2 期。

毕然：《大学生道德能力及其培养研究》，硕士学位论文，哈尔滨工程大学，2016 年。

杜依林：《自媒体环境下大学生道德能力培养研究》，硕士学位论文，武汉工程大学，2017 年。

宫林峰：《实践性德育研究及其基本模式构想》，硕士学位论文，辽宁师范大学，2005 年。

郭潜深：《马克思恩格斯共产主义思想及其当代价值研究》，博士学位论文，中国地质大学，2019 年。

万时乐：《个体道德能力的消解与反消解——以当代中国道德教育为旨归的研究》，博士学位论文，华东师范大学，2010 年。

王静：《社区环境的优化与学校德育》，硕士学位论文，合肥工业大学，2006 年。

吴慧红：《道德研究新视角：道德判断测验的理论和实证研究》，硕士学位论文，南京师范大学，2005 年。

奚社新：《论当代大学生道德能力及其培养》，硕士学位论文，南京师范大学，2004 年。

徐燕：《道德创造能力及其培养》，硕士学位论文，浙江师范大学，2006年。

杨芝：《大学生个体道德能力生成的内在逻辑及转化提升研究》，硕士学位论文，长安大学，2017年。

赵文杰：《英国PSHE的心理学解析》，硕士学位论文，南京师范大学，2006年。

《习近平在中共中央政治局第二十次集体学习时强调 坚持运用辩证唯物主义世界 观方法论 提高解决我国改革发展基本问题本领》，《人民日报》2015年1月25日第1版。

习近平：《在纪念马克思诞辰200周年大会上的讲话》，《人民日报》2018年5月5日第1版。

习近平：《坚持中国特色社会主义教育发展道路 培养德智体美劳全面发展的社会主义建设者和接班人》，《人民日报》2018年9月11日第1版。

习近平：《把思想政治工作贯穿教育教学全过程开创我国高等教育事业发展新局面》，《人民日报》2016年12月9日第1版。

《中共中央、国务院关于进一步加强和改进大学生思想政治教育的意见》，《人民日报》2004年10月15日第1版。

习近平：《在2015年春节团拜会上的讲话》，《人民日报》2015年2月18日第2版。

《中共中央 国务院印发新时代公民道德建设实施纲要》，《人民日报》2019年10月28日第5版。

《中华人民共和国教育部.2019年全国高等学校名单》，http：//www.moe.gov.cn/jyb_xxgk/s5743/s5744/201906/t20190617_386200.html？spm=zm5006-001.0.0.1.OA9p1q，2019年12月22日。

教育部关于印发《高等学校课程思政建设指导纲要的通知》，http：//www.moe.gov.cn/srcsite/A08/s7056/202006/t20200603_462437.html.2020-08-01，2020年6月28日。

中华人民共和国教育部：《中共中央办公厅 国务院办公厅印发关于深

化新时代学校思想政治理论课改革创新的若干意见》，http：//www. moe. gov. cn/jyb_ xxgk/moe_ 1777/moe_ 1778/201908/t201908 15_ 394663. html，2019 年 12 月 12 日。

QuestMobile 研究院：Quest Mobile 中国移动互联网 2018 年度报告，http：//www. questmobile. com. cn/research/report-new/30，2020 年 3 月 4 日。

中共中央办公厅、国务院办公厅印发《关于进一步加强和改进新形势下高校宣传思想工作的意见》，http：//news. xinhuanet. com/2015 - 01/19/c_ 1114051345. htm，2020 年 3 月 4 日。

Denton K. , Krebs D. , "From the Scene to the Crime：the Effect of Alcohol and Social Context on Moral Judgment", *Journal of Personality and Social Psychology*, Vol. 59, 1990.

Fataneh Z. , Martin C. , Stephanie M. , "The Effects of Happiness and Sadness on Moral Reasoning", *Journal of Moral Education*, Vol. 29, No. 4, 2000.

Greene J. D. , Sommerville R. B. , Nystrom L. E. , "An fMRI Investigation of Emotional Engagement in Moral Judgment", *Science*, Vol. 293, 2001.

Jonathan Haidt, "Moral Psychology for the Twenty-first Century", *Journal of Moral Education*, Vol. 42, No. 3, 2013.

Kohlberg L. , *Development of Moral Character and Moral Ideology*, New York：Russel Sage Foundation, 1964.

Lind, G. , *How to Teach Morality. Promoting Deliberation and Discussion, Reducing Violence and Deceit*, Berlin：Logos Verlag, 2016.

Pizarro D. , "Nothing more than Feeling? The Role of Emotions in Moral Judgment", *Journal for the Theory of Social Behavior*, Vol. 30, No. 4, 2000.

后　　记

党的二十大报告再次强调落实立德树人根本任务,将立德树人的定位置于全面发展之上,这是以习近平同志为核心的党中央继承、丰富和发展党的教育方针的集中体现。立德树人揭示了教育的本质,强调了德育在学校教育中的突出地位,指出促进人的德性成长是教育的首要任务,揭示了道德发展与人的全面发展的辩证关系,说明德性成长是人的全面发展的根本保障。在纪念五四运动100周年大会上习近平同志指出:"新时代中国青年要锤炼品德修为。人无德不立,品德是为人之本。""青年要把正确的道德认知、自觉的道德养成、积极的道德实践紧密结合起来,不断修身立德,打牢道德根基,在人生道路上走得更正、走得更远。"[1]

作为一名思想政治教育工作者,肩负着塑造灵魂、塑造生命、塑造人的工作职责,承担了培养时代新人的重要使命。在与大学生朝夕相处的日子里,我切身感受到大学生在经济高速发展背景下躁动不安的内心,看到了一些因人的无知产生的权利迷信和拜金主义,以致权利、金钱成了异化力量反过来支配人的现象。大学生们可能对错综复杂的社会现象和处理做人做事的境况感到乏力,困惑于道德情境中的判断和选择,或者是判断正确却又不能自制,缺乏对道德观念践履的笃定。在大学生道德培育方面所呈现的这些具体问题使我感到苦恼、困惑,内心生出一份责任感,驱使我去做一些探索。马克思指出:"问题就是公开

---

[1] 《在纪念五四运动100周年大会上的讲话》,人民出版社2019年版,第11页。

的、无畏的、左右一切个人的时代声音。问题就是时代的口号，是它表现自己精神状态的最实际的呼声。"① 近三年来展开的关于大学生道德能力培育的理论和实证研究，对于解答上述问题获得了具有一定学理性的理论阐释，呈现反映大学生道德状况的调研结果，提出了具有一定创新价值的实践路径，为思想政治教育工作者们展示了可推广的培育模式。

道德能力培育研究立足新时代背景，紧密围绕现实问题，从实践出发来探索、分析、解决问题，服务于当代大学生道德培养的核心任务，又从实践中认识道德能力培育的本质，真正回归到以马克思主义认识论为指导的"实践—认识—再实践—再认识"的有效认识链条上。在研究视野上，拓宽了思想政治教育学科存在的习惯于从学科到学科、从书本到书本、从理论到理论来谈论的现象。② 基于思想政治教育范畴，整合教育学、道德哲学、道德心理学等学科系统，把"心理学上的'是'和哲学上的'应该'这两种探讨结合起来"，借助道德能力的哲学思考为大学生道德发展的精神状态和变化的规律提供客观、准确的描述，借助道德能力的心理学论证去观照既存的事实和经验，从而在理性层面上确定应当如何的实践原则。以大学生为调查对象，形成当代大学生道德能力状况报告，以思想政治教育主渠道、主阵地为调查对象，形成课程模式和组织体系建构，创新思想政治教育研究，拓展了思想政治教育研究范式，汲取了跨领域、跨国界的多方面理论研究成果并在总体性视阈下形成系统性研究，包括唯物史观、马克思主义道德观、柯尔伯格道德发展理论、林德道德认知与道德行为发展双面理论、生物进化论、协同论等。从人的道德发展进程中探究大学生阶段道德发展的脉络，结合当前中国社会实际情况，以立德树人根本任务为目标，为提升大学生道德品质提供培育思路。

---

① 《马克思恩格斯全集》第40卷，人民出版社2016年版，第289—290页。
② 骆郁廷：《论思想政治教育学科核心竞争力》，《马克思主义理论学科研究》2019年第5期。

后　记

　　大学生道德能力培育是一种科学地将大学生的道德状况和现实需要与新时代道德建设的总体要求相结合的教育实践。在这一教育实践中，需要结合理论、制度和环境的具体境况，充分掌握大学生的道德状况和现实需求。大学生的道德状况与现实需要受到外部环境的影响和自身内在道德发展的制约，自身内在发展在吸收培育内容的过程中往往会受到外部环境的冲击而产生一定的变化，呈现动态性。[①] 大学生对道德能力培育的汲取程度与其内在动态变化须臾不可分离。因此，要想探析有效的道德能力培育路径，必须充分调研大学生道德能力发展状况。本次研究注重将量化研究和质性研究进行结合的实证取向，采用"道德能力测验"工具对2885名在读大学生进行调查研究，用数理统计工具分析量化经验观察以确定事物间的相互关系，[②] 获得大学生道德能力C分数均值为19.97。道德能力发展关联人的精神、情感和行为，为了全面掌握我国大学生道德能力发展状况，研究立足于大学生道德能力实证调研的静态分析，并与观摩大学生道德活动的动态调查相结合，采用访谈、座谈等方式，结合大学生日常生活，形成了客观反映我国大学生道德能力状况的调研报告。在与观察对象相处的近两年的时间里，记录了当代大学生的变化，这类贴近大学生实际生活的行动研究可能是思想政治教育这门应用性学科研究的应有之义。单向度的思辨和实证研究在思想政治教育研究中都有其鲜明优势也有难以克服的缺点，道德能力培育路径研究将理论建构与现实回应辩证统一起来，把逻辑推演与经验确证辩证统一起来，[③] 增强了研究的针对性和亲和力，实现了思辨与实证的辩证统一。

　　道德能力培育可以有效提升大学生道德能力水平。依照自我教育、

[①] 刘同舫：《思想政治理论课教学亟须解决的五个问题》，《思想理论教育导刊》2019年第7期。

[②] 张瑜：《近10年来思想政治教育研究方法的新进展》，《思想教育研究》2019年第5期。

[③] 巩红新、吴增礼：《思想政治教育研究中的思辨与实证》，《思想教育研究》2018年第6期。

学校教育的逻辑进路，从内在养成、课程教学、实践载体等视角剖析不同培育路径的道德因素和道德能力培育价值。覆盖了"课程思政""思政课程""三全育人"等组织体系，囊括了"校园网络文化""校园文化活动""社会实践活动"等实践平台，建构了道德能力培育自我教育法、"道德困境讨论"教学模式、"三维三阶段一体"育人模式等具有创新价值的研究成果。大学生道德能力培育研究为道德教育提供可扩延性的实践方案，推动以文化人与实践育人的融合发展路径，使思想政治教育工作更具亲和力、感染力和吸引力。为了科学衡量培育效果，建立评价体系，研究创新性探讨了道德能力培育目标，通过目标分层设计，明确了根本目标和具体目标，澄清了目标实现的阶段性和过程性，梳理出道德能力培育目标序列，在以往道德发展阶段论的经典阐述基础上，结合我国大学生实际发展情况，提出大学生道德能力发展四阶段论，探析了大学生道德能力培育的社会功能和个体功能。大学生道德能力培育目标的建构具有明确的德育目的，对实践活动的开展提供具有可检验的实际指导价值。

  大学生道德能力发展受到多方面因素制约，除了自我教育、学校教育之外，还关涉家庭教育、社会环境等方面，需要继续进行范围更广的探索。道德能力培育是一项长期的任务，除了研究大学生阶段的道德能力培育，其他学段的研究也很必要。本人在写作过程中，由于在理论功底、研究能力等方面存在不足，不免存在视阈狭窄等问题，特别是提出的新观点是否站得住脚，在此真诚地希望各位专家、学者、同学予以批评指正。

  感谢我的恩师董云川教授点燃我的学术生涯，董老师对于教育事业的挚爱一直深深感召着徒弟们，他给予每一位独特的学生最温暖和充满智慧的爱，数年来，我的每一次进步都凝聚着恩师太多太多的教诲和关爱。感谢刘绍怀教授、张瑞才研究员、伊继东教授、樊勇教授、李维昌教授、白利鹏教授在本书写作期间给予的多方面的指导、支持和帮助。

  本书有幸得以正式出版，离不开中国社会科学出版社、云南大学马克思主义学院的大力支持，感谢胡安然编辑给予的指导和帮助。在本书

后　记

得以顺利面世之时，谨表示衷心的感谢。

最后，感谢我的家人。深深地想念我的父亲，感恩我的母亲。感谢我的先生对我学业、工作的支持和鼓励，在与他的交流中我获得了更加开阔的视野和宝贵的灵感，感谢我生命中最珍贵的畅凌、睿珩小宝贝。谨以此书献给他们！